Couverture inférieure manquante

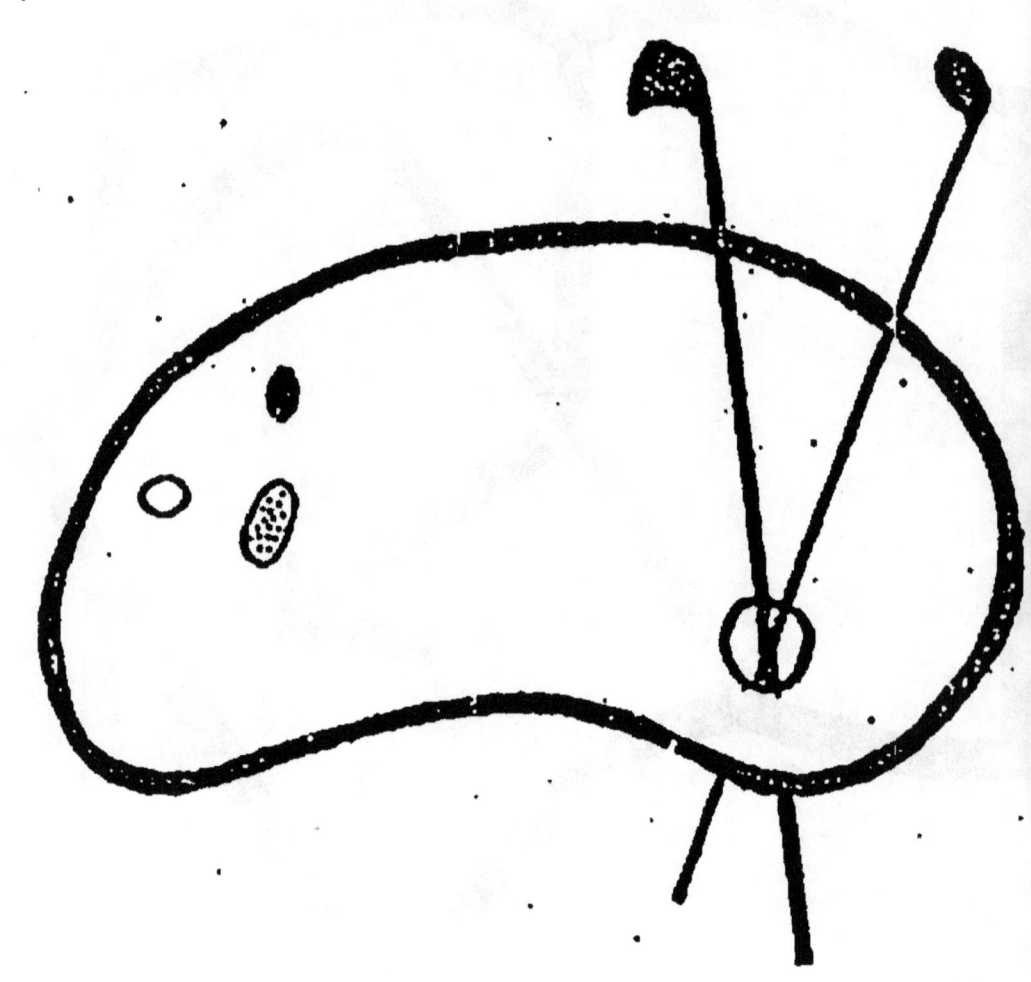

DEBUT D'UNE SERIE DE DOCUMENTS EN COULEUR

SOUVENIRS

ET IMPRESSIONS

D'UN BOURGEOIS DU QUARTIER LATIN

DE MAI 1854 A MAI 1869

PAR

HENRI DABOT

Avocat a la Cour d'Appel de Paris,

Membre de la Société des Études historiques.

PÉRONNE

Imprimerie E. Quentin, Grande Place, 33.

1899

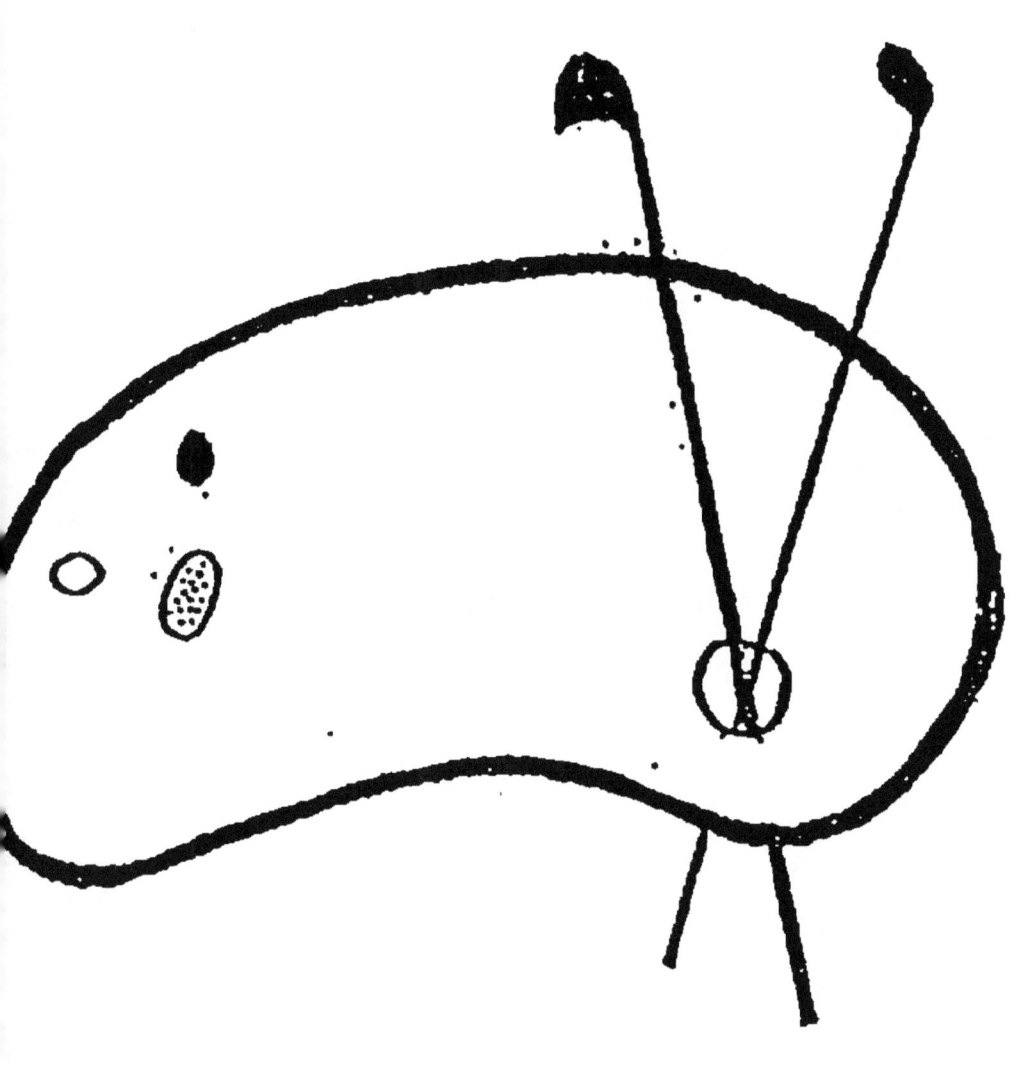

FIN D'UNE SERIE DE DOCUMENTS
EN COULEUR

SOUVENIRS & IMPRESSIONS

SOUVENIRS

ET IMPRESSIONS

D'UN BOURGEOIS DU QUARTIER LATIN

DE MAI 1854 A MAI 1869

PAR

HENRI DABOT

Avocat a la Cour d'Appel de Paris,

Membre de la Société des Études historiques.

PÉRONNE

Imprimerie E. Quentin, Grande Place, 33.

1899

AVANT-PROPOS

Les notes de ce modeste livre ne sont point écrites, au jour le jour, comme celles des Griffonnages, que j'ai fait paraître en 1895. Elles n'ont été commencées qu'après la guerre, rédigées en de courts moments de loisirs, continuellement délaissées, continuellement reprises.

J'ai pensé qu'entre mes Lettres de 1847 a 1854 (éditées en 1892), lettres adressées de Paris à mon père sur les événements du temps, et mes Griffonnages, griffonnés au déclin du second Empire et pendant les deux sièges de la Capitale, il y avait une petite place à donner aux Souvenirs et aux Impressions des jours riants de ce second Empire, j'entends par là : ceux du milieu, ni les premiers ni les derniers du règne de Napoléon III.

Quoique bourgeois du quartier Latin, je ne m'en tiens pas exclusivement dans mes notes aux faits de ce quartier ; j'en rappelle aussi certains autres qui intéressent la rive droite et même la France toute entière. Le provincial d'origine s'y révèle souvent et l'avocat plus souvent encore.

Suivant mon habitude, je réserve les écritures de ce vrai grimoire à mes enfants, mes amis et mes plus chers collègues de différentes sociétés savantes dont je fais partie. J'agis ainsi parce qu'en maints endroits ces écritures contiennent, sur diverses personnes, quelques détails d'ordre privé auxquels la publicité doit être épargnée.

Paris, 1er Janvier 1899.

Henri DABOT

SOUVENIRS & IMPRESSIONS

D'UN BOURGEOIS DU QUARTIER LATIN

DE MAI 1854 A MAI 1869

1854

24 Mai. — Mon entrée chez M⁰ François, avoué, beau-frère de mon ami Philippe Escudier et sous sa haute protection.

1ᵉʳ *Juin.* — Nous avons la guerre avec la Russie. Saint-Arnaud commande les Français et lord Raglan les Anglais. Lord Raglan a perdu le bras droit à la bataille de Waterloo, mais il n'est pas manchot pour cela.

17. — Depuis près d'un an le choléra règne à Paris presqu'à l'état endémique ; cependant on n'en parlait plus beaucoup depuis quelque temps, et voilà que, par suite d'un abaissement très grand de la température, il reparaît d'une façon terrible. Très nombreux cas et en ville et dans les hôpitaux. L'hôpital de la Charité est le plus éprouvé. De la rue Saint-Sulpice, numéro 38, où je demeure, pour aller au numéro 25 de la rue Grammont où se trouve mon étude, je passe près de la Charité. Mais je n'ai pas peur, car j'ai eu le choléra l'année dernière.

21. — La *Gazette des hôpitaux* dit, dans son numéro du 24 juin, que, du 15 au 21 juin, il y a eu dans les hôpitaux 135 décès.

8 *Juillet.* — Du 23 au 29 juin il est mort du choléra,

dans les hôpitaux, 182 malades. Il est mort aussi en ville beaucoup de personnes : 53 le 30 juin. On mange trop de fruits.

23. — Le beau portail de l'ancienne église Saint-Benoît a été démoli pour le passage de la rue des Ecoles ; toutes les pierres en ont été étiquetées parce qu'on a l'intention de le rétablir quelque part[1]. Le vieux Paris s'en va ; Paris devient plus net, plus propre, mais la poésie le quitte et s'enfuit à tire-d'aile.

12 *Août*. — Le 12 août il est mort en ville 85 personnes, plusieurs d'une façon foudroyante.

19. — Le 6 août il est mort en ville 77 personnes.

7 *Septembre*. — Le choléra décroît, mais la fièvre typhoïde semble l'avoir remplacé.

8. — Avant-hier, 6 septembre, Saint-Arnaud s'est embarqué pour la Crimée.

25. — Nouvelle d'une victoire remportée sur les bords de l'Alma le 20 septembre. La route de Sébastopol est ouverte ; c'est la plus importante forteresse des Russes dans la Crimée.

30. — Nouvelle de la prise de Sébastopol ; cette nouvelle a été apportée par un tartare de Silistrie, ville de Turquie ; dans la journée la salle des Pas Perdus était pleine de joie et d'émotion ; ce soir les théâtres sont illuminés. Les habitants n'illuminent pas, ils attendent sans doute que la nouvelle soit officielle.

6 *Octobre*. — La nouvelle était fausse ; on y avait

---

[1] Il a été rétabli dans le jardin du musée de Cluny.

cru assez pour être désespéré en apprenant officiellement sa fausseté.

10. — Toute la population de Paris accourt aux Invalides pour voir les obsèques de Saint-Arnaud, mort le 28 septembre, de la dyssenterie, huit jours après avoir remporté la belle victoire de l'Alma.

19 *Novembre*. — On fait des travaux sur le toit de la Sainte-Chapelle afin d'y attacher, d'y adapter une flèche et de remplacer ainsi celle qui existait avant la Révolution.

31 *Décembre*. — Lugubre fin d'année. A cause de la guerre de Crimée tout le monde est triste, malgré deux récentes victoires à Balaclava et Inkermann ; le siège de Sébastopol se prolonge ; nos pauvres soldats souffrent horriblement du froid dans les tranchées ; l'esprit de tous est tourmenté par le souvenir du fameux hiver de 1812 qui fut le salut de la Russie et le commencement de nos désastres.

1855

9 *Janvier*. — L'Empereur a créé l'année dernière une garde impériale, c'est-à-dire une cohorte de soldats privilégiés, et ce au risque d'indisposer le reste de l'armée ; mais la garde est de tradition napoléonienne. On y a mis tout ce qu'il y a de mieux en fait de soldats. L'Empereur s'est décidé à l'envoyer en Crimée pour y faire ses premières armes. Il a passé, hier, dans la cour des Tuileries, la revue de plusieurs régiments de cette garde qui doivent partir pour l'Orient. Il y avait des sapeurs du génie, des grenadiers, des voltigeurs, des chasseurs à pied et des artilleurs. L'Empereur était à cheval pour passer la revue et l'Impératrice était au balcon du pavillon de l'Horloge.

Après la revue les bataillons se sont formés en carré. L'Empereur est descendu de cheval et a fait prévenir l'Impératrice de venir le rejoindre. Il lui a donné le bras et tous deux ont fait le tour du carré.

Les soldats ont acclamé l'Empereur. *Ave, Cæsar Imperator, morituri te salutant.*

25. — MM. Ballu et Roguet, achitectes, ont récemment terminé la restauration de la magnifique tour Saint-Jacques-la-Boucherie. Les masures, pleines de

loques et de tripes, qui l'entouraient, ont disparu. La tour se profile poétiquement sur le ciel. Elle est surmontée par la statue de saint Jacques-le-Majeur. Des statues nouvelles ont, dans les niches, remplacé les anciennes ; on y remarque celles de saint Paul, saint Jacques-le-Mineur, saint Roch, saint Laurent, sainte Marguerite, sainte Geneviève, patrons et patronnes de diverses paroisses parisiennes, enfin d'un saint picard, saint Quentin.

— Tout près de Saint-Germain-des-Prés on vient de démolir la geôle de l'Abbaye où d'épouvantables scènes eurent lieu en 1792. Cette geôle avait été transformée en prison militaire. Sur la place de cette prison Mlle de Sombreuil but, dit-on, un verre de sang humain pour sauver son père.

26. — Gérard de Nerval s'est, avant-hier, au petit jour, pendu aux barreaux d'une fenêtre, rue de la Vieille-Lanterne, au bas d'un escalier qui divise la rue en deux étages. Je suis allé voir cette fenêtre avec des camarades, clercs d'avoués comme moi ; la rue n'est pas loin du Palais. Elle se trouve dans les romantiques alentours de la place du Châtelet. On ne peut s'imaginer ruelle plus épouvantable. Ce sont des chiffonniers qui ont aperçu le malheureux vers six heures du matin ; ses pieds trempaient dans un ruisseau fangeux. Le pauvre garçon, quoiqu'excellent écrivain, était un peu fou ; il ne s'est pas tué par misère, car il avait de l'argent dans sa poche, mais par dégoût de la vie. Il était sujet à des accès d'aliénation mentale.

30. — Le service de Gérard de Nerval a eu lieu à Notre-Dame au milieu d'une affluence très grande de poètes, de journalistes, d'écrivains. Les Allemands ressentent sa perte autant et peut-être plus que les

Français, car il avait traduit admirablement les plus grandes œuvres de leur littérature [1].

10 *Février*. — Le prince Napoléon est revenu de Crimée, où il a eu une attaque de choléra ; personne n'y croit ou plutôt ne veut y croire, et cependant il a été vraiment malade ; quand il partit de devant Sébastopol pour Constantinople, il se trouva si souvent souffrant sur le vaisseau que chacun s'écriait : Quand verrons-nous Scutari ? On l'appelait autrefois : *Plon Plon*, un petit nom d'amitié ; on l'appelle maintenant *Craint-Plomb* ; il n'est pas plus lâche qu'un autre, mais c'est un homme sans aménité. Beaucoup sont enchantés d'avoir une occasion, même injuste, de le crosser.

Tout cela est fort heureux pour Napoléon III, car si le prince Napoléon, avec sa grande intelligence et son grand savoir, était populaire, il serait bientôt fort dangereux pour l'Empereur d'autant plus que celui-ci n'a nullement le type napoléonien, tandis que le prince l'a complètement ; toujours le prince travaille, toujours il lit ; Mme Sitt, son pédicure et le mien, me disait qu'il lisait même pendant qu'on lui coupait les cors, ce qui n'indique pas un esprit bien craintif. Mme Sitt m'a peut-être dit cela pour me faire honte de mon énervement quand mes pieds ont l'honneur d'être entre ses mains.

13. — On dit l'Empereur tout à fait désolé des lenteurs du siège de Sébastopol. Si on ne l'empêchait pas, il partirait pour la Crimée afin de donner du réconfort aux soldats et voir si les chefs s'entendent bien entr'eux ;

---

[1] Gérard put être enterré religieusement grâce à une lettre du docteur Blanche, envoyée à l'archevêque de Paris. Elle était ainsi conçue : « Monseigneur, Gérard de Nerval s'est pendu parce qu'il a vu sa folie face à face. »

en tout cas ils s'entendent pour bien mourir. Beaucoup sont morts, notamment le duc d'Elchingen, fils du maréchal Ney, enlevé par une attaque de choléra. Les soldats sont consternés, car ils se figurent que le simple attouchement d'un cholérique donne le choléra[1].

24. — Hier, Berryer, mon illustre confrère, a été reçu membre de l'Académie française. Il fut très applaudi aussi bien pour son talent que pour son caractère. L'Empereur l'avait dispensé de la visite que les académiciens doivent faire au souverain. Berryer l'avait, il est vrai, défendu devant la Cour des Pairs lors de l'équipée de Boulogne, en 1840, mais il avait provoqué sa déchéance, comme président, lors du coup d'État.

10 *Mars*. — L'empereur Nicolas est mort le 3 mars; il faut espérer que la guerre finira bientôt. C'est peut-être lui seul qui la voulait. Il n'y a pas la moindre haine entre l'armée française et l'armée russe. Les Russes réservent leur haine pour nos alliés les Anglais. Quand les officiers russes et français se rencontrent ils se donnent réciproquement les plus grandes marques d'estime.

21 *Avril*. — L'Empereur et l'Impératrice sont revenus hier de leur voyage de Londres. On avait peur de ce voyage aussi bien à Paris qu'à Londres, car beaucoup de refugiés se trouvent dans cette grande ville, refuge

---

[1] Le père Parabère, aumônier, s'efforçait de leur persuader que le fléau ne se communiquait pas, mais il n'y réussissait pas. Un soir il est appelé près d'un jeune soldat qui rend l'âme entre ses bras, l'aumônier dit : « je suis bien fatigué ; je vais me coucher auprès de lui ; » et il passa ainsi plusieurs heures à côté de cet étrange camarade de lit. Comme le Père Parabère ne mourut point, tous les soldats furent rassurés. *La Croix et l'Épée*, récits de la guerre d'Orient, p. 87. — Vives, éditeur, 1859. Paris.

de tous les proscrits ; la police anglaise était, paraît-il, dans une grande perplexité. On prétend que quand, au retour, l'Empereur eut mis le pied sur le bateau à vapeur, tous les policemen ont fait : « ouf ! » ou plutôt : « ô ! pho ! »

28. — En remontant les Champs-Elysées, je vois des groupes nombreux ; je m'approche. On prétend qu'un cordonnier a tiré sur l'Empereur deux coups de pistolet sans l'atteindre, quoiqu'il fût bien près. L'Empereur était à cheval, accompagné de deux cavaliers. Il a été, paraît-il, très crâne. Ce cordonnier est un Italien. « Sont-ils assommants tous ces Italiens ! De quoi se mêlent-ils ? » voilà ce que le monde dit.

7 *Mai*. — Grand brouhaha au Palais, causé par le procès de Pianori, l'Italien qui a tiré sur l'Empereur ; sans l'intervention de la Providence, sous la forme peu poétique, mais très pratique, d'un agent de police, Napoléon III était tué. En effet, l'agent, en se jetant sur Pianori, l'empêcha de tirer un troisième coup.

14. — Exécution de Pianori. Il avait été revêtu d'un voile noir, comme s'il avait tué son père. C'est Benoît-Champy qui défendit Pianori en cour d'assises. On l'a généralement trouvé trop mou, pas assez énergique dans sa défense. Mais que dire, franchement, en pareille circonstance, quand on ne veut pas se jeter dans les dissertations ou divagations d'usage sur l'inviolabilité de la vie humaine ! Du reste, Benoît-Champy est un avocat d'affaires.

30 *Juin*. — Plusieurs fois en ce mois, je suis allé voir la grande Exposition de l'industrie, créée à l'instar de l'Exposition de Londres. On a songé fort heureusement à y annexer une admirable exposition de peinture et de sculpture. Les œuvres d'Ingres, de

Delacroix, de Decamps, d'Hippolyte Flandrin, d'Horace Vernet, passent entières sous les yeux des spectateurs ravis. On peut contempler tous leurs tableaux et se rendre compte des progrès successifs de ces puissants génies. Notre ancien maître de dessin de Louis-le-Grand, *M. Léon Coignet*, est là avec deux toiles superbes : *Une scène du Massacre des Innocents* et le *Tintoret peignant sa fille morte ; Couture*, avec ses *Romains de la décadence* qui, en 1847, révolutionnèrent le monde artistique ; *Meissonnier*, avec sa *Rixe ; Muller*, avec son *Appel des dernières victimes* de la Terreur ; *Rousseau*, avec ses *Vues de la forêt de Fontainebleau*, dans lesquelles revivent les vieux chênes colorés par les feux du soleil couchant ou mystérieusement assombris par la lumière affaiblie du crépuscule.

Là aussi sont les grands sculpteurs avec quelques-unes de leurs plus belles créations, *Bonnassieux*, avec son *Amour se coupant les ailes ; Duret*, avec son *Pêcheur dansant la tarentelle ; Fremiet*, avec ses *Soldats* et ses *Animaux ; Rude*, avec son jeune *Napolitain à la tortue*.

On se bat afin d'être au premier rang pour voir de plus près la *Minerve du Parthénon* en or et ivoire. Le savant duc de Luynes la commanda à *Simart*, en lui donnant les éléments de la restitution, d'après les textes et les monuments anciens.

Mais la France n'est pas seule ; les nations européennes ont toutes envoyé leurs chefs-d'œuvre. Le baron Leys, les deux Stevens, Willems brillent en Belgique ; Madrazo en Espagne ; Landseer, Leslie, Millais, de nombreux aquarellistes, en Angleterre ; en Prusse, Achenbach et Cornélius dont les cartons, pour les fresques du *Campo Santo* de Berlin, excitent la plus grande admiration.

En aucun temps, en aucun lieu pareille exhibition d'œuvres d'art ne s'est produite. Paris triomphe et par ses artistes et par les artistes étrangers qui sont venus lui demander la consécration de leur talent.

5 *Juillet*. — On apprend la mort de lord Raglan, enlevé par une attaque de choléra comme Saint-Arnaud ; quant à Canrobert, le successeur de Saint-Arnaud, il a résisté, quoique pendant l hiver il ne se soit guère épargné pour soigner son armée. Fatigué, il a demandé à se faire remplacer par le général Pélissier et à commander sous ses ordres. L'Empereur a souscrit à des désirs si nobles.

18 *Août*. — Arrivée à Paris de la reine Victoria par le boulevard de Strasbourg. De tous côtés est écrit en gros caractères le mot : *Welcome* (Sois la bienvenue). Les décorations des maisons étaient fort belles ; mais il était trop tard pour qu'elles fissent de l'effet. Personne n'a pu bien voir la reine, à cause de l'obscurité.

25. — La reine Victoria est allée voir le tombeau de l Empereur aux Invalides ; s'il se fût réveillé, le grand homme, étonné, serait tombé en syncope pour l'éternité.

8 *Septembre*. — Un clerc de Jeanne, huissier, a tiré sur l'Empereur. On m'assure que ce clerc est fou ; tant mieux.

13. — Joie immense ; on apprend que le 8 septembre, jour de la Nativité, la grosse tour de Malakoff, qui défendait Sébastopol, a été prise d'assaut. La ville de Sébastopol a été évacuée par les Russes et est tombée en notre pouvoir. Ce n'est pas Canrobert, dont on a tant parlé pendant le siège, qui a emporté d'assaut la tour, mais le général Pélissier.

La joie est d'autant plus grande que souvent la prise de la grande forteresse russe fut annoncée à faux.

14. — Le clerc de Jeanne, huissier, qui a tiré sur

l'Empereur, est actuellement en pension à Bicêtre ; il est vraiment fou. Du reste, ce n'est pas précisément sur l'Empereur qu'il a tiré, mais sur les dames d'honneur de l'Impératrice, au moment où leur voiture s'arrêtait devant l'entrée du Théâtre-Italien. Elles ont dû toutes tomber évanouies de terreur et d'effroi.

— Hier à midi un *Te Deum* a été chanté à Notre-Dame en actions de grâces de la prise de Sébastopol.

L'Empereur est parti à midi du palais des Tuileries.

Suivant l'habitude, une double haie formée par la garde nationale à droite et l'armée à gauche, était rangée sur le parcours du cortège.

Les guides étaient au devant de la voiture de l'Empereur, les cent-gardes derrière. C'était magnifique. Une immense affluence débordant de toutes les rues poussait des acclamations.

L'Empereur a répondu à l'archevêque de Paris, qui lui avait adressé quelques paroles lors de son entrée dans la cathédrale : « Je viens, Monseigneur, remercier le ciel du triomphe qu'il a accordé à nos armes, car je me plais à reconnaître que, malgré l'habileté des généraux et le courage des soldats, rien ne peut réussir sans la protection de la Providence. »

La journée fut pleine de joie, tous les théâtres ouvrirent gratuitement leurs portes. Aux Français et à l'Opéra-Comique on donnait les spectacles que la reine d'Angleterre avait choisis lors de son récent voyage en France. Le soir éclairage féérique. Les rues les plus pauvres illuminèrent.

30. — Mort de mon cher parrain, César Nottelle, à l'âge de soixante-quinze ans. Il avait, aux Cent-Jours, sauvé le comte d'Artois, depuis Charles X, qui, en s'enfuyant devant Napoléon, s'était embourbé avec sa suite dans les chemins avoisinant la Gorgue (Nord).

Le comte d'Artois le fit nommer garde général des tabacs à Lille, mais il donna sa démission en 1830.

1ᵉʳ *Octobre*. — Mon cousin Prosper a écrit à sa mère. Il est à trente lieues de Cayenne, à la Montagne d'Argent, dont il a été nommé commandant en second; il dit être aussi heureux qu'on peut l'être sur un rocher, complètement entouré de vase, et en vivant avec un état-major composé de six bons et braves garçons, mais aussi avec 500 forçats. « S'il y a, dit-il, des gens assez fous pour croire à leur réhabilitation, qu'ils viennent ici; » plutôt que de cingler vers la Montagne d'Argent j'aime mieux le croire sur parole.

31. — On dit l'Impératrice enceinte. On commençait à s'impatienter, car l'Empereur est marié déjà depuis deux ans, en janvier 1853. Le prince Napoléon doit rager.

3 *Novembre*. — Mort de notre grand sculpteur Rude, qui créa le groupe du *Chant du départ* à l'Arc de triomphe et la *Jeanne d'Arc écoutant les voix*, l'un des plus beaux ornements du Luxembourg. La Jeanne de Rude paraît effrayée des voix qu'elle entend; son regard est quasi celui d'une folle. C'est dans son genre une œuvre aussi accomplie que celle de la princesse Marie, mais beaucoup de personnes ne comprennent pas la Jeanne de Rude et j'ai dû, à ce sujet, souvent me disputer avec les camarades de l'Ecole de droit.

16. — Aujourd'hui le Palais fut grandement ému; Mᵉ Paillet plaidait à la première chambre de la Cour, tout-à-coup il bégaye, tombe sur la barre et meurt..

28 *Décembre*. — L'Empereur est allé voir aujourd'hui, sur la place de la Bastille, où elles sont campées, certaines troupes qu'il a fait rappeler de Crimée. Il leur a dit qu'il avait voulu les faire rentrer en France,

quoique la guerre ne fût pas terminée, parce qu'il était juste de les faire remplacer après tant de souffrances. Elles doivent, demain, faire leur rentrée officielle et solennelle.

29. — Rentrée des troupes de Crimée ; on voit bien qu'elles ont réellement souffert. Mes amis et moi offrons des fleurs aux soldats qui les placent dans les canons de leurs fusils.

Le défilé a lieu devant la Colonne Vendôme, les tambours battant aux champs ; je reconnais le général Canrobert, sur lequel du reste tous les regards s'arrêtent et que tout le monde acclame. Les blessés (dont plusieurs amputés d'un bras ou d'une jambe) marchent en tête de chaque régiment. Les troupes sont en tenue de campagne ; les officiers de la ligne ont les bottes montantes comme pendant les travaux si longs du siège ; j'aperçois des drapeaux troués par les balles et beaucoup de vêtements horriblement usés par la victoire ; hélas ! malheureusement la guerre n'est pas finie, quoique Sébastopol soit tombée.

1856

13 *Janvier*. — Hier, troubles au cours de M. Nisard, professeur d'éloquence française à la Sorbonne. On s'y rend surtout pour faire du bruit. Les étudiants ne peuvent le sentir ; ils le trouvent probablement trop bien avec le ministre, M. Fortoul. Ce n'est pas la première fois qu'ils lui font du tapage, mais hier le bousin fut si horrible que le professeur ne put continuer son cours. De nombreuses arrestations d'étudiants vrais ou faux ont été opérées.

16. — On voit circuler, dans les rues, des soldats, retour de Crimée. Ils portent à la boutonnière de grandes médailles d'argent qui ressemblent aux anciens écus de 6 francs. Ce sont des médailles que le duc de Cambridge a remises hier, dans la cour des Tuileries, au nom de la reine Victoria, aux militaires qui ont fait la campagne de Crimée.

9 *Février*. — Aujourd hui, obsèques de Mme Jeanne-Marie Rendu, en religion sœur Rosalie, que tout le monde vénérait dans le XIIe arrondissement. Jamais femme ne fut plus aimée par le peuple, parce que jamais femme ne fut pour lui d'une plus ardente charité. Sa conduite fut admirable en juin 1848, admirable aussi bien pour les soldats que pour les insurgés.

Elle était décorée, mais M. de Saint-Arnaud, le maire du XII° arrondissement, qui fit un discours sur sa tombe, nous apprit qu'elle n'avait jamais porté sa décoration. Elle l'avait attachée à son crucifix.

10. — Le tribunal a châtié très sévèrement les étudiants qui ont fait du bruit au cours de M. Nisard. Un professeur du nom de Rogeard a été condamné à six mois de prison. M. Nisard ne s'était nullement plaint, il faut lui rendre cette justice [1].

27. — Depuis la prise de Sébastopol nous avons toujours vécu dans la perplexité. La Russie, encore puissante malgré sa défaite, allait elle vouloir s'arranger? Après bien des tergiversations elle consentit enfin à la réunion d'un congrès à Paris. Hier ce congrès s'est rassemblé au ministère des affaires étrangères qui donne sur le quai d'Orsay. La foule s'amassa sur ce quai pour voir passer les plénipotentiaires, notamment le comte Orloff, le représentant de la Russie, homme superbe de figure et de taille. Le peuple de Paris comprend toute l'importance de ce congrès.

8 *Mars*. — La Cour a maintenu le jugement rendu dans l'affaire des étudiants.

15. — On dit que l'Impératrice est en mal d'enfant. On ne parle que de cela. Les bruits les plus grotesques courent et volent de tous côtés ; on prétend que, dans certains appartements reculés des Tuileries et même dans les caves, de nombreuses femmes, sur le point d'accoucher, ont été rassemblées pour se procurer un garçon dans le cas où l'Impératrice accoucherait d'une fille.

---

[1] M. Rogeard conquit plus tard beaucoup de notoriété en fondant *la Rive Gauche* et en publiant *les propos de Labiénus*, dans ce journal du Quartier Latin.

16. — Naissance d'un petit prince. Tout Paris l'apprend, en même temps, au même moment, par le canon des Invalides qui, à six heures du matin, tire cent et un coups de canon en guise d'angelus. L'Impératrice accoucha pendant la nuit, sur les trois heures.

17. — L'Impératrice ne fut délivrée que grâce au forceps, par le baron Dubois, fils du fameux chirurgien qui lui-même accoucha Marie-Louise. Au moment où certains personnages officiels furent introduits dans la chambre de l'Impératrice pour assister, suivant l'usage monarchique, à l'accouchement, la patiente fut saisie et le travail s'arrêta net. C'est du moins ce qui se dit.

Les Tuileries étaient entourées d'une grande foule qui, malgré la nuit, attendait le résultat.

26. — Les murs se couvrent d'affiches. Le gouvernement y fait annoncer qu'un traité de paix vient d'être signé entre l'Angleterre, la France et la Russie. La joie rayonne sur tous les visages et on se groupe silencieusement dans les rues pour mieux entendre le canon des Invalides.

6 Avril. — On a bien ri au Corps législatif, séance du 4 avril. On y discutait la taxe des chiens. Depuis plus de vingt ans, cette loi revient perpétuellement devant les Chambres, mais jamais elle n'est admise, tant les chiens ont d'amis parmi les représentants de la nation. En 1847, la loi n'a pas été adoptée faute d'une voix. On revient à la charge, car on veut à toute force diminuer le nombre des caniches en les taxant. Mais les âmes sensibles pressentent les horribles hécatombes qui auront lieu si la loi est acceptée. La Chambre est divisée en deux camps, les *caniphiles* et les *caniphobes*. De chaque côté on se regarde en chiens de faïence.

Le rapport de M. Lélut, célèbre médecin psycologue, qui a joué des variations bien senties sur la rage, l'horrible rage, fit courir des frissons dans le dos même des *caniphiles*. La loi enfin est passée. L'ami de l'homme sera taxé de 1 à 10 francs, suivant certaines catégories. Le Sénat aura à se prononcer sur cette palpitante question ; mais il est certain que même décision aura lieu.

Que M. Lélut prenne garde à ses mollets.

20. — Mort d'Adolphe Adam, le gracieux compositeur ; son opéra-comique la *Rose de Péronne* m'a charmé bien souvent.

7 *Juin*. — La sixième partie de la France est couverte d'eau par suite de pluies perpétuelles. Le Rhône, la Loire, l'Allier, le Cher, la Durance sont sortis de leurs lits. Partout à Paris s'organisent des souscriptions pour venir au secours des inondés, réduits par le fléau à la dernière misère. L'Empereur est allé visiter les pays dévastés. Il vient de revenir à Saint-Cloud. Chose déplorable, les campagnes inondées étaient couvertes de moissons superbes ! Le journal le *Siècle* a ramassé quarante mille francs en pièces de 5 fr., 3 fr., 2 fr., même de 1 fr. Les ouvriers les plus pauvres apportent leur obole. Louis Jourdan, dans son premier-Paris, dit excellemment : *La charité publique et privée fait son œuvre ; elle consolera ceux qui souffrent ; elle relèvera les courages abattus. La main de Dieu ne pèsera pas toujours sur nos fronts. Le soleil brillera encore après cette tempête qui nous courbe tous, grands et petits. Nous comprendrons mieux alors que ce grand désastre est un avertissement providentiel, une leçon éclatante et terrible.*

8. — Aujourd'hui saint Médard ; pas de pluie. Vive le bon Dieu ! Vive saint Médard !

14. — Baptême du prince impérial. Quel enthousiasme ! quel étouffement au milieu de la foule !

Les voitures sont magnifiques; le petit prince arrive, pour se faire baptiser, dans les bras de sa nourrice, flanquée d'une gouvernante et de sous-gouvernantes. J'espère que le bébé règnera ; mais ça n'est pas la mode en France depuis Louis XIV.

15. — Vu l'intérieur de Notre-Dame. L'aspect est admirablement joli. Toutes les voûtes sont peintes en bleu et constellées d'étoiles. Parmi toutes ces étoiles, y en a-t-il une bonne ?

21. — Le bébé a, pour parrain, le pape, qui fut représenté au baptême par un cardinal légat. Hier, dans la chapelle du palais de Saint-Cloud, le cardinal remit à l'Impératrice une superbe rose d'or, bénie par Pie IX. La fleur se trouve au bout d'une tige ornée de feuilles et de boutons que des pierres précieuses forment ingénieusement.

22. — Le conseil de l'ordre des avocats a voté trois mille francs pour les inondés des vallées de la Loire et du Rhône. Tout le monde donne ; un pauvre jongleur de place publique vient, pour la seconde fois, d'envoyer la recette de sa journée à une souscription de journal.

Les moissons sont magnifiques dans les environs de Paris. Cette fécondité de la terre semble être la récompense de la bienfaisance parisienne.

3 *Juillet*. — On débarque, en face du Louvre, un immense bœuf, à figure humaine, dont le front porte la tiare et dont la barbe semble avoir été frisée au petit fer. Il a cinq pieds, mais grâce à un artifice du sculpteur, on n'en voit que quatre à la fois. Ce bœuf a été trouvé dans les ruines de Ninive, parmi les débris d'un temple ; on pose d'énormes planches sur de gros rouleaux, et, peu à peu, le monstre couronné fera son entrée dans son palais du Louvre.

28. — Une cloche de Sébastopol, donnée par l'empereur à Notre-Dame de Paris, vient d'arriver. On va la placer dans l'une des tours. C'est une cloche de moyenne grosseur ; le bronze en est superbe.

16 *Août.* — Hier, à l'occasion de la fête de l'empereur, grand feu d'artifice tiré sur le haut de l'Arc de triomphe de l'Etoile ; Ruggieri, l'artificier, a eu là une excellente idée ; tout le peuple, massé le long des avenues des Champs-Elysées et de Neuilly, pouvait ainsi parfaitement voir.

Un très beau feu d'artifice fut également tiré à la barrière du Trône ; malheureusement une fusée est allée tomber sur le toit en bois d'un hangar voisin ; tout a été consumé en fort peu de temps. Cet accompagnement du feu d'artifice, nullement prévu au programme, a fort ému le quartier de la barrière du Trône.

17. — A l'occasion du 15 Août, le maréchal Pelissier a été nommé duc de Malakoff.

28. — En ce moment le Palais et la Ville s'occupent et se préoccupent d'un procès relatif à la succession du riche banquier Pescatore ; la veuve réclame la moitié de la communauté. Les héritiers s'y refusent parce que Mme Pescatore n'aurait été mariée que religieusement. Dufaure plaide pour les héritiers et Chaix d'Est-Ange pour Mme Pescatore ; comme il s'agit de millions, tout le monde parle de ce procès. Le chroniqueur de *l'Illustration* en a trop parlé ; il a raconté, d'après un journal belge, que Mme Pescatore s'était engagée à donner cent mille francs à Chaix s'il gagnait et seulement dix mille s'il perdait. Ces pactes sont défendus aux avocats. Chaix se fâcha ; il assigna

le chroniqueur, qui vient d'être condamné comme diffamateur à 200 fr. d'amende.

29. — Le tribunal a considéré le mariage Pescatore comme un simple mariage religieux sans effets civils.

15 *Septembre.* — En passant sur le parvis Notre-Dame j'aperçois sept statues, posées tout récemment dans les niches de la galerie des Rois, au grand portail; toutes les autres niches sont occupées par des planches de bois découpées sur lesquelles sont peintes des figures de rois avec tous les attributs de la royauté. Parmi les passants qui ont le nez en l'air pour les regarder, les uns disent : « ce sont des rois de France, » les autres : « ce sont des rois de Juda » ancêtres du christ ; ma foi, je n'en sais rien.

— Avant-hier, Caroline Duprez, la fille du grand chanteur, épousa par amour un musicien de l'Opéra ou de l'Opéra-Comique, M. Van den Heuven.

30. — Depuis quelques jours il est impossible, à cause du vent, de marcher en droite ligne dans les rues. Il faut tenir ferme son chapeau ; les cheminées tombent dru ; hier, un pêcheur à la ligne a été jeté par le vent dans la Seine et s'y est noyé.

1ᵉʳ *Octobre.* — On vient de donner un grand dîner à l'hôtel du Louvre et les mets ont été trouvés excellents. Il y en avait de tous genres, de toutes espèces ; ils étaient admirablement cuits et d'un goût délicieux, et cependant tous les plats avaient été préparés sur des appareils à gaz, devant des personnes notables qui le certifièrent. Ce dîner fut donné précisément pour faire disparaître la prévention générale contre la cuisine au gaz ; on la croit très mauvaise, l'on prétend que la cuisson ne s'effectue pas bien et que les viandes ont un arrière-goût de gaz. Ce dîner du Louvre semble prouver le contraire.

23 *Novembre*. — L'ouverture de notre conférence de stagiaires eut lieu hier, samedi 22 novembre, sous la présidence de Mᵉ Liouville, le nouveau bâtonnier, qu'a choisi le conseil de l'ordre ; il désire vivement et paternellement que chacun de nous ait vraiment l'amour de son état ; sans cela, dit-il, pas de réussite possible. A ce propos, il salua la mémoire de Paillet, mort au champ d'honneur, en plaidant : « Salut à toi, s'écria-t il dans une touchante invocation, salut à toi qui n'as jamais voulu être qu'avocat, qui as désiré ta robe pour linceul et à qui ta robe a servi en effet de linceul. Salut à toi bâtonnier, frappé sur la brèche et enseveli dans un de tes triomphes, comme il convient à un soldat de la justice. »

— Mes deux amis de collège, Chevrier et Philis, avocats stagiaires, ont prononcé chacun un discours fort applaudi [1].

30. — La librairie Didier, 35, quai Malaquais, a récemment fait paraître un ouvrage qui m'intéresse vivement. Il est en effet d'un ancien Péronnais, l'abbé Le Dieu, secrétaire de Bossuet. Dans cet ouvrage se trouvent des *Mémoires* sur Bossuet et un *Journal* qui donne des détails fort curieux sur les cinq dernières années du grand évêque, de 1699 à 1704. J'ai certes pris grand plaisir en apprenant le nombre et la composition des clystères du grand roi, que Dangeau nous sert tout chauds dans son *Journal*. Je n'en ai pas éprouvé un moins grand en étudiant ceux de Bossuet,

---

[1] Après une brillante carrière dans le Parquet, M. Chevrier est aujourd'hui conseiller à la Cour de cassation ; M. Philis, longtemps avocat à la Cour d'appel de Paris, joua un rôle fort remarqué, mais bien court, pendant le ministère Ollivier ; il fut nommé à une des hautes fonctions du Conseil d'Etat. Le prince Napoléon le choisit pour un de ses exécuteurs testamentaires. M. Philis vient de mourir récemment, en mars 1898.

que le bon abbé Le Dieu nous indique également dans le sien.

N'est-il pas intéressant également d'apprendre comment Bossuet préparait ses chefs-d'œuvre ? A son réveil ordinaire, au milieu de la nuit, il se mettait à travailler en bonne robe de chambre, les pieds et les jambes dans une chaude chancelière très montante. En pleine solitude nocturne, l'esprit rafraîchi par le sommeil, il trouvait ses meilleures inspirations, et puis au bout de deux heures de son fécond travail il se recouchait.

L'abbé Guettié a fait cette belle publication sur des manuscrits pieusement conservés ; il ne dit point par qui, peut-être bien par l'abbé Bossuet, prêtre du diocèse de Paris, arrière-petit-neveu de l'évêque de Meaux, et possesseur de nombreux papiers concernant son grand-oncle.

4 *Décembre*. — Le premier régiment de la garde impériale a inscrit sur ses contrôles, comme enfant de troupe, le prince impérial ; une députation de soldats et d'enfants de troupe est venue, hier, en apporter la nouvelle à l'Empereur. Elle aurait dû en même temps apporter un bonnet à poil en guise de bourrelet.

30. — Le président du tribunal, M. de Belleyme, vient d'être nommé président de chambre à la Cour de cassation. On ne pouvait être plus bienveillant que lui ; aussi les magistrats et les avocats sont allés lui adresser leurs compliments. Il était aimable pour tout le monde, mais tout particulièrement pour les maîtres clercs d'avoués qui plaidaient en référé devant lui. Nous nous sommes tous réunis dans la salle des Pas-Perdus et nous sommes allés envahir son cabinet, où nous avons été reçus... comme à notre ordinaire. M. de Belleyme est bel homme, de grande distinction,

d'un grand air; aussi eut-il de grands succès près des dames, si l'on en croit les échos affectueusement gouailleurs du Palais. Le nouveau président est un avocat à la Cour d'appel, M. Benoît-Champy, qui a plaidé pour Pianori ; on dit sa femme quelque peu cousine de l'Empereur par les Tascher de la Pagerie.

La mère de l'Empereur est la reine Hortense, fille elle-même du comte Tascher de la Pagerie, gentilhomme créole de la Martinique.

1857

3 *Janvier*. — Un prêtre interdit a assassiné Mgr Sibour en criant: « A bas les déesses ! » c'est-à-dire à bas sainte Geneviève, à bas la Vierge Marie, dont l'Immaculée-Conception a été récemment proclamée ; c'est une stupeur dans tout Paris.

4. — La nouvelle de l'assassinat s'est propagée hier dans Paris avec une vitesse qui tient du prodige. Le prêtre assassin s'appelle Verger. Que cette mort paraît triste auprès de celle de Mgr Affre, et cependant, si Verger, comme on le dit, a tué l'archevêque pour se venger de son interdiction, Mgr Sibour est mort d'une belle mort, comme représentant du principe d'autorité.

13. — Hier, 12 janvier, foule énorme autour de Saint-Etienne-du-Mont qu'on purifiait, à cause du crime de Verger. Le clergé fit le tour de l'église en aspergeant les murs et en chantant le *Miserere*. Pendant toute la cérémonie la foule se tenait à genoux.

— Je suis allé voir, comme tout le monde, rue Dauphine, la boutique du coutelier chez qui Verger acheta le couteau dont il perça le cœur de l'archevêque. C'est le premier coutelier de la rive gauche ; il se serait bien passé de cette augmentation de notoriété. Le couteau choisi est un couteau catalan fort mince.

12 *Février*. — Un très joli, très joli garçon, que j'ai connu autrefois, étant tombé amoureux de l'Impératrice, enjamba la grille du jardin réservé des Tuileries, où elle se trouvait, et alla respectueusement se mettre à genoux devant elle comme devant une madone. Il a été doublement arrêté : d'abord dans ses élans, puis par la police.

13. — Le cœur de Mgr Sibour a été transporté de Notre-Dame à Saint-Etienne-du-Mont, dans une voiture de deuil. Pendant le trajet le bourdon de la cathédrale sonnait lugubrement. Le cœur fut placé au fond d'une niche, ménagée dans la chapelle de Sainte-Geneviève.

24. — Verger, l'assassin de Mgr Sibour, a été guillotiné à la stupéfaction des ouvriers, des petits commerçants, qui tous prétendaient qu'on ne guillotinerait pas un prêtre.

Certaines personnes, très autorisées, prétendent qu'il était fou, notamment le docteur Tardieu, que les tribunaux nomment très souvent comme expert ; Nogent Saint-Laurent, son avocat, a plaidé la folie ; du reste son attitude à la Cour d'assises le prouve surabondamment. L'Empereur, très probablement, n'a pas osé commuer sa peine de peur qu'on ne dît : « on ne l'a pas guillotiné parce que c'était un curé [1]. »

9 *Mars*. — Le Père Ventura, l'homme le plus éloquent de l'Italie, a prêché le Carême aux Tuileries.

---

[1] Taxile Delord, protestant, rédacteur du *Siècle*, dit ceci dans son *Histoire du Second Empire* tome II, page 277, 3e édition : « Verger cria sur la plate-forme en baisant le crucifix : Vive le Dieu d'amour ! Vive Notre-Seigneur-Jésus-Christ. Un instant après, sa tête tomba et l'on put écrire une fois de plus que la justice des hommes était satisfaite par la mort de cet halluciné. »

Le choix est curieux, car le bon théatin professait jadis les idées les plus libérales.

La vérité est que toujours il voulut l'union de la liberté et de la religion. Il fut quelque temps le conseil de Pie IX. Mais ne pouvant reconcilier le parti religieux et le parti révolutionnaire, il quitta Rome, après l'exil de Pie IX, et vint à Montpellier où il apprit à prêcher en français. Au bout de deux ans il se rendit à Paris.

Un dimanche j'allai l'entendre à l'Assomption. Une foule de jeunes gens, libéraux et catholiques, y était accourue. Il nous parla en français ou plutôt en charabia italo-français, ce qui ne l'empêcha point d'être fort remarquable ; je ne m'étonnai plus dès lors de l'enthousiasme qu'il excitait en Italie ; il a du reste une belle tête, une superbe, quoiqu'un peu forte prestance [1], un bel organe, de beaux gestes, enfin il a tout ce qui fait l'orateur.

31. — Tout le monde fait ou cherche à faire tourner les tables, c'est l'occupation favorite du moment ; ce sont surtout les têtes qui tournent. Récemment, à Moret, je fus émerveillé de la façon dont tournait une table. Nous étions six : trois dames, une jeune cuisinière, le vicaire de la paroisse et moi ; le lendemain matin j'ai su que la jeune cuisinière, ennuyée de se trouver trop longtemps les bras tendus et les mains appliquées à la table, avait pris le parti de la faire tourner énergiquement. Je fus très mortifié de la révélation qui m'ôtait toute confiance dans mon fluide.

27. — Le nouvel archevêque de Paris, Mgr Morlot, a voulu faire sa première visite épiscopale à Saint-Etienne-du-Mont ; il s'est agenouillé à l'endroit où l'infortuné Mgr Sibour fut frappé.

---

[1] Un superbe buste du Père Ventura, par le sculpteur Oliva, se trouve au musée du Luxembourg.

1ᵉʳ *Mai.* — Aujourd'hui, le grand-duc Constantin, frère du czar Alexandre II, a visité notre palais de justice. Il semble, grâce à Dieu, que la Russie n'ait pas gardé rancune de la guerre faite par nous pour les beaux yeux de l'Angleterre.

A propos de cette visite, la *Gazette des tribunaux* a rappelé que Pierre-le-Grand était également venu au Palais le 19 juin 1717, et même avait assisté à une audience du Parlement, ainsi qu'il appert d'un registre manuscrit que M. Dupin a donné à notre bibliothèque. Détail curieux de cette audience, détail digne d'être relevé : les présidents au Parlement ne portaient point d'ordinaire en été leurs pèlerines de fourrures ; mais en l'honneur du grand-duc de Moravie, empereur de la grande Russie, les pauvres chats fourrés arborèrent toutes leurs fourrures et faillirent avoir un coup de sang.

4. — En sortant de mon étude, rue Gaillon, je vois le quartier animé plus que de coutume. On court à Saint-Roch où se célèbrent les obsèques d'Alfred de Musset. De grands personnages occupent le tiers de l'église, les deux autres tiers sont remplis de jeunes gens. La jeunesse n'a pas oublié son poète dont malheureusement l'esprit est mort depuis longtemps.

5. — Pour faire honneur au grand-duc, l'Empereur avait commandé une revue au bois de Boulogne. Elle a été superbe et on a pu se régaler de la vue d'une multitude d'uniformes, car la garde impériale était au grand complet [1].

---

[1] Lorsque nous eûmes défilé, aux cris de « Vive l'Empereur ! » lorsque eurent passé les grands bonnets à poils noirs, les aigrettes jaunes des voltigeurs, les turbans des zouaves, les flammes des lances et celles des talpacks, l'Empereur demanda au grand-duc ce qui l'avait le plus frappé : « dans l'infanterie, répondit le prince, les *zouaves*, et dans la cavalerie les *chasseurs de la garde*. (Général du Barail, *Mes Souvenirs*, tome II, p. 106).

30. — Un jeune licencié fut rabroué de la belle façon par M. le premier. Au moment où il s'avançait à la barre pour prêter serment, M. Delangle lui dit : « Vous prêterez serment quand vous aurez rendu visite au premier président. Si vous ne le trouvez pas chez lui, vous laisserez votre carte. » Le jeune homme avait envoyé sa carte par la poste !

1ᵉʳ *Juin.* — Ce pauvre M. Simart, que j'ai connu aux soirées de M. Lequeux, architecte, vient de mourir à quarante-six ans d'une façon bien étrange. Il est tombé, le 27 mai, en descendant de l'impériale d'un omnibus, et s'est blessé à mort. Il laisse une jeune veuve charmante, en proie à la plus affreuse douleur [1].

Jamais je ne connus homme plus aimable, plus modeste malgré son grand talent. Il a fait des œuvres de sculpture très remarquables ; il a, notamment, décoré magnifiquement le fronton de l'un des nouveaux pavillons du Louvre [2] et a reconstitué pour le duc de Luynes la *Minerve*, de Phidias, statue d'or et d'ivoire, que tout le monde admira à l'Exposition universelle de 1855. Simart était le fils d'un menuisier de Troyes. Les savetiers et les menuisiers de Troyes ont de belles lignées.

7. — Le 11 mai dernier, le corps législatif a voté 180,000 francs pour acquérir le tombeau de l'Empereur à Sainte-Hélène. Mon vieil ami, John Talma, possède, du peintre Gérard, un tableau représentant précisément

---

[1] Mᵐᵉ Simart ensevelit sa jeunesse et sa beauté dans le couvent des Dames Auxiliatrices du Purgatoire, pour que son âme fût, pour ainsi dire toujours, unie à celle de son malheureux époux.

[2] Napoléon III entouré de personnages symboliques, représentant la paix, le commerce et les beaux-arts.

ce tombeau. Le baron Gérard était fort lié avec le tragédien et son neveu John Talma.

Dans le prix de 180,000 francs se trouve compris celui de l'habitation de l'Empereur. C'est aujourd'hui une maison de ferme. La chambre, où il est mort, est utilisée comme étable !

21. — Admiré au Salon un ravissant pastel d'Eugène Giraud ; c'est le portrait de la comtesse Castiglione, sur laquelle depuis quelque temps s'exercent les méchantes langues parisiennes. Cette créature, à en croire lesdites méchantes langues, serait la maîtresse de Napoléon III, venue d'Italie tout exprès pour le conquérir. Dans un bal officiel où se trouvait l'Empereur, elle apparut en une délicieuse toilette, toute en bleu. L'Empereur lui dit très probablement, comme dans le conte de Mme d'Aulnoy : « Oiseau bleu, couleur du temps, vole à moi promptement, » et l'oiseau bleu vola promptement à l'appel qu'il avait provoqué. La chevelure de cette courtisane du grand monde est tout simplement merveilleuse, son corsage rivalise avec celui de la *Vénus de Milo*, ses bras sont magnifiques et, quant à ça, la *Vénus de Milo* ne peut rivaliser avec elle. Ce démon féminin est, paraît-il, irrésistible. Sa Majesté n'a pas résisté. L'Impératrice est, il est vrai, un peu souffrante à la suite de ses couches de l'année dernière. Mais l'Empereur a 49 ans !

15 *Juillet*. — Mort de Lassus, architecte, qui a remis la Sainte-Chapelle dans son premier lustre et l'a ornée d'une admirable flèche. Voilà huit ans que Lassus travaille à la restauration du grand reliquaire de pierre ; l'œuvre merveilleuse, presque terminée, ne souffrira pas, heureusement, de sa mort. Nous autres, habitants journaliers du palais, ne pouvons voir cette mort sans indifférence et avons l'âme toute en deuil.

17. — Hâtives funérailles de Béranger, mort hier, 16 juillet, dans son modeste appartement, rue de Vendôme, n° 5 ; l'Empereur a voulu honorer le poète qui a maintenu dans la mémoire du peuple le souvenir du premier Napoléon ; beaucoup de troupes, comme à l'enterrement d'un maréchal de France. Certains, pour faire pièce à l'empire, avaient eu quelque envie de faire un peu de bruit aux obsèques du chansonnier libéral ; mais quel moyen de tenter la moindre manifestation avec cette force militaire ! L'Empereur est un malin, il honore Béranger à sa *manière*, c'est-à-dire de *manière* à arrêter toute manifestation. Le service religieux eut lieu à Sainte-Elisabeth.

Je tenais à assister à l'enterrement, car Béranger a passé une partie de son enfance à Péronne. Il fut petit ouvrier imprimeur chez le père Laisney, ami de mon grand-père. Ma tante Virginie Dabot, née à Péronne, était sa voisine à Paris ; elle demeure, en effet, au n° 1 de cette même rue de Vendôme. Elle avait une grande affection pour lui ; depuis huit jours elle est en prière pour que Dieu accorde une fin chrétienne à son bon et charitable voisin. Le curé de Sainte-Elisabeth est venu le voir. Je n'en sais pas davantage.

18. — Un ouvrier imprimeur, cousin de Béranger, a conduit le deuil. A Péronne, Béranger avait été élevé par une tante qui n'était pas sans religion, mais qui mélangeait les doctrines du Christ et celles de Jean-Jacques.

7 *Août.* — Hier, condamnation à la déportation de trois Italiens dont deux auraient été envoyés de Londres par Mazzini et Ledru Rollin afin d'assassiner l'Empereur. Mazzini et Ledru Rollin étaient impliqués dans la poursuite ; mais naturellement ils n'avaient pas fait la politesse de venir ; débats fort curieux, car le président, avec une ténacité bien singulière, voulait

faire avouer aux accusés qu'ils étaient allés devant le n° 53 d'une certaine rue pour faire leur mauvais coup. Quel rôle joue donc cette maison dans les habitudes de l'Empereur ? Là, probablement, demeure une Egérie dont, nouveau Pompilius, il va solliciter les sages conseils [1].

7 Septembre. — Hier, la Cour a condamné par défaut, à la déportation, Mazzini et Ledru Rollin [2]; celui-ci ne s'en portera pas plus mal, mais l'Empereur s'en portera moins bien, car on l'a découvert en révélant bêtement (ou peut-être malicieusement) ses petites fugues nocturnes.

Péronne, 11 Octobre. — A la grand'messe M. le curé de Péronne nous dit : « Les sentiments religieux honorent les nations aussi bien que les hommes ; j'admire la conduite des Anglais qui, après avoir subi des revers terribles dans les Indes, ont scruté leur conscience, confessé leur insupportable orgueil, frappé leurs poitrines et levé les yeux vers Dieu. Un jour de deuil et d'humiliation a été décrété par la reine. Mercredi dernier, dans toute l'Angleterre, les Anglais se sont abstenus de tout travail. La vie commerciale et administrative a été arrêtée, toute la Nation passa cette journée en prières. N'est-ce pas là un beau spectacle ? »

— Visite au cimetière de Péronne.

Sur une colonne tronquée lu l'inscription suivante :

---

[1] Dans les *Mémoires*, de M. de Vieil Castel, à la date du 7 août 1857 on lit ceci : « ... Il est curieux, en lisant les débats de cette affaire, de voir avec quel soin on évite de nommer la comtesse de Castiglione, dont les assassins devaient surveiller l'hôtel, dans la prévision de pouvoir y surprendre l'Empereur soit à son arrivée, soit à son départ. La rue Montaigne n'est pas désignée par son nom. C'est tout simplement le n° 53. »

[2] Ledru Rollin a toujours protesté contre cette prétendue complicité de tentative d'assassinat.

Octave Leblanc, lieutenant de grenadiers au 80° de ligne, tué glorieusement sous les murs de Sébastopol, en combattant pour la France, le 2 mars 1855, à l'âge de 24 ans 1/2. Il repose en Crimée près de ses compagnons d'armes.

A côté, je trouve la tombe de son père, Auguste Leblanc, colonel du génie, officier de la Légion d'honneur, commandant de l'ordre de Saint-Grégoire-le-Grand, mort en 1852.

Le colonel Leblanc mourut au moment où il allait passer général. C'est sur ses plans que fut conduit le siège de Rome en 1849. Il figure dans le tableau de la prise de Constantine par Horace Vernet.

10 *Novembre.* — Le général Cavaignac est mort le 28 octobre dernier. On l'a enterré au cimetière Montmartre avec son frère Godefroy, chef du parti républicain pendant le règne de Louis-Philippe.

Je suis allé voir ce tombeau. Godefroy est étendu tout de son long, sur le dos, presque au ras du sol. C'est saisissant. Rude s'est surpassé. La statue est en bronze.

25. — M. Dupin, renommé procureur général à la Cour de cassation, vient de reprendre des fonctions qu'il avait quittées après la confiscation des biens de la famille d'Orléans. A ce moment M. Dupin se rappelait encore avoir été l'un des exécuteurs testamentaires de Louis-Philippe.

30. — On vient d'inaugurer l'église Sainte-Clotilde, admirable monument de style gothique, xive siècle. L'architecte *Gau* donna le plan et conduisit les travaux pendant huit ans, jusqu'en 1854, date de sa mort. Ballu les continua depuis.

Quand il se fut agi de bâtir Sainte-Clotilde on voulait à toute force construire un monument gothique.

Embarras sur le choix de l'architecte : « *Prenons Gau*, dit Louis-Philippe (qui ne dédaignait pas les jeux de mots); il nous construira un beau monument *Gauthique*. »

1ᵉʳ *Décembre.* — Hier, 30 novembre, Chaix d'Est-Ange, nommé procureur général, a été installé à la première chambre de la Cour d'appel ; il a prononcé une allocution dans laquelle il a remercié l'Empereur de l'avoir appelé à cette grande situation. Mais celle dont il jouissait comme avocat était incomparablement plus belle. Sa résolution me surpasse ; je le crois très fatigué. C'est ce que l'on peut croire en l'entendant dire adieu à sa vieille robe, *usée dans de nobles combats ;* en l'entendant également s'écrier comme le vieil athlète de l'antiquité : « *hîc cæstus artem que repono.* »

1858

8 *Janvier*. — Aujourd'hui j'ai pu voir une véritable figure de bienheureux, d'élu : celle d'un bon vieil homme de 70 ans environ, à la barbe toute blanche. Il fut tué avec deux autres personnes dans la chapelle de la Vierge à Saint-Sulpice, pendant qu'il entendait la messe de dix heures. Il semblait sourire de ce sourire d'enfant qui fait dire : « *Il rit aux anges.* » Ce matin, le calorifère à circulation d'eau chaude, qui se trouve à gauche dans la chapelle de la Vierge, éclata, quoiqu'il eut été établi avec infiniment de soin, paraît-il, et sous la surveillance de gens très experts. Les morceaux, lancés de tous côtés, tuèrent trois personnes et en blessèrent cinq autres.

9. — Le bruit de l'explosion du calorifère de Saint-Sulpice fut tellement fort qu'on l'entendit du dehors. L'église a été fermée. Les histoires les plus extraordinaires se racontaient hier dans les groupes qui se tenaient inquiets autour de l'église. On prétendait notamment que le prêtre, célébrant la messe, avait été soulevé jusqu'à la voûte de la chapelle et était retombé mort. Il n'en est rien, le prêtre est resté sain et sauf à l'autel, quoique les éclats de verre des vitraux brisés tombassent en pluie autour de lui et que les feuilles du grand livre placé devant lui sur l'autel

s'agitassent fiévreusement sous la pression de l'air violemment déplacé.

14. — Autre catastrophe plus terrible ! En me dirigeant le soir vers les grands boulevards pour faire ma petite promenade habituelle, j'entends crier : « Il y a des explosions de gaz sur le boulevard des Italiens. » Tout le monde y court ; des gens arrivent de divers côtés ; ils prétendent qu'on a voulu, au moyen d'une machine infernale, faire sauter l'Empereur au moment où il entrait à l'Opéra pour une représentation extraordinaire de bienfaisance ; le bruit se confirme ; l'Empereur n'a rien eu, mais son escorte est détruite. Les cadavres de nombreux curieux jonchent le sol, devant l'entrée de l'Opéra.

15. — Le bruit d'hier soir n'est que trop vrai, l'Empereur et l'Impératrice sont sains et saufs, mais plus de 150 personnes, qui attendaient leur arrivée, ont été tuées ou blessées fort grièvement par des explosions de bombes. Ces bombes furent jetées devant l'Opéra par des Italiens, *naturellement*. Malgré cette horrible boucherie et à cause du salut de l'Empereur, les boulevards et la rue de la Paix ont illuminé. A minuit, après le spectacle, la voiture du souverain est rentrée aux Tuileries par une route de feu.

17. — Dans toutes les églises, à l'issue des vêpres, un *Te Deum* fut chanté pour remercier Dieu d'avoir sauvé l'Empereur.

Dans toutes les églises également ont déjà été dites et seront encore dites des messes pour les nombreuses victimes.

Napoléon III a eu son chapeau traversé par un fragment de bombe et le visage coupé légèrement par des morceaux de verre ; l'aide de camp, général Roguet, qui se trouvait dans la voiture de l'Empereur, a été un peu blessé à la nuque.

18. — Un journal allemand s'est apitoyé sur le sort du roquet de l'Impératrice qui aurait été blessép, ar un fragment de bombe, dans la voiture même de l'Empereur. Une dépêche avait dit : *Roguet a été blessé.* On lut *Roquet*, et on en conclut que le roquet de l'Impératrice avait été atteint. Les Allemands du commencement de ce siècle ne se seraient pas trompés, car ils connaissaient ce nom de Roguet pour celui d'un terrible adversaire, à Iéna notamment.

26 *Février*. — Aujourd'hui, grande foule au palais. Orsini, le principal auteur de l'attentat du 14 janvier, a été condamné à mort ainsi que deux complices. Il a dit pour s'excuser qu'il avait cru devoir sacrifier l'Empereur, parce qu'il était un obstacle à la liberté de l'Italie. Il fut très éloquemment défendu par Jules Favre qui termina ainsi sa plaidoierie : « Dieu qui seul mesure l'étendue de nos fautes, la force des entraînements qui nous égarent et l'expiation qui les efface, Dieu prononcera son arrêt après le vôtre, messieurs les jurés, et peut-être ne refusera-t-il pas un pardon que les hommes auront cru impossible sur la terre. »

1er *Mars*. — A Saint-Sulpice, touchantes obsèques du père de Ravignan, mort le 26 février, à l'âge de 63 ans. Une foule très émue remplissait et l'église et le grand vestibule extérieur et les grands degrès de ce vestibule.

2. — La liberté souffre toujours des attentats contre la vie des souverains. Celui d'Orsini a permis au gouvernement de faire voter une loi draconienne qu'on appelle déjà *la loi des suspects* ; cette loi crée de nouveaux délits politiques et donne au gouvernement le pouvoir effrayant de chasser de France ou d'interner

en Algérie non-seulement les gens condamnés pour ces nouveaux délits, mais encore ceux qui depuis 1848 ont été condamnés, internés, expulsés ou transportés par mesure de sûreté générale. Au Corps législatif, vingt-quatre suffrages furent refusés à la loi ; renvoyée au Sénat pour savoir s'il s'opposait à la promulgation, comme il en a le droit, de par la Constitution, cette loi a réuni la presque unanimité des votes. Seul le brave général de Mac-Mahon opposa son véto.

L'Empereur vient de la promulguer aujourd'hui.

13. — Orsini a été guillotiné ce matin ; il aurait, dit-on, écrit à l'Empereur pour lui exprimer son repentir et le supplier de songer à la pauvre Italie. On dit même que l'Empereur est allé le voir à sa prison. Mais on en raconte de toutes les couleurs !

Orsini, considéré comme parricide, est allé à l'échafaud, pieds nus, et la tête couverte d'un voile noir. De ses deux complices l'un fut guillotiné avec lui, l'autre favorisé d'une commutation de peine.

20. — Déjà ! Un vaisseau contenant à bord trente-sept individus, déportés en vertu de la loi de sûreté générale, vient de quitter Marseille à destination de l'Algérie.

24. — Perpétuelles insubordinations des Parisiens. De nombreux délinquants, pour cris séditieux et offenses à la personne de l'Empereur viennent d'être condamnés par la sixième chambre ; la condamnation, pour l'offense à la personne de l'Empereur, les fait tomber sous l'application de la loi de sûreté générale et peut les faire expulser de Paris, de France ou même les faire envoyer en Algérie, à Lambessa. Ce vent de rebellion ne souffle pas seulement sur Paris ; le 6 mars dernier, à Châlon-sur-Saône, la République fut proclamée vers le soir pendant une tourmente de neige. Un poste de

soldats fut désarmé aux cris de : « Vive la République, la République a été proclamée à Paris. » La force armée, surprise tout d'abord, reprit courage et eut bien vite raison de l'insurrection.

— Visite à M. John Talma, oncle de mon cousin-germain Prosper Duremer. Il a reçu la médaille de Sainte-Hélène, créée le 16 août dernier, pour les vieux combattants de 1792 à 1815. On l'appelle : la *médaille du père Lachaise ;* ce que je n'ai eu garde de dire à mon vieil ami.

M. John Talma avait 15 ans et demi quand il s'embarqua comme novice sur la bombarde *la Rousse* (le capitaine s'appelait Pigeon ; c'était, malgré son nom, un rude lapin). En 1809 il était sur la corvette *l'Hébé*, comme enseigne de vaisseau ; elle fut prise, un beau jour ou plutôt un vilain jour, par les Anglais dans les eaux de la Dominique, île des Antilles ; envoyé sur les pontons d'Angleterre comme prisonnier, il y souffrit beaucoup pendant trois ans. Enfin il fut relâché grâce aux démarches du fameux acteur anglais, Kemble, ami de son oncle le tragédien.

15 *Avril.* — Assisté à l'inauguration du boulevard de Sébastopol qui s'étend de la gare de l'Est au quai de la Mégisserie. L'inauguration a été fort originale. En effet, boulevard Saint-Denis, dans l'axe du nouveau boulevard, on avait construit deux grandes tours reliées par deux voiles énormes qui cachaient la perspective ; tout-à-coup ces voiles s'ouvrirent et se replièrent vers les tours ; alors, comme dans une féerie, la gare de l'Est nous apparut ; très réussi le décor.

22. — L'escadron des Cent-gardes est reconstitué ; il sera maintenant de deux cents ; on ne va plus pouvoir dire un *cent-gardes*, mais un *deux-cents-gardes*. La taille minimum est de un mètre huit cents milli-

mètres. Quels ravages dans le cœur des petites bourgeoises et des femmes de chambre !

23. — Le 19 avril dernier, à sept heures du matin, la fontaine du Palmier, qui se trouve sur la place du Châtelet, a été arrachée de ses fondements et transportée à douze mètres plus loin, afin de la placer dans l'axe du pont du Châtelet ; travail admirable qui fut, sous les ordres de M. Davioud[1], conduit en grande partie par un Péronnais, mon ami *Chemin*, sous-inspecteur des travaux de la ville de Paris.

Obéissant à la puissante action de quatre cabestans, elle a glissé, *cheminé*, pour ainsi dire, sur des rails, de son ancienne à sa nouvelle place. Son voyage dura douze minutes. Foule énorme afin d'admirer la colonne ambulante ; il y avait des curieux jusque sur la tour de Saint-Jacques-la-Boucherie.

30. — On vient de dresser la statue de Lesueur dans la pépinière du Luxembourg, l'ancien jardin des Chartreux. C'est dans leurs bras que ce grand artiste mourut inconsolable après la mort de sa femme.

11 *Mai*. — Hier, Ernest Picard a été élu député ; deux autres avocats du barreau de Paris le sont déjà : Jules Favre et Emile Ollivier ; avec M. Darimon, publiciste et M. Hénon, de Lyon, ils forment le parti républicain. Le groupe des républicains est donc de cinq à la Chambre.

20. — Les pauvres exaltés de Châlon-sur-Saône

---

[1] Et non M. Ballu comme beaucoup de personnes, même du métier, le croient. On confond M. Ballu avec M. Bellu, le très remarquable maître charpentier qui caparaçonna savamment la colonne, de madriers, afin d'en empêcher la dislocation. La colonne ne fut pas seulement transférée horizontalement mais encore verticalement, car on la fit reposer sur un nouveau piédestal fort élevé ; l'ancien piédestal reposa sur le nouveau.

viennent d'être condamnés à la prison. Le meneur en a attrapé pour quatre ans.

22. — Je suis allé au Théâtre Italien voir Mme Ristori qui remplit le rôle de Phèdre dans une tragédie italienne : *Fedra*, pièce en vers composée sur le modèle de la *Phèdre* de Racine. La Ristori est une excellente actrice qui joue le rôle autrement que ne le jouait Rachel ; elle est plus exubérante, plus passionnée, moins calme, moins réservée ; et cependant le calme et la réserve sont les qualités indispensables pour l'expression d'un amour qui n'ose s'avouer. Rachel est morte aux derniers frimas, c'est aller bien vite en besogne que de vouloir la remplacer dès les premiers souffles du printemps.

J'ai assisté à un autre spectacle qui m'a fait largement autant de plaisir : j'ai vu les *Noces de Figaro*, avec Mme Miolan, dans le rôle de Chérubin, Mme Van den Heuven-Duprez (fille de Duprez), dans le rôle de la comtesse et Mme Ugalde dans celui de Suzanne. Quel admirable trio !

La voix de Mme Van den Heuven est faible, mais sa méthode pour la conduire est admirable. C'est la digne fille de son père.

26. — On vient de promulguer une loi qui accorde des pensions aux veuves et aux enfants des nombreuses victimes de l'attentat du 14 janvier, ainsi du reste qu'aux blessés qui ont perdu l'usage d'un membre ; beaucoup d'entre eux boitent affreusement. Les bombes d'Orsini, ayant éclaté d'une façon horizontale, les spectateurs qui, sur le trottoir de la rue Lepelletier, attendaient l'arrivée de l'Empereur ont presque tous été atteints aux jambes.

2 *Juin*. — Proudhon qui, en 1848, écrivit ce blasphème : *la propriété c'est le vol*, vient de publier un nouveau

livre intitulé : *De la justice dans la Révolution et l'Eglise.*

Dans son dernier livre il émet d'aussi singulières affirmations ; il y prétend qu'il faut éliminer Dieu comme inutile, que l'intervention du magistrat dans le mariage civil est également inutile, que la morale en amour serait mieux sauvegardée par une liberté sans limites que par toutes les formalités légales.

Conséquent avec lui-même il envoie ses saluts *respectueux* à une bigame que la Cour d'assises a condamnée récemment.

Indignés, les magistrats du tribunal de la Seine ont condamné Proudhon à trois ans de prison et 4,000 fr. d'amende.

7. — Hier soir, dimanche, un violent incendie détruisit les magasins du Grand Condé, situés au coin de la rue de l'Ecole de Médecine et de la rue de Seine. Dans ce quartier si religieux de Saint-Sulpice tout le monde dit : « si les magasins avaient été fermés à cause du dimanche, ça ne serait pas arrivé ; » sans les pompiers tout le quartier flambait.

8. — Le ministre de l'intérieur engage vivement les hospices à vendre leurs immeubles, pour acheter des rentes sur l'Etat et doubler ainsi les ressources des pauvres. Il est peu probable que les administrateurs entendent de cette oreille-là. Sans doute les revenus augmenteraient, mais le capital serait moins assuré ; mon père regarde comme très dangereuse et très révolutionnaire la mesure proposée : « C'est, dit-il, de la bienfaisance au rebours de l'intérêt des pauvres. »

L'Empereur est un excellent homme, mais il est parfois et même très souvent rêveur et il est bon de ne pas le suivre dans toutes ses idées nuageusement humanitaires.

11. — La place Saint-Sulpice est encombrée des

débris du Grand Condé ; on les met là provisoirement afin de pouvoir les trier avec soin quand on en aura le loisir.

— Proudhon a formé appel du jugement qui l'a condamné à trois ans de prison. Il fut défendu en première instance par un avocat de Besançon, M° Chaudé ; mais comme il se trouve par trop *échaudé*, il aura maintenant, paraît-il, recours au talent de M° Crémieux.

Son nouvel avocat ne réussira probablement pas mieux, car il n'est pas possible de voir un livre d'une doctrine plus dangereuse pour la religion, l'Etat et la société.

12. — On a déjà amené sur la place Saint-Sulpice 1200 tombereaux de matériaux calcinés, provenant du Grand Condé ; pour ne pas envahir toute la place on en met maintenant, quai Malaquais, sur un immense terrain libre, destiné à une construction prochaine[1].

25. — M. Delangle est nommé ministre de l'intérieur. M. Devienne, procureur général près la Cour impériale de Lyon, le remplace dans son poste de premier président à la Cour de Paris.

10 *Juillet*. — Un Arabe, M. Enos, a prêté aujourd'hui serment d'avocat devant la première chambre de la Cour.

5 *Août*. — Paris paraît dépeuplé par suite de l'exode d'une multitude de Parisiens vers Cherbourg. La reine Victoria et l'Empereur vont s'y rencontrer pour l'inauguration d'immenses travaux, notamment d'une énorme digue à laquelle on travaille depuis un temps immémorial. Une flotte anglaise amène la reine ; tout Paris est allé voir et la reine et la flotte.

---

[1] Sur ce terrain fut construit depuis l'annexe de l'Ecole des Beaux-Arts.

Cette nouvelle visite de la reine Victoria prouve combien l'Angleterre tient à notre alliance, car enfin notre pensée en France est que ces travaux de Cherbourg peuvent être considérés comme une menace à l'Angleterre. La reine n'est pas sans le savoir ou s'en douter[1]. De plus on a, dit-on, dressé sur le port la statue de Napoléon Ier qui montre de la main les côtes d'Angleterre !

De Cherbourg l'Empereur ira en Bretagne.

22. — L'Empereur est revenu de son voyage en Bretagne ; l'Impératrice, qui l'accompagnait, eut beaucoup de succès dans ce pays essentiellement monarchique. Cependant les braves paysannes bretonnes n'ont pas toutes été contentes : « Pourquoi, disaient-elles, est-elle venue nous voir sans sa couronne sur la tête ? »

1er *Septembre.* — Voyage à Estaires, pays natal de ma mère. Je vais visiter le cimetière ; la première croix que j'aperçois en entrant est celle de M. Delannoy et de Mme Coquelle, veuve Delannoy, père et mère de maman. Cette croix est attachée très haut à la grosse tour de l'église, car la sépulture elle-même a disparu depuis longtemps. Dans ce poétique petit cimetière reserré entre l'église et la Lys, les terrains sont souvent repris et les morts n'y dorment pas longtemps à la même place.

5 *Octobre.* — En passant sur les quais j'aperçois la jolie comète dont on parle depuis huit jours ; elle a une queue légèrement lumineuse à travers laquelle brille une belle étoile Allons-nous avoir du bon vin ?

---

[1] Les Anglais ne s'y sont pas trompés comme on l'apprit par le *Journal* du prince Albert. Voir le livre de sir Théodore Martin, intitulé : *Le prince Albert, époux de la reine Victoria*, traduction d'Augustus Craven. — Paris, Plon. 1855.

ou allons-nous avoir la guerre ? Les bons lurons voient tout en rose et comptent sur le bon vin, les gens moroses ou superstitieux s'affectent et pensent à la guerre.

9. — La comète acquiert chaque jour une plus grande magnificence. On prétend que celle de 1811 n'était pas aussi belle [1]. Il est vrai que l'obscurité arrivant de bonne heure, en favorise singulièrement l'éclat.

2 *Novembre.* — Je vais au cimetière Montparnasse sur la tombe de mon illustre ami le Père de Ravignan. Je prends à main gauche la première allée et me trouve en face d'une pierre tumulaire ayant pour tout ornement les trois clous du Christ. C'est la sépulture des Pères jésuites ; ils sont là près de vingt entassés dans un étroit espace.

In spem resurrectionis
Hic jacent mortales exuviæ.

L'épitaphe donne ici des noms plus ou moins obscurs au milieu desquels on découvre celui-ci :

Xavierii de Ravignan sacerdotis.

Son nom, ses os sont confondus. Cet homme, qui fut l'honneur de la magistrature à Paris avant d'être celui de son ordre, n'a pas à lui tout seul une croix et un carré de terrain.

13. — Le nouveau jardin réservé de l'Empereur est

---

[1] Il est fort possible que la comète de 1858 ait été plus belle que celle de 1811, mais en tout cas elle ne parut pas aussi longtemps à l'horizon. En marge d'un vieux registre commercial de mon grand-père François Dabot, je vois cette première note : 23 août 1811. — *Comète : ce jour 23 août 1811 la comète nous a apparu*; puis cette seconde : 31 *décembre* 1811 : *la comète a paru depuis le 23 août jusqu'à et y compris hier* 30 *décembre* 1811.

terminé : il va jusqu'au premier grand bassin ; une entrée dans les Tuileries est ménagée au public sous la terrasse du bord de l'eau. La grille du pont Royal est fermée. De cette façon l'Empereur, l'Impératrice et Bébé impérial, âgé de deux ans, auront de quoi se promener et pourront se rendre à la terrasse sans traverser la foule qui stationne sans cesse à l'entrée de cette terrasse ; tout ceci ne s'est pas fait sans quelques grognements des Parisiens.

14. — Avant-hier le maréchal Pélissier a épousé une Espagnole. Elle a 25 ans ; lui 64, le mois prochain !

17. — Beaucoup de monde devant l'entrée du palais de justice comme au jour des grands procès. Aujourd'hui M. de Montalembert est cité devant la sixième chambre pour un article du *Correspondant*, désagréable au gouvernement.

18. — M. de Montalembert a été condamné à six mois de prison.

13 *Décembre*. — Depuis quinze jours on n'entend parler que des *Allopathes* et des *Homœopathes*. Certains de ces derniers, les plus huppés, ont intenté une action en dommages-intérêts à un journal de médecine : *l'Union médicale*, qui les a appelés *charlatans*. Les *Allopathes*, après avoir longtemps dédaigné les *homœopathes*, ou plutôt les *hommes à pattes*, comme dit le vulgaire, commencent à prendre peur, parce qu'ils voient que les *homœopathes* sont en train de leur couper l'herbe sous le pied.

Le journal ne désignait pas nominativement les *Homœopathes* ; son avocat a dit : « Pourquoi, Messieurs les plaignants, prenez-vous donc pour vous les épithètes *d'illuminés* et de *charlatans* dont on a gratifié, en général, mais en général seulement les Homœopathes.

Le tribunal les a, en conséquence, déboutés de leurs demandes.

Les débats furent très amusants ; au lieu de faire leur palais, bien des clercs sont allés se dilater la rate à l'audience. Ma foi ! c'était plus amusant que les *Ordres* et les *Contributions*.

20. — Perrotin a mis en vente un livre posthume de Béranger, intitulé : *Ma biographie ;* il y parle avec attendrissement de son séjour à Péronne, d'abord en qualité de garçon d'hôtel chez sa tante, Mme Bouvet, puis en qualité d'apprenti typographe chez M. Laisney, imprimeur.

22. — M. de Montalembert avait fait appel du jugement qui le condamna à six mois de prison. L'affaire venait hier. La Cour a réduit l'emprisonnement à trois mois ; de plus, chose bien importante, elle a soustrait le condamné à l'application de la loi de Sûreté générale. De cette sorte le gouvernement ne pourra point l'envoyer purement et simplement, par mesure administrative, admirer les ruines romaines de Lambessa.

A l'audience on rappela ironiquement à M. de Montalembert qu'il avait approuvé indirectement le coup d'Etat. En effet, M. de Montalembert affolé, comme un simple bourgeois, en songeant aux terribles événements sociaux, que tout le monde redoutait pour l'année 1852, avait engagé les électeurs à voter pour le prince-président. Berryer plaidant pour M. de Montalembert fut, paraît-il, admirable ; je ne pus aller l'écouter, car mes occupations de maître clerc d'avoué m'en empêchèrent. Mais dernièrement j'eus la chance de l'entendre dans une autre affaire qu'il plaidait à la première chambre. Son début fut d'abord embarrassé ; j'en étais fort surpris ; mais bientôt il s'échauffa, se transforma et fut digne de lui. Je l'avais vu arriver à l'audience avec une allure de jeune premier, les pieds chaussés de souliers vernis, fort élégants. Sa figure est fort belle, d'un type bourbonnien, avec les favoris courts, complètement reliés aux cheveux dont ils semblent former le prolongement.

25. — Curieuse grand'messe de Noël à Notre-Dame. L'église est obstruée en partie par des madriers et des échafaudages ; maintenant on restaure avec grand soin l'intérieur après avoir si bien restauré l'extérieur.

26. — Deveria vient de mourir ; rien de plus souple que son talent de dessinateur. Chez mon vieil ami, John Talma, se trouve une jolie gravure d'après un dessin de Deveria. C'est le portrait du tragédien, son vrai portrait, sans fantaisie ni embellissements, le portrait de famille.

28. — L'Empereur a gracié M. de Montalembert. Il l'avait déjà gracié après le jugement de la première instance, mais M. de Montalembert avait refusé la grâce pour en appeler une seconde fois à la justice. Aujourd'hui il ne peut se soustraire à l'indulgence du souverain ; c'est vraiment enrageant !

1859

2 *Janvier*. — Une grande inquiétude se répand dans Paris ; car à la réception du 1ᵉʳ janvier, l'Empereur a parlé très froidement à l'ambassadeur d'Autriche ; on pense avoir tout à craindre.

15. — La rente baisse ; l'on parle en effet du mariage de Plonplon avec la princesse Clotilde, fille du roi Victor-Emmanuel. Le roi de Sardaigne n'a certainement consenti à ce mariage que pour avoir la protection de l'Empereur contre l'Autriche.

3 *Février*. — La princesse Clotilde, mariée avec le prince Napoléon, est arrivée aujourd'hui à Paris[1]. C'est une véritable enfant. Son mari est très massif ; ils ne vont guère ensemble. La politique fait conclure des mariages étrangement disproportionnés. La jeune

---

[1] La complète indifférence avec laquelle Paris accueillit le prince Napoléon et son épouse, à leur arrivée (3 février) de Turin, montra, à n'en pas douter, que les Parisiens ne s'intéressaient pas à ce mariage et qu'il ne diminuerait pas leur aversion pour une guerre faite dans l'intérêt du Piémont, aversion qu'ils avaient, de concert avec tout le pays, hautement exprimée. — *Le prince Albert, époux de la reine Victoria*, par sir Theodore Martin, traduction d'Augustus Craven, Paris, Plon. 1883. Tome II, p. 330.

princesse est reçue sans enthousiasme par les Parisiens fort inquiets.

5. — Hier, derrière les vitrines de tous les libraires, s'étalait une brochure de M. Arthur de la Guéronnière : *L'empereur Napoléon III et l'Italie*. Elle a été, dit-on, inspirée par l'Empereur. D'après cette brochure, tous les princes d'Italie sont des suppôts de l'Autriche, le gouvernement du pape est arriéré, le Piémont seul est confit en sagesse. Les tourments et les perplexités ne font qu'augmenter.

20. — Je suis atterré de la mort d'un jeune homme aimable et distingué, M. de Fallois. Je devais aller entendre, mercredi soir chez M. Oudot, professeur à l'Ecole de droit, un proverbe d'une gaîté folle que M. de Fallois avait composé. M. Oudot, qui est charmant... en société, mais pas aux examens, devait y jouer le principal rôle ; c'était celui d'un docteur en droit qui cherche un article dans son code et qui le cherche en vain, parce qu'un rat a dévoré la page où il se trouvait. Il a tous les malheurs possibles le savant docteur ; sa douce et tendre épouse se confectionne une robe de chambre avec sa robe rouge de professeur ; sa caméristo se fait un col avec son rabat brodé, etc., etc. Je me promettais une bonne soirée et à la place de cette soirée récréative c'est une matinée d'obsèques à laquelle je suis convoqué. Ainsi va la vie.

5 *Mars*. — Quoique notre gouvernement soutienne le contraire, il est probable que nous allons avoir la guerre avec l'Autriche, afin de défendre contre elle le Piémont, ce roquet grincheux qui, sûr d'être soutenu, ne cesse d'aboyer contre le gros dogue autrichien.

20. — A l'occasion du troisième anniversaire de la naissance du prince impérial, né le 16 mai 1856, l'Em-

pereur a passé, au Champ-de-Mars, la revue de la garde impériale. Foule énorme ; le petit prince était dans la voiture de l'Impératrice en costume de grenadier, avec un bonnet à poil, comme on le voit dans les images, ce qui le rend si grotesque. Après la revue, l'Empereur s'est rendu à cheval au palais de l'Industrie où hurlèrent six mille orphéonistes à rendre sourds les Parisiens des deux rives.

1er *Avril*. — Les quartiers Saint-Denis et Saint-Eustache sont envahis par une multitude de rats ; ces aimables rongeurs vivaient autrefois bien tranquilles sous les planchers du Marché-des-Innocents qu'on vient d'abattre. Maintenant on leur fait une chasse terrible et les pauvres *innocents* tombent par centaines; chiens, filets, ratières, tout est employé pour leur destruction. Les Parisiens ne réfléchissent pas que ce marché a été construit sur l'emplacement de l'ancien cimetière des Innocents et que les rats sont les descendants de ceux qui grignotaient leurs ancêtres. Ils devraient être sacrés pour eux.

22. — Des bruits de guerre courent et alarment Paris. L'Autriche a sommé le Piémont de désarmer, c'est-à-dire de mettre son armée sur le pied de paix. Grande baisse à la Bourse.

24. — Jour de Pâques. — Triste jour de Pâques; les appréhensions sont de plus en plus vives. Les hommes en congé renouvelable sont appelés sous les drapeaux.

25. — Baisse de 2 fr. 25 sur le 3 0/0 à la Bourse.

27. — Les grenadiers de la garde quittent Paris aux cris de : *Vive l'Empereur ! Vive l'Italie !* La foule les accompagne jusqu'à la gare de Lyon.

3 *Mai*. — L'Empereur annonce qu'il va aller au

secours du roi de Sardaigne¹ dont le territoire a été envahi par les Autrichiens ; ceux-ci en effet ont passé le Tessin ; de tous côtés on ne voit que soldats en congé qui vont rejoindre leurs régiments. Les papas, les mamans, les grands frères, les petites sœurs conduisent leurs guerriers jusqu'à la gare de Lyon, en chantant et en pleurnichant.

5. — Le beau régiment des Guides part pour l'Italie ; ce sont les mirliflors de l'armée. Ils partent sur leurs jolis chevaux que recouvre une couverture de selle aux armes impériales. Leurs dolmans en drap vert à tresses jaunes, leurs pantalons garance à bandes jaunes attirent tous les regards. Messeigneurs ! il faut vous distinguer et montrer que vous n'êtes pas des soldats de parade ; il faut, quand vous reviendrez, que le haut plumet noir et blanc de votre bonnet d'ours puisse se montrer glorieux sur l'asphalte de nos boulevards.

— A son tour l'artillerie de la garde se dirige vers le chemin de fer de Lyon.

10. — Départ de l'Empereur pour l'Italie ; il n'est pas possible de se faire une idée de l'enthousiasme avec lequel il fut accueilli quand, en tenue de campagne, tunique et képi, il parut sous la grande porte du Louvre en face le Palais-Royal. Je me trouvais le premier près de cette porte, au premier rang, comme

---

[1] Il aurait pu ajouter : « *Je pars non-seulement pour la sécurité du roi de Sardaigne, mais encore pour la mienne, car d'autres Orsinis sont tout prêts à me frapper si je ne le secours pas.* » Tout le monde, aussi bien en France qu'à l'étranger, était persuadé que le grand mobile de la conduite de l'Empereur était la crainte du poignard ; « le poignard italien semble être devenu une idée fixe chez Napoléon, » écrivait le prince régent de Prusse (plus tard l'empereur Guillaume) au prince Albert. (*Le prince Albert*, par Théodore Martin, page 381, tome II de la traduction d'Augustus Craven.

d'habitude, au risque de me faire écraser. Une acclamation immense de : *Vive l'Empereur ! Vive l'Italie !* s'éleva ; la figure du souverain rayonna de joie. La *Marseillaise* fut entonnée par une foule immense ; je fus ému jusqu'au fond des entrailles et je finis par partager la joie et l'espérance communes. Un de mes amis m'avait mis la veille l'esprit en perplexité ; il m'avait dit: « Si l'Italie s'affranchit des Autrichiens, elle jettera bas ses roitelets ; le Pape y passera comme les autres et perdra son pouvoir temporel ; la France en sera la cause et gare à elle, car suivant un vieux proverbe : *qui mange du Pape en crève.* »

11. — Les journaux racontent, par le menu, l'enthousiasme de la population parisienne lors du passage de l'Empereur, par la rue Sainte-Antoine, lorsqu'il se rendit hier à la gare de Lyon ; à côté de cet enthousiaste celui dont j'ai été témoin n'est rien. Les ouvriers sont, bien plus que les bourgeois, partisans de cette guerre, qui doit délivrer l'Italie du Nord jusqu'à l'Adriatique, comme l'a dit l'Empereur en sa proclamation. A ce propos, j'entends un homme de valeur dire : « Est-ce possible ? quelle folie ! La politique de nos rois a toujours été d'empêcher la création d'un royaume puissant au Sud-Est de la France, et nous allons donner notre or et notre sang pour en créer un ! La Savoie est une porte cochère ouverte à deux battants sur notre terre de France. » Mes perplexités me reprennent.

23. — Mon patron, Mᵉ Moullin, doyen des avoués, m'apprend qu'un combat meurtrier a eu lieu le 20 mai en Italie, à Montebello, village où les Autrichiens s'étaient fortifiés. Nos Français les délogèrent des maisons ; le combat fut terrible. Nous avons perdu plusieurs généraux ; le cousin de Mᵉ Moullin, M. de

Férussac, que je connais très bien pour l'avoir vu à l'étude, a été très grièvement blessé [1].

7 *Juin*. — Aujourd'hui, *Te Deum* à Notre-Dame pour une victoire, que nous aurions remportée le 4 juin à Magenta, près de Milan. L'Impératrice et la princesse Clotilde sont allées à la cathédrale, en voiture découverte, au milieu de la garde nationale qui faisait la haie. Les officiers avaient été fleuris par leurs chères femmes ; chacun d'eux portait un bouquet à la main.

26. — Aujourd'hui dimanche matin, le canon des Invalides nous envoie ses salves joyeuses pour nous annoncer une nouvelle victoire ; d'après une dépêche, qui vient d'être affichée sur toutes les murailles, une grande bataille s'est livrée le 24 juin.

28. — C'est à Solférino que s'est donnée la grande bataille, non loin de Mantoue.

1er *Juillet*. — Je quitte mon étude d'avoué pour essayer de plaider et de me faire une petite trouée dans la phalange nombreuse des avocats de Paris ; dès les premiers jours mes confrères me donnent un bien bon exemple, en versant trois mille francs pour les blessés d'Italie.

12. — Pendant que tonne le canon des Invalides, on colle des affiches qui nous apprennent la signature de la paix. L'Autriche cède la Lombardie. Les affiches sont lues avec quelque surprise ; certaines personnes trouvent que l'Empereur a eu tort de s'arrêter en chemin, qu'il aurait dû s'efforcer de conquérir la Vénétie.

14. — Mon vieux lycée de Louis-le-Grand vient de

---

[1] Déjà le 9 juin 1800 le général Lannes avait, dans ce même village, battu les mêmes ennemis.

se distinguer en envoyant deux mille francs aux blessés d'Italie. Combien de sucres d'orge, d'éclairs, de chaussons aux pommes, représente cette somme ! Bravo, mes petits camarades !

— Aujourd'hui, température torride : 38° à l'ombre ; pour me rafraîchir je vais place de la Bourse, au Vaudeville, voir *les Filles de marbre*. Malgré la chaleur Mlle Fargueil a superbement joué.

20. — L'Empereur est rentré, hier, à Saint-Cloud sans tambours ni trompettes. Il a dit, pour expliquer le brusque arrêt de la guerre, qu'il lui eut fallu accepter la lutte sur le Rhin comme sur l'Adige. Depuis quelque temps, en effet, la Prusse et les petits Etats de l'Allemagne font, sur les rives du Rhin, des démonstrations, peu pacifiques, en faveur de l'Autriche.

28. — Roger, de l'Opéra, vient de se fracasser un bras à la chasse ; il a subi l'amputation avec un grand courage et une parfaite résignation. Quelle désolation ! un homme si bon ! c'est un ancien Louis le Grand. A nos concerts, il est venu souvent chanter sans jamais vouloir accepter de cachet. On prétend qu'il pourra reparaître en scène avec un bras mécanique.

30. — Mon bâtonnier me fait envoyer un dossier de police correctionnelle. Je me dirige d'un pas léger et joyeux vers Saint-Lazare, où est enfermée ma cliente, accusée d'avoir, à la Halle, volé un panier de cerises. Un gardien m'introduit dans le parloir, grande pièce traversée par une longue table assez étroite. Cette pièce est séparée, par une grande cloison vitrée, de l'antichambre où se tient le gardien. Je m'assieds devant la table et vois bientôt arriver une grande et maigre femme de 30 ans environ, qui se place à ladite table en face de moi : « *Je suis innocente*, me dit-elle, *innocente comme un agneau qui vient de naître; l'accu-*

sation est des plus ridicules. Comment voulez-vous, Monsieur, que moi, qui ai eu le malheur d'être déjà quatre fois condamnée, j'aille m'exposer à une peine très forte pour le plaisir de voler un misérable panier de cerises. » — « *Déjà quatre fois condamnée,* » m'écriai je épouvanté ! Du coup, les bras m'en tombèrent et mes mains pareillement ; elles se trouvèrent par cela même sous la table. La porte vitrée s'ouvrit presqu'immédiatement. « Maître, me dit le gardien avec une grande dignité, veuillez remettre *vos mains* sur la table. » Je les remis docilement sur la table, quoique fort étonné de cette bizarre observation. La cliente continua à verbeusement affirmer son innocence ; elle me raconta sa triste vie, ses douleurs, ses souffrances, ses désenchantements. Emu jusqu'au fond de mon être, je fus saisi de pitié, et de mon cœur sortit cette douce parole : « Pauvre femme ! » Ce disant, et sans me rappeler la recommandation du gardien, je laissai retomber les bras et les mains qui se retrouvèrent encore une fois sous la table. Le gardien resurgit, et d'un air irrité : « Maître, je vous ai déjà recommandé de ne pas mettre *vos mains sous la table.* »

Je compris enfin, et sortis très mortifié en disant au représentant de la morale : « Pour qui me prenez-vous ? Vous vous figurez que je veux pincer les genoux de cette femme ? » — « Maître, c'est ma consigne. »

3 Août. — Je fais mes débuts à la sixième chambre de la police correctionnelle en faveur de la demoiselle poursuivie pour vol de cerises, qui, hier à Saint-Lazare, eut le talent de me faire croire à son innocence, malgré ses quatre antécédents judiciaires. Je lui fais attraper cinq ans, le maximum ! Le président, craignant que je ne me livre à un violent accès de désespoir, me tourne un gentil petit compliment sur la manière dont j'ai plaidé ; ça m'achève.

12. — L'armée d'Italie, qui doit, après-demain, avoir les honneurs du triomphe, est installée dans un camp entre Vincennes et Saint-Maur ; rien de plus curieux à voir. Le drapeau de chaque régiment est planté devant la tente du colonel, au milieu d'un parterre de fleurs. Tout le monde va serrer la main des soldats ; moi comme tout le monde ; on se donne le plaisir de se faire raconter leurs prouesses. Les zouaves ont adopté un chien, *orphelin,* qui participera aux honneurs ; il sera tout enguirlandé de fleurs pour faire son entrée à Paris.

Sur le guidon des turcos (tirailleurs algériens), on voit un croissant et à côté une main ouverte. C'est pour préserver du mauvais œil ; beaucoup de ces turcos sont de magnifiques noirs, couleur d'ébène.

14. — J'assistai, place Vendôme, à la rentrée de l'armée d'Italie. Je fus saisi de pitié quand je vis arriver les éclopés de la gloire qui marchaient les premiers, en tête de l'armée. Cette vision des misères de la guerre me rendit froid pour la merveilleuse mise en scène du triomphe ; les colonnes de la rue de la Paix, colonnes imitant le porphyre et surmontées de victoires, les arcs de triomphe, les fleurs, etc., etc., ne me touchèrent guère. Je crois que toute la France était accourue à Paris pour voir défiler les troupes.

Je fis, ce jour-là, des rencontres d'amis, venus des quatre coins de l'Empire, notamment celle de mon cousin germain, Norbert Beun, d'Armentières.

15. — Les rues sont sillonnées de soldats, retour d'Italie. Les turcos ont un grand succès de curiosité. Un ballon plane sur Paris. De la nacelle, l'aéronaute lance une multitude de petits drapeaux tricolores.

16. — Le garçon de la bibliothèque des avocats me donne, pour ranger ma robe, la place de feu mon

confrère Landrin, décédé le 12 juillet dernier, à la suite d'une opération. Homme fort distingué, sincère républicain, ancien procureur de la République à Versailles en 1848. Lors du coup d'Etat il s'est montré fort ardent à l'effet de susciter une violente opposition au Président.

Onques on ne vit avocat plus ordonné, si ce n'est saint Yves, notre saint patron ; il préparait admirablement ses affaires ; ses notes de plaidoierie étaient prises avec un soin extrême ; les divisions étaient marquées avec une règle, probablement en vue du délibéré, c'est-à-dire pour le cas où l'affaire étant renvoyée à huitaine *pour jugement*, il serait obligé de passer son dossier au président. On pourrait graver sur son tombeau les paroles qu'on voit ordinairement sous le portrait de saint Yves : *Causam quam nesciebat diligentissime investigabat.*

Tout en ne tenant pas essentiellement à être ardent républicain comme Landrin, j'espère que Dieu me soutiendra assez pour être, comme lui, un honnête homme et un honorable avocat.

18 *Septembre*. — Hier, aux Tuileries, une femme a volé, dans les bras mêmes de sa nourrice, un enfant de deux mois, appartenant à M. Hua, juge suppléant, qui siège en ce moment à la chambre des vacations et devant lequel j'ai plaidé la semaine dernière. Tout Paris est dans l'agitation à propos de ce vol. M. Hua est allié à une famille bourgeoise, très connue à Paris, la famille Cauchy ; il a épousé en effet Mlle Cauchy, fille de M. Cauchy, ancien greffier de la Cour des pairs et nièce du savant baron Cauchy, qui m'a témoigné tant d'affection pendant mes études de droit.

19. — M. Hua a promis dix mille francs à celui qui lui rapporterait son enfant.

22. — On apprend que l'enfant, très bien portant, a été retrouvé à Orléans. La voleuse (qui est arrêtée) l'a très bien soigné. C'est une folle ou une coquine qui a eu besoin d'un enfant. Beaucoup de dames et d'ouvrières viennent au n° 51 de la rue Jacob, avec leurs jeunes enfants, féliciter M. et Mme Hua d'avoir retrouvé leur petit garçon.

23. — La disparition de l'enfant de M. Hua a étrangement troublé les Parisiens ; comme il est retrouvé, ils se détendent les nerfs et s'amusent ; après avoir répété sans cesse : « *Le fils de M. Hua est-il retrouvé ?* » Ils disent maintenant en riant : « *Comment va le père du fils de M. Hua ?* »

28. — La voleuse est une fille de 17 ans ; afin de se faire épouser elle a voulu faire croire à son bon ami qu'elle avait eu un enfant de lui.

5 *Octobre*. — Récemment j'ai défendu en Cour d'assises un assassin de profession qui fut condamné à mort. Je reçus de lui une lettre de remerciement ; il n'y avait pas de quoi. Touché de cette attention, j'allai le voir à la Grande Roquette, dans sa cellule de condamné à mort, cellule large et aérée. Il était assis près d'une table bien servie, sur laquelle se trouvaient de magnifiques raisins, car on ne refuse aucune *douceur* aux condamnés à mort ; mais il avait la camisole de force ! Je lui dis que j'espérais faire commuer sa peine en celle des travaux forcés à perpétuité. Je suis allé en effet voir les jurés. Certains ne m'ont pas très bien reçu, trouvant très fâcheux que je voulusse conserver à la société un pareil homme ; mais M. Léon Foucault, le grand savant, a bien voulu me signer le pourvoi en grâce et les autres jurés, que je vis ensuite, en firent autant. Je n'ai jamais vu homme plus aimable que M. Foucault. Il habite un superbe hôtel au coin de la rue

d'Assas et de la rue de Vaugirard. Je lui ai fait bien plaisir en lui rappelant l'enthousiasme de l'Ecole de droit quand, en 1851, au Panthéon, il suspendit son pendule à la voûte du dôme, pour démontrer le mouvement de la terre.

26. — Grandes démolitions au Quartier latin ; au n° 107 de la rue de la Harpe on abat la porte de l'ancien collège de Bayeux, *Collegium Bajocence*, fondé par un évêque de Bayeux pour les enfants les plus intelligents de son diocèse. Cette porte est gothique ; son arc ogival repose sur deux colonnes à chapiteaux étranges : l'un représente un cheval dévoré par un lion, l'autre ce même lion déchiqueté par un aigle. Près de là, au n° 103, le collège de Narbonne est déjà presqu'entièrement tombé sous le marteau des démolisseurs ; c'est à peine si l'on voit encore la porte monumentale de ce collège où on lisait l'inscription : *Collegium Narbonnense*, gravée en lettres d'or au milieu de flots d'azur. Un pape, bien français, Clément VI, y fut petit boursier. J'ai le cœur désolé de toutes ces destructions et m'enfuis vers ma rue des Beaux-Arts ; le progrès ne va pas sans déchirements ; consolons-nous, nous allons avoir un Quartier Latin bien propre, bien pommadé, bien peigné. Reste à savoir si les étudiants vont bien vouloir mettre leurs folles perruques à l'unisson.

30. — Mon client Biribi (c'est son nom de guerre), ne sera pas guillotiné. Je ne le verrai donc pas dans mes rêves me présentant sa tête en guise d'honoraires.

1er *Novembre*. — Annexion de la banlieue de Paris ; la ville va devenir immense. Les limites en sont reculées jusqu'aux glacis des fortifications. Elle est divisée en vingt arrondissements.

Demeurant rue des Beaux-Arts, n° 21, je suis citoyen du sixième.

12. — Léonie Chéreau, la voleuse de l'enfant Hua, parut en Cour d'assises hier. Impossible d'entrer à l'audience tant il y avait de monde ; elle fut acquittée. Les jurés n'ont pas cru devoir la condamner, parce qu'ils n'ont pas été persuadés qu'elle comprît l'importance de sa faute. Après la plaidoierie de Lachaud, elle a bien gentiment demandé pardon à M. et Mme Hua qui, dans le public, seront probablement les seuls contents de l'acquittement ; ce sont de si bonnes gens.

16 *Décembre*. — Le fils du fameux Metternich est accrédité comme ambassadeur auprès de l'Empereur. Les relations sont donc complètement rétablies. On dit l'ambassadrice charmante quoique fort laide [1].

17. — Hier, vendredi, à l'Opéra, représentation au bénéfice de Roger, qui reparaissait pour la première fois depuis son horrible accident ; il n'avait pas trop mauvaise grâce avec son bras mécanique ; il est vrai que ce bras est merveilleusement fait. Il chanta plusieurs morceaux du *Prophète* et de la *Dame Blanche;* les applaudissements furent frénétiques. L'Empereur et l'Impératrice n'ont pas été les moins énergiques à applaudir.

Les camarades de Roger ont fait merveille. La grande danseuse Emma Livry fut étonnante ; c'était comme un esprit aérien, franchissant d'un bond toute

---

[1] A la fin de la saison, Mme de Metternich, quoique sans beauté, avait conquis tout Paris. Elle disait, en exagérant : « Je ressemble à une morue et cependant tout Paris est aux pieds de la morue. » Il faut dire qu'elle avait le corps très souple et plein de charme. Je la vis un jour au Bois de Boulogne patiner avec son mari ; je ne vis jamais femme patiner avec plus de grâce et de noblesse.

la largeur de la scène et montant comme un feu-follet jusqu'aux frises.

31. — Aujourd'hui, mon confrère Ollivier, député de Paris, s'est présenté devant la sixième chambre correctionnelle pour M. Vacherot, que le parquet poursuivait à raison de plusieurs délits relevés dans son livre la *Démocratie*. Après le réquisitoire du substitut, Me Ollivier commence sa plaidoierie en disant que le ministère public a fait appel aux passions ; fureur du président, M. Gislain de Bontin : « Retirez votre phrase. » — « Non. »

Le Tribunal gratifie alors l'avocat de trois mois de suspension. C'est bien raide ; sans doute Me Ollivier aurait peut-être mieux fait de ne pas dire que le ministère public avait fait appel aux passions, mais c'est de la monnaie courante de plaidoierie. On fait observer que les grands avocats du temps de la Restauration ont souvent dit la même chose sans exciter l'ire des présidents.

Même jour 31. — Le mur d'octroi est maintenant tombé tout entier, sous la pioche des démolisseurs, afin d'opérer la réunion matérielle de Paris à sa banlieue. Des espaces immenses apparaissent par suite de l'annexion du chemin de ronde aux boulevards extérieurs. Quand le mur d'octroi fut bâti, sous le règne de Louis XV, la population fut très mécontente. A ce propos on fit ces bouts rimés :

> Le mur *murant* Paris
> Rend Paris *murmurant*.

1860

2 Janvier. — Hier, à minuit sonnant, la banlieue de Paris s'est trouvée administrativement annexée à la grande Ville. Dans la soirée du 31 décembre, toute la superficie de cette banlieue, non encore annexée, était couverte de petits bourgeois et d'ouvriers chargés de victuailles, d'ânes et de chevaux attelés à des voitures, remplies d'objets soumis aux droits ; c'était un spectacle des plus réjouissants. Au dernier coup de minuit, les anciennes barrières tombant fictivement, toute cette armée pantagruélique fit son entrée triomphale dans la ville annexante, sans payer aucun droit.

3. — La grande Ville est devenue la Ville immense. En suivant la route militaire des fortifications, Paris a huit lieues. Je me propose de faire ces huit lieues [1]. Du reste tous les Parisiens en ce moment se proposent de faire le tour du nouveau Paris, même les goutteux, les paralytiques et les culs-de-jatte.

15. — Hier soir, en rentrant chez moi, rue des

---

[1] J'ai, en plusieurs fois, fait ce long voyage à pied ; (il est des plus pittoresques), tantôt au milieu de plaines arides, vrais saharas, tantôt au milieu d'oasis délicieux, parfois au milieu de solitudes calmes et recueillies, vraies Thébaïdes, parfois au milieu de fourmilières d'êtres vivants.

Beaux-Arts, c'est à peine si je pouvais trouver mon chemin, tant le brouillard était intense, surtout le long des quais où l'on fut obligé d'allumer d'énormes feux d'espace en espace.

Aujourd'hui le brouillard a continué presque tout le long du jour ; vers 5 h. 1/2 j'eus besoin de traverser le pont Saint-Michel, je n'y aurais pas réussi si des sergents de ville, armés de falots, ne s'étaient point tenus à l'entrée de ce pont.

20. — Il y a de rudes canailles à Paris. Hier soir, à 10 h. 1/2, alors que l'aveugle du pont des Arts allait se retirer, un malandrin s'empara de son accordéon. Grâce à cet accordéon, l'aveugle gagnait très largement sa vie, car il en tirait des sons mélodieux. Le monde en passant s'arrêtait charmé et lui donnait des sous, de vrais, de bons sous, bien marqués, pas de mauvais comme on en donne trop souvent aux aveugles.

21. — S'il y a de rudes canailles à Paris, il y a aussi de bien bons cœurs. Le *Siècle*, qui récemment avait attiré l'attention publique sur le jeune artiste du pont des Arts, a reçu pour lui un fort bel accordéon. Cet instrument a été envoyé par Mlle Nelly Jacquemart, artiste peintre, l'une des bonnes élèves de Léon Coignet, mon vieux maître.

1er *Février*. — Fragment d'une lettre de mon cousin, le lieutenant Prosper Duremer, à sa mère :

« Je suis toujours à Cayenne, à la Montagne d'Argent ; j'ai été très malade, allant plus souvent chez le pharmacien que chez le boulanger ; mais les forces me reviennent parce que depuis le commencement de novembre 1859, le vent du Nord souffle vigoureusement dans mes poumons. J'ai sous ma coupe six cents prisonniers, forçats ou déportés par mesure de sûreté générale ; j'aime cent fois mieux les forçats ; quant aux autres, c'est la crapule parisienne, débauchée, vagabonde et voleuse ; on ne peut les faire travailler. Ils opposent la force d'inertie. J'ai avec moi soixante-huit sous-officiers et soldats, un maréchal des logis de gendarmerie et trois gendarmes. »

5. — La flèche de Notre-Dame a été débarrassée de son échafaudage ; elle fait un admirable effet, sur le point central de la grande toiture avec ses quarante-cinq mètres de hauteur.

C'est un admirable ouvrage en chêne, recouvert de plomb, solidement attaché à la toiture et maintenu droit par des espèces de petits arcs-boutants.

Il semble que la masse de Notre-Dame en soit relevée et rendue plus légère.

8. — Récemment, visite aux catacombes. J'y descendis par un escalier souterrain s'ouvrant près de la barrière d'Enfer, du moins près de l'ancienne barrière d'Enfer. Au bas de cet escalier je reçus une bougie. Mes compagnons de supplice en reçurent également une. Je dis de *supplice*, car la promenade funèbre est tout ce qu'il y a de plus pénible, du moins pour les gens sentimentaux ou simplement nerveux. Nous marchions à la *queue leu leu*, dans une très longue galerie aboutissant à un carrefour. Là se trouvait un amoncellement d'ossements, retirés d'anciens cimetières : crânes, fémurs et tibias coquettement arrangés. La lumière de nos bougies les faisait saillir des ténèbres d'une façon fantastique ; plusieurs des crânes étaient perforés de trous ronds. Le gardien me dit : « Ce sont des crânes de gens trépanés. » Nous suivîmes ensuite une longue rue, toujours entre une double muraille de débris humains grimaçants. Enfin, enfin nous remon-

tâmes sur le sol, heureux de revoir et le jour et des êtres humains souriant à la vie.

9. — On vient d'enlever les palissades qui font apparaître les ruines grandioses des Thermes de Julien; une grille élégante les sépare du nouveau boulevard. Je les contemple avec extase. Au milieu de mon admiration et sans doute pour la calmer, une vieille étudiante gouailleuse, fait entendre sa voix aigre et me dit : « Quelles saletés, comment n'a-t-on pas abattu ces vieilles briques-là ? » Furieux, je lui réponds : « S'il fallait abattre toutes les ruines du quartier Latin, on aurait fort à faire. »

18. — Emile Ollivier a formé appel du jugement qui l'a condamné à trois mois de suspension. Plocque, bâtonnier, plaidait pour lui ; tous les membres du Conseil de l'ordre étaient derrière le défenseur. La Cour n'a pas voulu donner tort au président de la septième chambre et a confirmé le jugement.

25. — Vacherot, qui n'avait pas voulu prendre d'avocat en remplacement d'Emile Ollivier, avait été, il y a quelque temps, condamné à un an de prison. Lui aussi fit appel ; l'affaire est venue aujourd'hui. Il s'était enfin décidé à prendre Me Marie à la place d'Ollivier. Marie a plaidé très nerveusement, si nerveusement qu'il s'est trouvé mal et l'affaire a été renvoyée à mercredi.

20. — Me Marie, tout à fait remis, a replaidé aujourd'hui. Pour cette fois l'affaire s'est terminée sans nouvel accroc ; la Cour fut moins féroce que le Tribunal ; elle reduisit la peine à trois mois ; trois mois au lieu de un an ! M. Vacherot a lieu de se féliciter.

21 *Mars*. — Aujourd'hui, grand émoi au Palais ;

Bethmont, en plaidant, a été frappé comme d'un coup de sang ; on l'emmena chez lui dans un état fort inquiétant.

25. — Bethmont lutte d'une façon extraordinaire contre la mort. Ce solide fils de boulanger finira peut-être par en avoir raison.

1ᵉʳ *Avril.* — Bethmont est mort ; il n'avait que 57 ans ! C'était un homme de talent et de cœur, orateur de superbe prestance, vrai type de beauté virile ; son regard était, pour ainsi dire, velouté, tant était indéfinissable la douceur qui sortait de ses yeux ; j'avais pour lui un affectueux respect et je l'aimais d'autant plus que j'en entendais continuellement parler par son fils aîné, René, mon camarade de l'Ecole de droit.

Cette mort ne m'a pas précisément étonné ; Mᵉ Bethmont ne pouvait, sans éprouver une grande oppression, monter le grand escalier du Palais de justice ! Souvent, quand il commençait à plaider, sa figure s'enflammait et devenait toute rouge ; on s'imaginait qu'il ne pourrait pas continuer, mais au bout de quelques minutes toute trace de faiblesse physique disparaissait.

3. — Obsèques de Bethmont à Saint-Paul-Saint-Louis ; tout le barreau s'y trouve en robes. Sur sa tombe béante, Marie, qui ne pouvait se consoler d'être séparé pour toujours de son vieil ami, affirme en termes admirables sa croyance à l'immortalité de l'âme.

14. — La veuve de Talma, remariée à M. de Chalot, vient de mourir. Pendant longtemps, aux Français, elle joua les rôles de grande coquette sous son nom de famille : *Caroline Vanhove.* Talma l'épousa par amour. Un soir elle fut blessée par un acteur imprudent qui, en simulant (mais fort bêtement) un enlèvement, lui enfonça une longue épingle dans le sein ; la plaie

ne saignait pas ; Talma suça cette plaie et l'actrice fut
sauvée. Talma fut récompensé de son facile héroïsme
par un mariage avec l'aimable blessée. Au bout de
quelques années d'amour, la brouille se mit au logis.
Les époux se séparèrent à l'amiable. Mme Talma n'avait
pas probablement tous les torts, car elle resta en
bonnes relations avec ma vieille amie, Mme John Talma,
belle-nièce de son mari. Talma reprocha même vivement à cette nièce d'avoir pris le parti de sa femme.
Il faut dire à la décharge de Talma que sa femme
n'était peut-être pas toujours aimable. Tout au moins
elle semble ne l'avoir pas été pour les neveux de son
mari, John, Amédée et Auguste, jeunes gens fort
distingués que Talma aimait beaucoup et auxquels
même il faisait porter son nom [1].

22. — A l'exemple de Paillet, Bethmont et Liouville,
récemment décédés, ont légué dix mille francs à
l'Ordre des avocats de Paris, afin de récompenser, par
des prix annuels, les plus distingués d'entre les
stagiaires.

23. — Emile Deschanel, revenu d'exil grâce à l'am-
nistie, vient de faire, au Cercle de la rue de Beaune,
une conférence très applaudie... surtout par les dames.
Ce n'est pas étonnant, car nul orateur n'a une figure

---

[1] En ma possession se trouve une curieuse et longue lettre
qu'Auguste François-Talma écrivait à son frère John pour le
féliciter de ne plus être le prisonnier des Anglais et le mettre au
courant de ce qui s'était passé dans la famille pendant sa longue
captivité ; je lis ce passage : « Tu sauras que j'ai quitté Toulon
dans le mois d'août 1810. J'étais alors aspirant à la Majorité de
S. E. l'amiral Ganteaume. Il quitta le commandement de l'armée
et je partis, quelques jours après lui, pour Paris. Mon oncle (le
tragédien) me revit avec un plaisir extrême et me donna réellement des preuves d'une amitié bien tendre ; ma tante, au contraire,
se montra telle que je l'avais toujours jugée, me traita bien
cependant, mais avec sa politique accoutumée. »

plus gracieuse et une parole plus chaleureuse. C'est un charmeur ; il le fut toujours du reste et tel je l'ai connu à Louis-le-Grand, quand il occupait la chaire de rhétorique, à 28 ans. Je n'étais point, il est vrai, dans sa division et cependant j'assistais, pour ainsi dire, chaque jour à sa classe, car mon cousin Sainsaulieu me racontait tout ce que son professeur avait dit. En 1850 il fut obligé de quitter sa chaire à cause de certains articles un peu osés qu'il publia dans la *Liberté de penser ;* il fut même, comme républicain avancé, exilé au Deux-Décembre. Son esprit incisif le faisait redouter de beaucoup de personnes.

A Bruxelles il fit, pour vivre, des conférences littéraires qui furent très goûtées ; il les continue à Paris.

Jeudi 3 Mai. — Au Cirque de l'Impératrice, prodigieux exercices de Léotard sur un trapèze effroyablement élevé. Je l'ai vu prendre son vol, se lancer à travers l'espace et attraper ce trapèze sur lequel il se campa fièrement. Je mens en disant que je l'ai vu, car j'ai fermé les yeux. Une crispation nerveuse m'a, pour ainsi dire, serré le cœur et j'ai failli me trouver mal. Je n'ai pas dû être le seul ; tout le monde était ému et le silence était effrayant.

Léotard a environ 18 ans ; c'est un géant merveilleusement découplé et de plus très joli garçon. Toutes les femmes en raffolent, mais son papa veille sur sa vertu. Pour ce vol dans l'espace, il ne faut pas seulement une surprenante agilité, mais encore une énorme force musculaire qu'une grande sagesse peut seule conserver.

7. — Au dessus des deux pilastres de la porte des Tuileries, qui ouvre sur le jardin réservé, on vient de placer deux sphinx de marbre blanc, conquis à Sébastopol.

10. — On ne parle à Paris que d'un homme, héros selon les uns, aventurier suivant les autres : *Garibaldi ;* il vient de partir de Gênes avec onze cents volontaires, où va-t-il ?

14. — On apprend que Garibaldi est débarqué en Sicile, à Marsala.

16. — La Sicile s'est soulevée contre les troupes du roi François II.

25. — Passé rue de la Cité, devant les magasins de la *Belle Jardinière ;* tous les contrevents sont fermés. On me dit que M. Parissot, le propriétaire, est mort et qu'on l'enterre aujourd'hui. Tout le monde en fait le plus grand éloge. On raconte, qu'ayant fait faillite, il n'a pas perdu courage pour cela, qu'il se rétablit et qu'après avoir payé toutes ses dettes, à force de travail, il meurt en laissant une superbe fortune à ses filles.

30. — Garibaldi est entré dans Palerme le 28 mai ; c'est quelque chose d'extraordinaire et qui frappe les imaginations de tous.

5 *Juin.* — Grande et heureuse nouvelle qui met en joie les nounous et les enfants au Jardin des plantes. L'hippopotame femelle vient d'avoir un troisième bébé ! Elle avait tué le premier sans vouloir l'allaiter ; elle avait allaité le second, mais l'avait tué tout de même. Un gardien lui enleva le troisième ; une bonne vache laitière remplace avantageusement sa tendre mère. Il est adorable cet hippopotame qui n'est pas plus gros qu'un petit veau. Il adore son gardien et couche avec lui sous une même couverture ; on se raconte avec attendrissement que, pendant son sommeil, il repose la tête sur la poitrine de son père nourricier.

8. — Depuis quelque temps on parlait beaucoup du mariage de Mlle Mirès, fille du gros banquier, avec le prince de Polignac ; Mirès avait eu, m'a-t-on dit, la précaution de faire élever sa fille dans la religion catholique. C'est une fort aimable enfant que nous avons eu, nous les jeunes avocats, le plaisir de faire danser chez Plocque, notre bâtonnier ; or donc, ledit mariage a eu lieu hier à la Madeleine. Des artistes de l'Opéra ont chanté une fort belle messe en musique, composée par un des frères du prince.

Le prince s'est marié en pantalon gris ! !

10. — Hélas, trois fois hélas ! le petit hippopotame est mort. Il allait très bien cependant. On parle de convulsions internes causées par les dents !

14. — A six heures du matin des salves d'artillerie, tirées aux Invalides, ont réveillé les Parisiens et les ont averti de fêter avec joie la fête de l'Annexion.

Ah, de bien grand cœur : Vive la Savoie ! Vive Nice ! Toutes les fenêtres se garnissent de drapeaux dans ma rue des Beaux-Arts ; malheureusement comme je demeure sur la cour je ne puis affirmer mon patriotisme.

A dix heures de nouvelles salves annoncent qu'un *Te Deum* va être chanté à Notre-Dame ; c'est bien le moins.

Le gros de la population court au Champ de Mars, où se fera la revue.

15. — La revue d'hier, favorisée par le temps, a été superbe. Les monuments publics et beaucoup de maisons particulières étaient illuminées magnifiquement.

Le soir, dans tous les théâtres, furent dites des stances sur l'annexion. Bressant les a lues au Théâtre-Français et Mme Marie Laurent à la Porte-Saint-Martin.

Enfin, dans cette heureuse journée d'hier, la joie était dans tous les yeux et dans tous les cœurs.

24. — Le quartier de la caserne du prince Eugène est en rumeur ; c'est, en effet, l'anniversaire de la bataille de Solférino. Sur la façade de cette caserne, couverte de drapeaux et d'emblêmes militaires, se détache en gros caractères l'inscription suivante :

L'armée de Paris à ses frères d'armes, morts en Italie.

La grande cour intérieure est tendue d'énormes draperies noires sur lesquelles se lisent les noms de : *Montebello, Palestro, Turbigo, Magenta, Solférino.* Au milieu de la cour et sur des degrés est élevé un autel ; le curé de la paroisse y monte et dit la messe des morts.

25. — Voilà ce qu'a dit hier le curé de Saint-Martin au cours de la messe pour les morts de l'armée d'Italie : « Je vous félicite, officiers et soldats, de votre pieuse pensée ; l'armée de Paris fait ce que l'armée de Judas Macchabée fit après une victoire brillante. Elle pria pour ses morts glorieux, car, suivant la parole de la Bible, c'est une sainte et salutaire pensée de prier pour les morts. »

30. — A propos de l'annexion de la Savoie, Cham (le fils du comte de Noé, ancien pair de France) a crayonné une charmante caricature. En rentrant chez lui un monsieur veut embrasser sa femme ; celle-ci se recule épouvantée, car le cher époux a la bouche, le menton et le bout du nez entièrement noirs ; c'est que pour fêter l'annexion, il a embrassé tous les petits savoyards rencontrés sur son chemin.

3 *Juillet*. — J'assiste aux funérailles du prince Jérôme, le dernier frère de Napoléon Ier, l'oncle de l'Empereur actuel, l'ancien roi de Wesphalie, qui vient

de mourir au château de Villegenis, près Paris. J'étais adossé à la grille des Tuileries ; le spectacle était des plus imposants. Le cercueil passa devant moi, rue de Rivoli, pour aller aux Invalides. Chacun admirait la grande mine de son fils, le prince Napoléon, qui, recouvert d'un ample manteau de deuil, marchait derrière le corbillard. Son profil ressemblait à celui d un empereur romain sur une médaille antique.

17. — Au Palais nous avons eu, aujourd'hui, la visite de Mme Saqui ; elle a comparu devant le Tribunal pour se plaindre d'une femme qui lui avait volé ses bijoux ; elle vit à Sablonville d'une petite pension que lui fait l'Empereur. Sous le premier Empire, après les grandes victoires, pas de vraie fête sans Mme Saqui ; elle montait sur une corde, tendue à une hauteur vertigineuse, et, au milieu de feux multicolores, agitait le drapeau d'Austerlitz, d'Iéna, de Wagram.

Elle a 75 ans, et va à la messe tous les jours à la chapelle du duc d'Orléans ; une fausse dévote capta sa confiance et lui subtilisa tous ses bijoux ; la coquine a été condamnée et, ce qui vaut encore mieux, les bijoux ont été retrouvés.

18. — Les marchands de photographies mettent en vente trente-cinq poses aériennes du gymnasiarque Léotard. A Paris, l'homme qui risque sa vie n'importe comment, dans un but utile ou non, est sûr d'exciter l engouement du public.

15 *Août*. — Dans notre quartier, inauguration de la fontaine Saint-Michel. On y voit l'archange terrassant le démon. Ce groupe est de M. Duret, membre de l'Institut. L'archange laisse beaucoup à désirer ; il manque de crânerie ; quant au démon il est merveilleux ; c'est un de mes clients, marchand de casquettes, modèle à ses heures, qui a posé pour Lucifer. Dans la

position renversée, qu'il fut obligé de prendre, il ne pouvait poser plus de cinq minutes, sans que le sang ne lui vînt à la bouche. Comme je lui faisais remarquer, avec toute espèce de ménagements, qu'il ne paraissait pas être un aussi beau gaillard que ce démon, il me répondit majestueusement : « Non, je ne suis pas beau de tête et même de corps en général ; mais personne à Paris n'a de plus belles jambes que moi ni de mieux attachées au tronc. »

16. — Au Palais, grande manifestation d'affection à M. Galopin-Bouquet, greffier de la sixième chambre qui, depuis trente ans, remplit avec zèle ses fonctions de greffier et son devoir de chrétien bienfaisant. Il s'occupe en effet de tous les *galopins* acquittés par la sixième chambre et les place dans de bonnes maisons d'apprentissage ; c'est pour eux un vrai père. Sans le prévenir on a demandé, pour lui, la croix d honneur. Elle lui fut accordée et il eut la surprise de lire son nom dans l'*Officiel* sans s'être douté de rien.

17. — L'archevêque a prescrit une quête dans les églises de Paris pour venir au secours des chrétiens de Syrie, que les Turcs ont chassés de leurs villages, et qui meurent de faim sur le littoral de la mer où ils se sont réfugiés. Cette quête a produit 75,000 francs. L'archevêque a également ordonné des prières pour les 1800 chrétiens massacrés.

18. — Les démolitions de la rue de la Barillerie ont fait apparaître le portail de l'ancienne église des Barnabites, juste en face le palais de Justice ; ce portail, de forme très élégante, est à peu près semblable à celui de Saint Thomas-d'Aquin. Les magistrats, les avocats, les clercs viennent l'admirer. Ces Barnabites étaient des religieux qui se livraient aux études historiques, comme les Bénédictins, et à la prédication, comme les Dominicains.

Vendredi 24. — Dans la nuit du 22 au 23 un vol sacrilège fut commis à Notre-Dame ; les voleurs, se servant des échafaudages, nécessités par la restauration de la cathédrale, pénétrèrent dans la grande sacristie et enlevèrent tout le trésor. Heureusement une espèce de crainte religieuse saisit l'un des larrons, qui, bien inspiré par le bon larron son patron, jeta sur la berge de la Seine le filet dans lequel avaient été entassés les objets volés. Le trésor put être ainsi presqu'entièrement réintégré dans la sacristie.

10 *Septembre*. — Le royaume de Naples paraît être renversé par la poussée révolutionnaire. Garibaldi est entré dans Naples le 7 septembre. C'est le sujet de toutes les conversations.

19. — Aujourd'hui furent célébrées, à Saint-Jacques-du-Haut-Pas, les obsèques d'un très bon prêtre, bien connu dans notre quartier, l'abbé Ledreuille, premier aumônier de l'hôpital militaire du Val-de-Grâce. C'était un homme de bien dans toute l'acception du mot ; il ne s'était fait prêtre qu'à l'âge de 48 ans ; il fut le principal fondateur des sociétés de secours mutuels qui germent, pour ainsi dire, dans toutes les paroisses de Paris et prennent chaque jour un merveilleux accroissement. Tous les ouvriers chrétiens de Paris avaient pour lui une grande affection et même la plus grande admiration, car c'était un orateur de premier ordre. On m'a raconté un fait étrange qui le concerne. Dans un moment de désespoir, un soldat avait avalé du laudanum ; on l'amena à l'hôpital du Val-de-Grâce ; il voulait toujours dormir, mais dormir c'était mourir, car l'infortuné ne pouvait rester tranquille sans que son sang se glaçât. M. Ledreuille, aumônier de l'hôpital, marcha avec lui sept heures, et le pauvre garçon fut sauvé ; mais l'aumônier ne se trouva pas

aussi bien de cette promenade excentrique ; il conserva les pieds meurtris pendant longtemps. Par suite de fatigues excessives et comme aumônier et comme orateur des sociétés de secours mutuels, M. Ledreuille s'affaiblit peu à peu et mourut de consomption à l'âge de 63 ans.

20. — Je vois beaucoup de catholiques dans la consternation ; Lamoricière a été vaincu, à Castelfidardo, par les Piémontais qui ont envahi le territoire pontifical sous le prétexte de le délivrer des bandes d'aventuriers que commandait le glorieux général français ; aventuriers ! les jeunes hommes que la France, la Belgique, l'Allemagne, la Suisse comptent parmi les plus généreux de leurs enfants !

22. — Par suite des démolitions, l'immense mur latéral de la chapelle de l'hôtel Cluny apparut, il y a quelque temps, dans sa nudité désespérante. Heureusement, contre le soubassement de ce mur, on eut la bonne pensée de remonter et d'adosser l'ancienne porte du collège de Bayeux, dont toutes les pierres avaient été numérotées.

29. — On a célébré à Saint-Thomas-d'Aquin, sa paroisse, un service funèbre pour le général, marquis de Pimodan, qui fut tué à Castelfidardo. L'église était remplie de catholiques qui venaient rendre à ce brave soldat un dernier hommage.

30. — M. Dejean, directeur du cirque, a fait condamner Léotard à lui payer 750 francs, quart de ses appointements mensuels, pour avoir osé, malgré son traité, pénétrer dans les places réservées au public ; c'est formellement défendu aux artistes, et à Léotard plus qu'à tout autre, dans la crainte de séduction du sexe faible.

Cette victoire judiciaire coûtera cher à M. Dejean.

Léotard ne renouvellera pas son engagement. Quel phénomène M. Dejean montrera-t-il au public pour gagner quatre cent mille francs, en quelques mois, comme il vient de le faire avec le gymnasiarque à la mode ?

1er *Octobre*. — La lecture du procès Léotard, dont tout le monde parle, dont tout le monde s'amuse, m'a donné l'idée de lire ses *Mémoires*. Il y transcrit toutes les lettres de femmes qui ont soupiré pour lui à Paris et à Berlin. Les Parisiennes se contentent de lui envoyer des poulets épistolaires, mais les Berlinoises, plus femmes de ménage, même dans leurs évolutions sentimentales, font accompagner leurs poulets épistolaires de gâteaux, de confitures. Mais ni Parisiennes ni Berlinoises ne virent *couronner* leurs flammes ; Léotard dit à ce propos : « je m'étais engagé pour les exercices du trapèze ; les écarts avaient été rayés de mon répertoire. »

Ces *Mémoires* ne sont pas trop mal écrits, Léotard est du reste bachelier ès lettres. On rencontre dans ces *Mémoires* quelques perles, notamment celle-ci à propos de Toulouse sa ville natale. « Toulouse est une ville où il n'est pas absolument nécessaire d'être artiste pour réussir ; seulement il faut être Toulousain. »

2. — En ce moment, à Saint-Sulpice, pèlerinage artistique, car Eugène Delacroix a terminé sa chapelle des *Saints-Anges*. La fresque de gauche représente un arbre immense à l'ombre duquel Jacob lutte contre l'ange.

Sur la fresque de droite on voit d'autres anges fouetter, d'une façon magistrale, Héliodore tombé de cheval dans le vestibule du temple de Jérusalem.

Tous les partisans de l'école romantique en peinture tombent en extase et semblent dire : « ce paltoquet d'Ingres n'a qu'à se bien tenir. »

23. — La circulation, un moment interrompue sur la rive gauche, par des travaux de toutes sortes, est maintenant rétablie. Le mur de clôture du Luxembourg a été démoli le long de la rue de l'Est et le jardin apparaît en contre-haut du nouveau boulevard.

24 *Novembre.* — Dans la petite salle des Pas-Perdus du premier étage, au palais de Justice, salle sur laquelle s'ouvrent la seconde et la quatrième chambre du tribunal, se trouvent six consoles, sur lesquelles on vient de placer six bustes ; du côté de la deuxième chambre ce sont les bustes des trois premiers présidents du tribunal de la Seine, du côté de la quatrième ceux de trois anciens magistrats du Châtelet de Paris. Le moins ancien, M. d'Alleray, a été guillotiné en 1793. Il était si bienfaisant, si aimé que Fouquier-Tinville et les jurés voulaient à toute force le sauver. Malheureusement il ne voulut point se prêter à leurs bonnes intentions en niant qu'il eût envoyé de l'argent à ses enfants émigrés ; « Mais, lui dit-on, vous ne connaissiez probablement pas la loi qui défendait toute communication avec les émigrés ? » — « Si, répondit-il, mais je dûs la faire passer après celle qui impose aux pères l'obligation de nourrir leurs enfants. »

Jeudi 6 Décembre. — Ce matin, à l'ouverture de la quatrième chambre de la cour, M. le conseiller Henriot fit connaître, aux avocats présents à l'appel des causes, que M. Poinsot, président de cette chambre, avait été, la nuit précédente, assassiné en chemin de fer. L'audience fut levée, en signe de deuil, au milieu d'une grande agitation. Dans toutes les autres chambres de la cour les audiences furent également levées. On se groupait dans la salle des Pas Perdus pour parler de l'événement. Le cadavre de M. Poinsot fut trouvé, dans un compartiment de première, lors de l'arrivée à Paris d'un train du chemin de fer de l'Est ; la montre et la bourse de M. Poinsot avaient disparu ; on a ramassé une tabatière, dite queue de rat, qui provient très probablement de l'assassin.

Cette mort me cause la plus grande émotion. M. Poinsot, qui était arrivé par son travail et un vrai mérite à cette haute situation de président de chambre à la Cour, était très bienveillant pour le jeune barreau. Récemment Barboux plaidait devant lui une séparation de corps ; M. Poinsot le félicita d'une façon fort gracieuse et lui donna les plus précieux encouragements.

Samedi dernier, 1er décembre, c'est-à-dire il y a cinq jours seulement, je plaidais devant lui une affaire que m'avait envoyée mon bon ami Caraby, avoué à Péronne. Il fut fort aimable et me donna paternellement une petite leçon dont je profiterai. La Cour désirant voir l'aspect d'une pièce dont je me servais, M. Poinsot chercha des yeux l'huissier-audiencier pour lui dire de venir me la chercher et la lui apporter ; pas d'huissier-audiencier ! J'étais encore un peu le maître clerc d'avoué plaidant souvent en référé ; inconsciemment je quittai la barre et m'avançai pour apporter la pièce ; M. Poinsot leva la main pour arrêter mon élan. Je compris qu'il ne voulait point de ma complaisance, comme contraire à la dignité de ma robe ; je continuai ma plaidoirie et gagnai mon procès sans passer la pièce.

Après-demain je devais plaider devant lui une autre affaire dont il m'avait très gracieusement accordé la remise. Pauvre président, que Dieu ait ton âme !

8. — M. Poinsot a eu le crâne brisé pendant son sommeil ; il revenait de Troyes où il avait touché des fermages. L'assassin devait certainement connaître ce détail.

9. — Les obsèques du président Poinsot ont eu lieu

hier à l'église Saint-Louis-d'Antin ; toute la quatrième chambre y assistait. M. Jules Favre, bâtonnier, y était présent avec beaucoup d'avocats en robe.

Partout sur le passage foule énorme. Après la cérémonie, le cercueil fut mis dans une voiture des pompes funèbres, pour être transporté dans une petite localité tout près de Troyes, localité d'où il venait, du reste, quand il fut assassiné.

10. — La queue de rat appartenait non pas à l'assassin, ainsi que nous l'avions cru au palais, mais à M. Poinsot qui, comme tous les bons priseurs, préférait cette tabatière à toute autre, parce qu'elle conserve parfaitement la fraîcheur du tabac. Le meurtrier a été vu, sautant de wagon, près de Nogent-sur-Marne. Les bruits les plus étranges sont répandus ; dans la salle des Pas-Perdus, les uns disent : « c'est un enfant naturel qui l'a tué ; » d'autres « c'est un plaideur à qui il a fait perdre son procès, » etc., etc.

12. — On apprend que Pékin s'est, le 12 octobre dernier, rendu, sans conditions, aux troupes alliées de France et d'Angleterre. Elles ont battu les Chinois à Pa-li-ka-o, pont orné de statues d'animaux, sur la grande route de Pékin.

16. — On apprend encore que les Chinois ont fait subir les plus affreux traitements à des Anglais prisonniers et que, pour venger leurs camarades, les soldats anglais ont mis le feu au palais d'été de l'empereur de Chine, palais aussi beau qu'un palais des mille et une nuits.

— Sainte-Barbe a célébré le quatrième centenaire de sa fondation. Grand dîner le soir. Le ministre de l'instruction publique présidait ; à sa droite trois anciens barbistes : Scribe, le général Trochu et le baron sénateur de Lacrosse ; à sa gauche les dignitaires de Sainte-Barbe. Dans la journée la façade du collège était décorée de fleurs ; le soir elle était resplendissante de lumière.

17. — Récemment on arrêta un malfaiteur, nommé Charles Jud, soupçonné d'avoir assassiné (encore sur le chemin de fer de l'Est) un médecin russe. Malheureusement ce coquin, doué d'une force herculéenne, se sauva de sa prison en assommant son gardien.

18. — On ne fait que parler de ce Jud ! Jud par ci, Jud par là ! C'est évidemment lui, dit-on, qui a tué le président ; mais il n'y a aucune preuve et du reste on ne le tient pas ! Dans la salle des Pas-Perdus on commence à être agacé, énervé de tous les cancans extraordinaires qui courent à propos de cette lugubre histoire.

20. — Pour couper court auxdits cancans, la *Gazette des Tribunaux* certifie que l'assassinat n'a eu pour cause que le vol.

21. — Les journaux publient le signalement de l'assassin présumé :

Charles Jud, âgé de 27 ans ;
Cheveux et sourcils bruns ;
Visage long et maigre ;
Plusieurs dents cassées ;
Cicatrice au-dessus de l'œil gauche.

22. — Le boulevard des Capucines et la rue des Capucines étaient hier envahis par la foule pour voir ressortir l'Empereur et l'Impératrice qui étaient entrés chez Giroux pour l'achat des étrennes de leur dauphin. La Maison Giroux est la grande maison à la mode pour les étrennes. Je connais une dame du grand monde qui va acheter tous ses joujoux du jour de l'an,

en gros, chez les fabricants. Elle colle dessus des étiquettes de Giroux ; elle se les procure en achetant chez lui une foule de bibelots de petite valeur. Du reste M. Giroux, très au courant de cette pratique des dames parisiennes, vend ses petits jouets en conséquence.

23. — Horrible, épouvantable saison pluvieuse.

31. — L'expédition de Chine, faite dans un pays si éloigné, a frappé les imaginations. Dans les baraques de la foire aux étrennes, on voit partout des tableaux fantaisistes de la prise de Pékin et de l'incendie du palais d'été. On parle des présents magnifiques que le général en chef Cousin-Montauban destine à l'Empereur, notamment un grand éléphant de bronze. L'Impératrice recevrait des robes splendides, ayant appartenu à l'impératrice de Chine. Si ça pouvait lui faire abandonner la crinoline.

D'après le nouveau traité, conclu avec la Chine, la vieille cathédrale catholique a été rendue à la France ; le 29 octobre on y a chanté un *Domine Salvum fac Imperatorem*.

1861

7 Janvier. — Il pleut continuellement et à Paris et dans la vallée de la Seine qui vient de déborder. La plupart des rues de Bercy sont envahies par l'eau. Je suis allé voir cette nouvelle petite Venise ; un bachot assure le service des vivres.

12. — La Seine ne se contente pas d'envahir Bercy, mais, par des infiltrations sournoises, elle conquiert peu à peu le Jardin des Plantes. Grand étonnement de l'ours Martin en voyant de l'eau dans sa fosse ; on lui a fait descendre un radeau. Monseigneur Martin s'est mis gravement dessus et d'une façon magistrale. Il ressemble à M. N..., président de la .... chambre.

13. — On annonce à chaque instant l'arrestation de Jud, mais le démenti arrive bien vite. La police est sur les dents.

20. — J'ai plaidé pour le fameux acteur Fechter, le créateur du rôle de l'amant, dans la *Dame aux Camélias*. Il avait loué, rue de Navarin, un joli rez-de-chaussée avec jardin. Dans ce jardin se trouvait un arbre magnifique dont l'ombrage, non seulement le rafraîchissait, mais encore le cachait aux regards curieux quand il apprenait ses rôles Le propriétaire

fit couper cet arbre. Fechter, sur mon conseil, demanda la résiliation de son bail et l'obtint. C'était l'homme le plus charmant qu'on pût voir ; sa femme aussi était fort gracieuse et fort aimable. Ils avaient deux enfants, une gentille fillette et un joli petit garçon [1] qui, de son minuscule sabre de bois, voulut me pourfendre quand j'allai, avant de plaider, visiter le jardin. Comme Talma, Fechter joue aussi bien en anglais qu'en français. Il est adoré à Londres et, naturellement, il s'y trouve très bien. La ville est ravissante suivant lui ; il n'admet même pas qu'il y ait des brouillards.

25. — Hier, grande cérémonie à l'Académie française, M. Guizot y recevait le père Lacordaire ; la séance était pour une heure ; dès dix heures 400 personnes, et des plus huppées, faisaient queue sur la place de l'Institut, car on savait qu'on avait envoyé beaucoup trop de billets d'invitation. MM. de Morny, Waleski vinrent à la séance avec le maréchal Magnan. L'Impératrice y assista également, mais dans une loge réservée. Le père Lacordaire, qui remplaçait M. de Tocqueville, a prononcé un discours très applaudi, surtout quand il prononçait le mot de liberté.

26. — Dans l'après-midi d'hier, le père Félix prêchait à Saint-Roch pour une œuvre de sourds-muets. Il s'arrêta tout à coup, et après un moment de silence il dit : « En ce moment on reçoit, à l'Académie française, l'homme remarquable qui m'a précédé dans

---

[1] Ce petit garçon devint un jeune homme distingué qui fit son droit et devint le camarade d'un de mes neveux. En faisant des armes, il fut percé par le fleuret de son adversaire et mourut presque sur le champ.

La petite fille avait un admirable talent de comédienne ; je la vis jouer, avec Mlle Schneider, dans la *Grâce de Dieu*, mais, ayant de la fortune, elle renonça à la carrière dramatique.

la chaire de Notre-Dame ; ce ne fut pas trop de son génie pour faire accepter l'habit de moine, honni jusqu'alors. »

28. — Encore un nouveau Jud que l'on vient d'arrêter. Quand nous serons à cent nous ferons une croix.

— Comme tout le monde, j'ai couru à Bobino pour y voir une curieuse revue : *Gare l'eau*, par allusion aux pluies continuelles de 1860. Le directeur, M. Gaspari, fait de l'or avec cette pièce. Tout le monde y court [1].

31. — Henri Murger est mort lundi soir, 28 janvier, à la maison Dubois à 38 ans ! et poitrinaire ! La vie de Bohême tue ceux qui la vivent.

— On a dû, hier soir, allumer des feux sur la place du Carrousel ; on n'aurait pu la traverser tant le brouillard était épais.

1er *Février*. — Les obsèques de Henri Murger ont eu lieu à la chapelle de la maison Dubois. Il fut inhumé au cimetière Montmartre. Enfin il repose ! lui dont la vie a été si tourmentée, si privée de repos.

---

[1] Le 19 mai 1897, je suis allé au Gymnase ; on y donnait une belle représentation au profit d'un vieil artiste, dont le nom n'était pas indiqué, mais que je savais être Gaspari ; j'étais à l'orchestre, à côté d'une vieille dame, causeuse spirituelle, fort au courant des choses de théâtre, qui, comme moi, avait voulu apporter son obole au bénéficiaire. Elle m'apprit que Gaspari avait perdu la fortune, par lui gagnée au théâtre du Luxembourg, c'est-à-dire à Bobino, petit nom d'amitié que lui donnaient les étudiants. La seule revue : *Gare l'eau* lui avait rapporté 30,000 francs. Suivant ma voisine, ce nom de Bobino déplaisait beaucoup à Mme Gaspari qui, de plus, supportait mal les plaisanteries des étudiants quand elle jouait (à merveille du reste) ses rôles de commère plantureuse, dans les revues. Elle fit donc quitter à son mari la direction de Bobino et rien ne leur réussit depuis.

21. — Mort de ma chère sœur et filleule Céline, à l'âge de 17 ans 1/2, dans mon appartement de la rue des Beaux-Arts, 19, d'une fièvre typhoïde qui l'emporta en huit jours. Céline était d'une grande beauté ; il y a quinze jours, mon père, lors d'une revue passée par l'Empereur dans la cour des Tuileries, fut obligé de se retirer, tant la foule l'admirait à son bras ; il ne voulait pas trop exciter l'amour-propre de la pauvre enfant.

24. — Nous enterrons notre chère petite dans le cimetière de Péronne. Mon père commande une croix de marbre blanc sur laquelle seront gravés les prénom, nom, dates de la naissance et de la mort.

Sur le socle sera sculptée une fleur à la tige brisée.

25. — Mort de M. John François-Talma, neveu du tragédien, et fils de sa sœur Anne Talma, mariée à un sieur François. Son oncle, qui n'avait pas d'enfant, aimait à l'appeler Talma, et dans le monde chacun, à son exemple, l'appelait de ce nom. Il avait épousé Caroline Duremer, tante de mon cousin Prosper Duremer. Ce n'est pas avant deux mois que Prosper connaîtra la mort de son oncle bien aimé, car il est maintenant à Cayenne, en qualité de lieutenant dans le 3ᵉ régiment d'infanterie de marine.

27. — Pour les obsèques du vieil ami je reçois la lettre qui suit :

M

Vous êtes prié d'assister aux convoi, service et enterrement de Monsieur Jean-Michel-Marie François Talma, officier supérieur de marine, en retraite, chevalier de la Légion d'honneur et de Saint-Louis, décédé le 25 février 1861, à l'âge de 75 ans, en son domicile, rue d'Angoulême-Saint-Honoré, numéro 41, qui se feront le mercredi 27 du courant, à 11 heures, en l'église de Saint-Philippe-du-Roule, sa paroisse.

On se réunira à la maison mortuaire.

De Profundis.

De la part de Mᵐᵉ Caroline Talma, sa veuve ; de M. et Mᵐᵉ Amédée Talma, ses frère et belle-sœur et leurs enfants[1] ; de Mᵐᵉ veuve Ducis, sa tante[2] ; de Mᵐᵉ veuve Duremer, sa belle-sœur, et de M. Prosper Duremer, son neveu.

28. — M. Talma a laissé toute sa fortune à sa femme et a nommé pour son exécuteur testamentaire M. Jean Bonneau, grammairien, à qui il a légué son beau tableau de Gérard, tableau représentant le tombeau de Sainte-Hélène.

— Le général Cousin-Montauban, commandant le corps expéditionnaire de Chine, a fait parvenir à l'Empereur divers objets provenant du palais d'Eté de l'empereur de Chine. Ils sont exposés au rez-de-chaussée du pavillon de Marsan. On remarque parmi ces objets deux sceptres en or et l'habit de cérémonie de l'empereur chinois. Cet habit est en soie jaune, d'un jaune réservé aux souverains de Chine. Les boutons sont formés de pierres précieuses ; pour mieux faire valoir ce vêtement on l'a mis sur un mannequin[3].

3 *Mars.* — Avant-hier, dans un grand discours au Sénat, le prince Napoléon est tombé à bras raccourcis sur les d'Orléans et leur a reproché d'avoir, dans des moments douloureux, abandonné les chefs de leur dynastie.

---

[1] M. Amédée François-Talma était docteur en médecine et chirurgien-dentiste de Léopold, roi des Belges.

[2] Née Euphrosine Talma, autre sœur du tragédien, veuve du peintre Louis Ducis, et belle-nièce de Ducis, le poète tragique.

[3] Ce vêtement est aujourd'hui au musée militaire des Invalides.

20. — Le Carrousel est maintenant éclairé, le soir, par deux lampes électriques dont la clarté blafarde donne à la grande place un aspect funèbre.

29. — Avant-hier, le journal *le Monde* a publié de Mgr Pie, évêque de Poitiers, un mandement sur l'attitude de l'Empereur qui, quoiqu'il n'ait qu'un mot à dire pour les en empêcher, laisse les Piémontais dépouiller le pape.

L'Empereur se désintéresse de tout ce qui se passe en Italie, et a l'air de dire : « je m'en lave les mains. » Dans son mandement, l'évêque de Poitiers l'a comparé à Ponce-Pilate qui, pouvant empêcher l'assassinat du Christ, l'a laissé commettre et a cru éloigner de lui toute responsabilité, en se lavant les mains. Je copie le passage le plus virulent, celui que tout le monde sait déjà par cœur :

« Lave tes mains, ô Pilate ! La postérité repoussera ta justification ; un homme figure au pilori du symbole catholique, marqué du stygmate déicide, ce n'est ni Hérode, ni Caïphe, ni Judas : c'est Ponce-Pilate, et cela est justice ; Caïphe, Judas, Hérode ont leur part dans le crime, mais enfin rien n'eut abouti sans Pilate ; Pilate pouvait sauver le Christ et sans Pilate on ne pouvait pas mettre le Christ à mort. Le signal ne pouvait venir que de lui : « *Nobis non licet interficere,* » disaient les Juifs. »

31. — Au palais, où on se pique de libéralisme et de philantrhopie, il n'y a qu'une voix pour louer le czar Alexandre III qui, le 17 mars dernier, a fait proclamer dans toutes les églises russes l'affranchissement des serfs. C'est une mesure, non-seulement admirable de bonté et de fraternité, mais encore incalculable par sa portée, les serfs formant la majorité de la population russe.

2 *Avril.* — Jusqu'à présent, le corps de l'empereur Napoléon Ier, si bénévolement ou plutôt si bonnassement rapporté en France par les ordres de Louis-Philippe, est resté aux Invalides, dans la chapelle de Saint-Jérôme, en attendant que le tombeau du grand capitaine fût terminé ; il l'est enfin depuis quelque temps et l'empereur Napoléon III vient d'y faire porter les glorieuses dépouilles. Le cercueil, pendant le petit trajet, était entouré de Cent-gardes. J'aurais préféré de vieux grognards à ces soldats de parade ; le maréchal Vaillant suivait en portant l'épée d'Austerlitz. Le tombeau, une fois le cercueil déposé, a été fermé et scellé ; somme toute, le grand et terrible autocrate repose, comme il l'a désiré, sur les bords de la Seine et Louis-Philippe, qui lui a permis d'accomplir son désir, ne repose pas en France !

3. — Je suis vraiment bien touché d'une charmante attention de M. Haussmann ; il vient d'ouvrir, à l'usage des 13e et 5e arrondissements, un cimetière près la porte de Choisy-le-Roi, dans un immense champ de navets. C'est le premier cimetière établi conformément aux prescriptions de la loi, c'est-à-dire en dehors des fortifications.

Nous serons, au champ de navets, plus à l'aise qu'à Montparnasse où on commence vraiment à être par trop serrés les uns contre les autres.

8. — La rue de Seine, si triste depuis l'incendie du Grand Condé, va reprendre son animation, car le Grand Condé, comme un nouveau phénix, a réapparu tout resplendissant dans la construction nouvelle, élevée sur l'emplacement de l'ancienne.

21. — Une brochure du duc d'Aumale circule partout. C'est une réponse au discours du prince Napoléon. Elle a été imprimée en Angleterre sous ce titre : *Lettre*

sur l'histoire de France, adressée au prince Napoléon. Ce dernier est arrangé de telle façon qu'on s'attend à le voir provoquer en duel le duc d'Aumale.

25. — Le prince Napoléon ne veut nullement se battre en duel avec le duc d'Aumale. Il se moque trop des hommes pour partager leurs préjugés. Il est certain du reste, qu'en la circonstance, un duel ne serait pas juste, car ayant une surface double de celle du duc d'Aumale, le prince courrait plus de danger que ce dernier [1].

28. — Admiré dans la chapelle de Saint-Vincent-de-Paul, à Saint-Etienne-du-Mont, le portrait de saint Vincent-de-Paul, âgé de plus de 80 ans. Comme en ce moment on restaure tout à Saint-Etienne, on a eu l'idée de retourner le tableau pour mettre en fuite araignées et cloportes; derrière le portrait du saint homme, non auréolé bien entendu, puisqu'il était encore en vie, on a trouvé ces simples mots : *Portrait de Monsieur Vincent*; le portrait est du protestant Sébastien Bourdon. L'artiste a su parfaitement rendre l'ineffable bonté qui éclairait, pour ainsi dire, la figure du bon monsieur Vincent. La bonté est une des vertus les plus visibles sur le masque humain.

28 *Mai*. — Les passeports ont été supprimés par mesure de police. Deux mille Anglais ont profité de

---

[1] « Le prince Napoléon a eu un mot très cruel. Pendant les débats sur son duel en expectative, il s'est écrié : « Mais il n'est nullement plaisant de se battre avec quelqu'un qui a de la corde de pendu dans sa poche. »
(Comtesse Stéphanie de Tascher de la Pagerie. *Mon séjour aux Tuileries*, vol. II, page 98.
Le cousin de l'Empereur n'a pas réfléchi qu'en faisant allusion à l'espagnolette du prince de Bourbon, il faisait inévitablement songer au fossé sanglant de Vincennes, où, par l'ordre de Bonaparte, était tombé le propre fils de ce prince.

cette mesure libérale pour venir voir Paris. Empilés dans de grands chars-à-bancs, ils ont visité plusieurs quartiers de Paris, notamment le nôtre, peuplé de si beaux monuments. Les Parisiens ont été pleins d'attention pour eux, ce qui a fait beaucoup de plaisir à ces braves Anglais ; grand fut leur étonnement de n'avoir rien à payer pour entrer dans les musées et les édifices publics. Comme beaucoup de ces voyageurs étaient de condition modeste, ils ont surtout été frappés de voir le confortable du peuple et le bon accord de toutes les classes de la société qui se mêlent et se coudoient avec affabilité dans les endroits publics, notamment dans les jardins.

C'est ce qu'ils ont très bien fait ressortir dans une lettre très polie, adressée au préfet de la Seine, pour remercier le peuple parisien de son urbanité !

31. — Je suis allé, ce mois-ci, à l'exposition des beaux arts; j'y ai, avec une grande émotion, vu un fort beau tableau représentant sur son lit de mort le père de Ravignan, l'éloquent religieux qui avait pour moi une si grande affection. Le peintre, M. de Coubertin, a parfaitement reproduit les traits du grand orateur. On ne s'écrase pas cependant devant ce tableau comme on le fait devant celui de Gérôme : *Phryné au tribunal de l'Aréopage*. On y voit Hypéride en train de plaider pour Phryné, c'est-à-dire en train de lui enlever ses vêtements pour la faire paraître nue devant les juges. Elle avait, dans un banquet, mal parlé des dieux ; pour lui éviter la mort, Hypéride voulut prouver aux juges que Phryné réalisait la beauté idéale et qu'on ne pouvait détruire un corps si parfaitement façonné par la main des dieux. On sait que l'argument eut du succès et que Phryné fut condamnée à une simple amende.

12 *Juin*. — On vient de mettre en terre un vieux

monsieur de 90 ans qui habitait quai Voltaire, numéro 1, au coin de la rue des Saints-Pères. Il avait exigé que ses funérailles eussent lieu à trois heures précises. Trois heures sonnent, le corbillard se met en marche ; à ce même moment, on voit une multitude de corbeaux quitter les combles du Louvre, situé en face, de l'autre côté de la Seine et se précipiter sur le balcon de l'appartement qu'occupait le défunt. L'arrivée de ces oiseaux funèbres est immédiatement suivie d'un tapage épouvantable, fait de cris, de croassements, de battements d'ailes désespérés. La foule, qui s'était amassée sur les quais, ne savait que penser. Beaucoup de spectateurs croyaient que les corbeaux venaient exprimer leurs compliments de condoléance à la famille du défunt et leurs regrets de la mort du voisin d'en face, un bienfaiteur peut-être.

25. — Le monsieur, sur la mort duquel les corbeaux du Louvre semblent avoir pleuré lugubrement, il y a quelques jours, était le commandant da Gama Machado, conseiller à l'ambassade portugaise. Tous les jours, à trois heures précises, sur son balcon du quai Voltaire, numéro 1, il leur donnait à manger ; il était, le vieux malin, bien sûr qu'ils viendraient à l'heure de trois heures, prescrite par lui pour son enterrement. Ce à quoi ils ne manquèrent pas, mais en exprimant leur indignation de ne voir aucune nourriture sur le balcon.

2 *Juillet*. — Encore une comète. Avant-hier, 30 juin, au coucher du soleil, est apparue inopinément une comète, qui avait omis de prévenir de son arrivée Messieurs les astronomes, ce qui les a très fort mortifiés. Elle a, comme toutes les comètes qui se respectent, un noyau très brillant, avec aigrette et longue queue *ad pompam et ostentationem*. Les forts en histoire disent : « c'est la comète de Charles-Quint, cette comète qui lui a fait une telle peur qu'il abdiqua

incontinent. » Pendant toute la nuit cette belle comète est restée visible.

3. — Cette nuit la comète avait une queue qui couvrait la moitié de l'horizon.

10. — La comète décline, son éclat diminue ; pour lui donner le coup de grâce, M. Leverrier a prouvé par A + B que ce n'était pas la comète de Charles-Quint.

2 Août. — Mort, à Versailles, du père Ventura, le grand moine italien qui, comme le père Lacordaire, aimait tout à la fois la religion et la liberté.

3. — J'arpente, avec un indicible bonheur, le boulevard Saint-Germain entièrement ouvert et terminé depuis le quai Saint-Bernard jusqu'à la rue Hautefeuille. Je ne regrette pas certaines vieilles ruelles, quoiqu'elles fussent bien intéressantes. On a laissé une moitié de la rue des Noyers en contre-bas, parce qu'au numéro 33 se trouve la masure où est né Alfred de Musset. Du côté démoli, au coin de la rue Boutebrie, se trouvait une jolie maison, appelée la maison de la Reine Blanche, du nom de quelque veuve de roi portant, suivant l'usage, le deuil en blanc ; il y avait de bien gracieux morceaux d'architecture dans ce vieux logis, notamment une porte de style renaissance [1].

9. — Magnifique revue au Champ de Mars, en l'honneur du roi de Suède ; foule immense, couvrant tous les abords du Champ de Mars et les quais. Le roi de Suède était accompagné de six de ses gardes, costumés comme nos officiers, du temps de Louis XV : tricorne, revers et retroussis de l'habit, culotte, etc.

---

[1] Cette porte a été transportée au musée de Cluny. Elle a été plaquée au bout du couloir qui conduit de la cour du musée au jardin.

13. — Inauguration du boulevard Malesherbes dans le quartier de Monceaux et de la petite Pologne. Je ne me doutais pas qu'un nouveau quartier fût en construction au-delà de la Madeleine. Le parc Monceaux lui-même, que peu de personnes connaissaient, et que je suis allé voir, il y a dix années, avec une permission particulière, a été complètement transformé. Ce n'est plus un endroit, splendidement sauvage, comme du temps des princes d'Orléans, ses anciens propriétaires, mais un square gracieux et de toute beauté. On y a créé une grotte pleine de stalactites formées, semble-t-il, par la nature elle-même.

16. — Le soir du 15 août la grotte du parc Monceaux a été illuminée au moyen de feux serpentant sur le sol ; je me suis cru dans une grotte habitée par les fées.

12 *Septembre*. — Après une longue attente, j'ai pu visiter, rue de la Croix, l'église russe qu'on a inaugurée hier. Je n'ai pas perdu mon temps à faire si longtemps la queue, car cette église est fort curieuse et riche au-delà de toute expression. On aperçoit dès l'entrée deux superbes colonnes monolithes en porphyre rouge. Les autres colonnes, ainsi que les parois de l'église, sont en stuc blanc et or ; l'extérieur est aussi beau que l'intérieur et doit très bien faire dans l'horizon de Paris. Ses cinq dômes dorés, dont l'un plus haut que les quatre autres, scintillent et portent haut, dans les airs, la croix russe à trois branches.

3 *Octobre*. — On démolit le pavillon de Flore, pour le reconstruire, car il menaçait ruine. En touchant au plancher du 5e étage, on l'a fait s'écrouler sur celui du 4e ; le 4e s'est abattu sur le 3e et ainsi de suite ; tout a été disloqué et, chose hilarante, les papiers fleurs de lys, en tombant, ont laissé voir les papiers pleins des abeilles du premier empire, lesquels eux-

mêmes, en glissant à leur tour, ont laissé apparaître les bonnets phrygiens de la Révolution. C'était peut-être le seul endroit de Paris où les fleurs de lys, les abeilles et les bonnets phrygiens vécussent en si parfaite concorde.

15. — La Cour d'assises a condamné, par contumace à la peine de mort, Charles Jud, l'assassin du président Poinsot. L'huissier-audiencier a appelé à haute voix : « Charles Jud ; » naturellement Charles Jud s'est dispensé de venir répondre : « présent. »

16. — Beaucoup de catholiques ne sont pas contents de l'Empereur, dont la politique italienne, antifrançaise, a été funeste au pouvoir temporel du pape. Il y a en France une certaine agitation religieuse. Le gouvernement, fort mécontent à son tour de cette agitation, s'est vengé sur les œuvres pieuses des catholiques. M. de Persigny, ministre de l'intérieur, a dissous le conseil général et les conseils provinciaux de la société de Saint-Vincent-de-Paul, et a, de plus, exigé que cette société demandât l'autorisation.

18. — Beaucoup d'hommes considérables et fort honorés faisant partie de la société de Saint-Vincent-de-Paul, les mesures prises contre elle, ont un triste retentissement dans les hautes sphères parisiennes. On prétend que les conférences de Saint-Vincent-de-Paul vont chercher leur mot d'ordre dans les sacristies ; pas tant que ça, paraît il ; j'ai entendu dire, au contraire, par des amis faisant partie de la société, que beaucoup de curés de Paris lui étaient quelque peu hostiles. Le clergé de paroisse est en effet dépossédé en partie de la distribution des aumônes et par suite de beaucoup d'influence.

1ᵉʳ *Novembre.* — Il a été décidé par l'ancien conseil

général de la société de Saint-Vincent-de-Paul que les conférences s'isoleraient et s'occuperaient chacune de leurs pauvres ; mais l'isolement est bien funeste pour les œuvres en général.

Sans une action commune comment fonder, par exemple, un patronage qui demande le concours et les libéralités de beaucoup de catholiques ?

28. — Un magnifique service a été célébré à Notre-Dame pour le repos de l'âme du père Lacordaire, mort il y a quelques jours, au collège de Sorèze, dont il était le directeur. Tous les pères Dominicains de Paris entouraient le catafalque ; la chaire de la basilique était voilée d'un long crêpe de deuil.

29. - On découvre en ce moment les merveilleuses peintures murales que Flandrin a exécutées sur les murs de Saint-Germain-des-Prés.

8 *Décembre.* — Le marquis de Flers, conseiller référendaire de première classe à la Cour des comptes, vient d'être condamné, par la première chambre de la Cour impériale, à deux mois de prison et 2.000 francs d'amende, en vertu de l'article 2 de la loi du 27 février 1858 *relative à des mesures de sûreté générale.* Il était le correspondant de divers journaux étrangers, notamment celui de l'*Indépendance belge,* feuille très hostile à l'Empereur. L'article 2 de la loi est ainsi conçu : « est puni d'un emprisonnement d'un mois à deux ans et d'une amende de 100 fr. à 2,000 fr., tout individu qui, dans le but de troubler la paix publique ou d'exciter à la haine ou au mépris du gouvernement de l'Empereur, a pratiqué des manœuvres ou entretenu des intelligences soit à l'intérieur, soit à l'étranger. » La Cour a considéré les correspondances, adressées par M. de Flers aux journaux étrangers, comme des *intelligences* à l'étranger ! Au bout de ses deux mois,

M. de Flers peut, par application de l'article 5 de la même loi, être interné en Algérie ou expulsé du territoire français.

9. — Les journaux reproduisent une lettre de démission que le marquis de Flers a écrite au premier président de la Cour des comptes. *Il veut,* dit-il, *épargner à ses confrères, vieux amis de trente ans, la peine de se réunir pour délibérer sur la situation que vient de lui faire sa condamnation politique.*

13. — M. Prévost Paradol a publié, dans le *Journal des Débats,* un article très élogieux d'un vieil ami de ma famille, Charles Caboche, originaire de Péronne. M. Caboche supplée en ce moment Saint-Marc Girardin dans sa chaire de la Sorbonne ; il a pris pour sujet : *l'Etude de la poésie française au XVIIe siècle, rapprochée des mémoires du temps.* Les jeunes gens des écoles lui ont fait un très sympathique accueil. Du reste le sujet est des plus intéressants, étant donnée surtout l'érudition de M. Caboche qui, je le sais, connaît à fond tous les mémoires publiés par nos ancêtres. Son esprit caustique, railleur et un peu goguenard, se plaît fort aux récits des vieux conteurs, qui par reconnaissance l'ont appris à bien conter.

18. — J'ai passé dans la rue de Richelieu ; on y reconstruit la Bibliothèque nationale ; dans les nouvelles constructions il n'entre que des pierres, des briques et du fer.

20. — Les avocats ont offert un banquet à Berryer pour sa cinquantaine d'inscription au tableau. Les bâtonniers de province entouraient le vieil athlète, dont les larmes obscurcissaient la vue. « On m'avait, dit-il, conseillé de jeter quelques mots sur le papier. A quoi bon ? je n'aurais pu les lire. »

1862

4 Janvier. — Hier, première représentation de *Gaëtana,* pièce d'Edmond About. Les étudiants ont fait, à l'Odéon, un bruit épouvantable. Ils ont affreusement sifflé avec leurs clés de chambres garnies. Il ne peuvent sentir About, parce qu'il semble bien en cour, et parce qu'il a insulté la Grèce dans plusieurs de ses ouvrages ; ancien élève de l'École d'Athènes, il aurait dû, selon eux, être plus réservé.

5. — Hier, à l'Odéon, seconde représentation de *Gaëtana* avec un nombre inouï de sergents de ville ; impossible de faire du bousin d'une façon classique, c'est-à-dire en hurlant, en glapissant, en tapant des pieds, etc. Les étudiants s'y prirent d'une façon hypocrite ; ils éternuaient bruyamment ou applaudissaient à outrance.

8. — Hier, quatrième représentation de *Gaëtana* plus orageuse que les trois premières. Le rideau ne s'est pas levé sur le dernier acte. Les étudiants sont allés ensuite siffler About, passage Saulnier, devant sa demeure.

9. — *Gaëtana* a vécu. Un autre spectacle est indiqué sur l'affiche de l'Odéon.

15. — M. Renan a été nommé à une chaire de *linguistique comparée* au collège de France. Les catholiques et les protestants ont été fort affligés de cette nomination, car M. Renan nie la divinité du Christ, tout en le considérant comme le plus grand moraliste qui ait paru sur la terre, comme l'homme le plus aimant et le plus digne d'être aimé. Aujourd'hui, ouverture de ce cours de *linguistique* ; les abords du collège de France sont envahis par une foule tumultueuse et hostile aux idées religieuses. Mon balcon de la rue de la Sorbonne, numéro 4, est bientôt pris d'assaut par mon ami François Beslay et ses camarades, notamment : Récamier, le fils du fameux médecin et le docteur Ozanam, frère de feu Frédéric Ozanam. M. Hubault, le commissaire de police de mon quartier, veut faire circuler la foule ; elle s'écarte devant lui, mais elle va se poster d'un autre côté. Alors, malgré ses vieilles jambes, il court sur un groupe et le fait fuir. Oh ! l'homme résolu que ce petit père Hubault. Le cours est fini ; la foule prend la direction du jardin du Luxembourg pour aller manifester devant le domicile de M. Renan, qui demeure du côté de la rue d'Assas. Mes hôtes improvisés descendent dans la rue. Je les suis par curiosité. Nous nous trouvons bientôt au milieu des manifestants qui, en passant devant l'Odéon, crient : « la pièce de Tartufe, la pièce de Tartufe ! » Voyant que je n'étais pas trop rassuré, MM. Ozanam et Récamier me prennent chacun par un bras. Avec une audace d'anciens chrétiens, ils font des représentations aux étudiants ; heureusement elles ne sont pas trop mal prises, et c'est ainsi, qu'à ma grande satisfaction, je ne gagne point les palmes du martyre.

18. — Un arrêté de M. Rouland, ministre de l'instruction publique, suspend le cours de M. Renan. Il paraît qu'entr'autres choses il aurait, à son cours, dit

ceci de Jésus-Christ : « homme incomparable, si grand que, bien qu'ici tout doive être jugé au point de vue de la science positive, je ne voudrais pas contredire ceux qui, frappés du caractère exceptionnel de son œuvre, l'appellent Dieu. »

— Le père Hubault qui, le 15 janvier dernier, lors de la manifestation Renan, courait avec tant de vigueur sur les groupes, afin de les disperser, est le commissaire de police qui, au 2 décembre 1851, arrêta M. Thiers. On l'appelle Hubault l'aîné pour le distinguer de son frère Hubault jeune qui, lui, arrêta le général Bedeau, vice-président de l'Assemblée législative. M. Thiers donna, à M. Hubault aîné, moins de fil à retordre que le général Bedeau n'en donna au cadet. Il se contenta de lui dire : « savez-vous bien que j'aurais le droit de vous brûler la cervelle. » M. Hubault aîné ne s'émut guère de cette menace toute platonique

20. — Une actrice de l'Odéon, nommée Agar, une juive probablement, débute dans *Phèdre* et s'y fait grandement admirer. Elle a le masque tragique ; son profil admirable, rappelle celui de certaines impératrices romaines ; un teint mat complète sa beauté singulière. Elle vient du petit théâtre de la rue de la Tour d'Auvergne. Quand je demeurais dans le quartier Bréda, j'allai souvent voir débuter de jeunes acteurs et actrices sur cette modeste scène et j'y ai vu se former de très beaux talents.

21. — Un déplorable événement, dont tout le monde parle, est arrivé hier au bois de Boulogne. Beaucoup de patineurs glissaient sur le grand bassin lorsque la glace se rompit sous leurs pas. On parle de plusieurs noyés ; beaucoup de monde se trouvait heureusement autour du bassin ; chacun s'empressa de venir au

secours des patineurs en péril. M. Decaix, grand ami de mon beau-frère, en a sauvé plusieurs en leur tendant sa canne à crochet. Il courait grand risque d'être entraîné par eux [1].

23. — L'Empereur a prononcé la mise en non-activité, par retrait d'emploi, d'un officier supérieur pour avoir annoncé la vente d'une collection d'objets, provenant du fameux palais d'Eté.

24. — Mort de M. de Belleyme, notre ancien président au tribunal de la Seine.

26. — Funérailles de M. de Belleyme à la Trinité. Les obsèques ont été très simples. Il avait dit à ses enfants : « Je ne veux pas de députation ; surtout pas de tambours et de militaires auxquels j'aurais droit en ma qualité de commandeur de la Légion d'honneur ; » mais il n'a pas pu empêcher la foule de ses amis de venir lui rendre hommage. Le deuil était conduit par ses deux fils, Adolphe de Belleyme, député au Corps législatif et Charles de Belleyme, le bon M. Charles

---

[1] Six mois après, j'épousais la fille de M. Decaix. Le mariage eut lieu à Saint-Sulpice au grand autel. Le même jour, à la même heure, mon confrère Delorme se mariait, à l'autel de la Vierge, avec une jeune fille dont le frère avait péri dans la catastrophe du bois de Boulogne. Elle avait exigé la plus simple des cérémonies. Il me revient à la mémoire que, dans ce déplorable accident, un de mes compatriotes, M. Mulat (de Doingt-lez-Péronne), aujourd'hui ingénieur-directeur des Verreries de Fourmies, se signala tout particulièrement. Il était allé patiner au bois et achevait de mettre ses patins quand la glace se rompit ; il alla bravement vers le gouffre, s'y jeta sans se déshabiller et sauva plusieurs personnes. Le fait fut rapporté, avec grand éloge, par les journaux du temps. Quoiqu'il méritât d'être décoré, M. Mulat ne le fut pas. Mais la récompense, que son admirable dévouement aurait dû lui faire accorder, ses grandes qualités d'administrateur la lui firent obtenir lors de l'exposition de 1878, en qualité de président de l'exposition américaine.

de Belleyme, qui siège à la première chambre du tribunal civil de la Seine.

27. — Avant-hier, un étudiant en médecine fut arrêté sur la place de la Bastille, en sortant d'un café où il avait lu une pièce de Victor Hugo, intitulée : *l'Expiation*, pièce excessivement outrageante pour le gouvernement de l'Empereur ; celui-ci, les ministres et les sénateurs y sont traités de voleurs, d'escrocs, de forbans.

31. — Ce mois-ci, je suis allé au cimetière Montmartre pour voir le tombeau de Murger. Sur le devant du socle, Aimé Millet a finement sculpté le portrait de son ami. Au-dessus du socle se dresse gracieusement la statue de la *Jeunesse*, qui effeuille des fleurs sur la pierre du tombeau. Pourquoi la tombe d'Henry Murger n'est-elle pas plutôt au cimetière Montparnasse ? à deux pas de la pépinière du Luxembourg où il aimait tant à rêver.

1er *Mars*. — Le bruit court que, lors des troubles de *Gaëtana*, un étudiant aurait été frappé par un agent de police et serait mort de ses blessures. Les étudiants se forment en groupe dans le quartier et, très émus, se communiquent leurs réflexions.

3. — Le *Moniteur* du 3 mars menace de peines disciplinaires les étudiants, qui formeraient des attroupements, et déclare faux le bruit de la mort de l'un d'eux.

4. — Vu, aux Beaux Arts, un groupe superbe représentant *Ugolin et ses quatre fils aux prises avec la faim*. L'auteur, M. Carpeaux, est un jeune sculpteur de Valenciennes, aujourd'hui pensionnaire de l'école de Rome ; c'est même de Rome que M. Carpeaux envoie cet *Ugolin*, œuvre d'un maitre plutôt que d'un débutant.

15. — Avant-hier, le tribunal a statué sur des difficultés relatives au testament de M. Parissot, fondateur de la *Belle Jardinière*, qui avait décidé dans son testament qu'annuellement une somme de trente mille francs serait distribuée, par fractions de cent vingt à deux cent cinquante francs, aux plus anciens de ses ouvriers et ouvrières. Plusieurs héritiers attaquèrent le testament, sans doute comme contenant un legs à des personnes incertaines ; mais le tribunal vient de les débouter de leur prétention. Le gérant actuel de la *Belle Jardinière* est un nommé Adolphe Parissot, neveu du défunt, très brave homme qui, lui, a toujours consenti à l'exécution complète des volontés de son oncle [1].

17. — Hier, dimanche, devant les Tuileries, singulière revue, revue des enfants de troupe du 1er grenadiers, dont fait partie le prince Impérial. Celui-ci avait pris place dans les rangs. Quand la revue fut terminée, l'Empereur et l'Impératrice ont emmené tous ces petits soldats dans l'intérieur du palais où on leur a donné à goûter ; à table, ils ont aussi bien manœuvré que sur le terrain.

24. — M. Halévy, le célèbre compositeur, a été enterré aujourd'hui à Montparnasse, dans le cimetière israélite ; il demeurait à l'Institut, en tant que secrétaire perpétuel de l'Académie des Beaux-Arts. Le quartier de la Monnaie était rempli de curieux, accourus de tous les coins de Paris. Les quais et le pont des Arts étaient noirs de monde.

En tête du cortège se trouvaient d'abord les tambours, puis la musique du 7e bataillon de la garde nationale

---

[1] Ce testament a évidemment inspiré celui de Mme Boucicaut, la fondatrice des Magasins du *Bon Marché*.

qui, de temps en temps, jouait des morceaux empruntés aux œuvres du maître défunt. La haie était formée par les gardes de ce même bataillon, celui du quartier où se trouve l'Institut. Derrière le corbillard marchaient son frère et son neveu, mon ancien camarade de Louis-le-Grand, qui s'occupe de théâtre. Le cimetière avait été envahi par la foule ; au moment où le grand musicien descendait dans la tombe, on entendit un admirable adieu musical que ses meilleurs élèves avaient composé.

4 *Avril.* — Pour faire communiquer le carrefour de l'Odéon avec la rue Saint-Jacques, on va percer une rue à travers le Luxembourg. La superbe fontaine de Jean Desbrosses sera déplacée et reculée assez loin. Le plus joli nid de verdure du jardin va être jeté à bas. Les oiseaux ne seront pas seuls à se plaindre.

5. — L'étudiant en médecine, qui fut arrêté, le 28 février, sur la place de la Bastille, a comparu hier devant la sixième chambre de police correctionnelle ; il a été condamné à deux mois de prison pour avoir entretenu des intelligences à l'étranger. Ces intelligences consistent simplement dans le fait d'avoir envoyé en Angleterre, à Ledru-Rollin, une chanson séditieuse intitulée : *Le Lion du quartier Latin* et une note sur l'attitude des étudiants lors des représentations de *Gaëtana.*

9. — Un des personnages, les plus aimés de notre quartier, est M. Rivière, jardinier en chef des jardins du Luxembourg ; il fait, depuis longtemps, dans la pépinière, des cours gratuits de taille des arbres. Un grand nombre de bons bourgeois, que je connais, suivent assidument ses leçons du matin. Pour le remercier, ils viennent, à l'occasion de la clôture de son cours, de lui offrir un superbe ouvrage sur les

arbres fruitiers, avec de magnifiques planches coloriées par Redouté.

29. — J'apprends dans un omnibus que l'Empereur est en train de fonder une société pour prêter de l'argent aux ouvriers, afin de les aider à s'établir. Elle doit s'appeler : *Société du prince Impérial* ; dans ce même omnibus, un individu, entendant parler de cette création de l'Empereur, se met à crier : « Bravo ! ça va joliment enfoncer la société de Saint-Vincent-de-Paul. » Cette dernière société, ayant été quelque peu désorganisée par les exigences de M. de Persigny, le gouvernement profite de la circonstance pour lancer *sa* société ; je doute qu'elle nuise à l'autre.

Il sera bien heureux, même pour l'Empereur, que la société de Saint-Vincent-de Paul subsiste et se maintienne prospère ; car les secours, admirablement distribués par les sociétaires, calment tout particulièrement les insubordinations et les révoltes de l'ouvrier malheureux ; c'est ce que devrait pourtant comprendre M. de Persigny, ministre de l'intérieur. Deux bonnes œuvres du reste, l'une administrative, l'autre religieuse, peuvent vivre l'une à côté de l'autre sans se nuire.

1er *Mai*. — Récemment l'Empereur a fait acheter, moyennant deux millions, la collection d'un Romain nommé Campana, ancien administrateur du mont-de-piété de Rome, qui avait détourné environ quatre millions sur les fonds de ce mont de-piété, pour entretenir des femmes ? non ; jouer à la bourse ? non ; vivre dans le luxe ? non, non, mais pour faire exécuter des fouilles dans toute l'Italie et en retirer les trésors cachés ; *Félix culpa* pour les arts. La collection était magnifique surtout au point de vue de l'art étrusque. Le gouvernement du pape n'était pas assez riche pour conserver ce trésor dont la vente était nécessaire afin de payer le mont-de-piété. La France, heureusement l'a acheté, mais la Russie a failli l'avoir.

On vient d'exposer toutes ces richesses au palais de l'industrie ; plus tard la collection sera transportée au Louvre, dans des salles qu'on y prépare. Les objets exposés sont des plus extraordinaires et des plus singuliers. Tout le monde court les voir. On s'arrête surtout devant un tombeau en terre cuite, sur lequel sont à moitié couchés un homme et une femme de grandeur naturelle ; l'aspect de ces deux époux de trois mille ans produit la sensation la plus étrange.

28. — Par suite des démolitions, les Thermes de Julien sont complètement dégagés ; on dessine, autour des ruines, de très gracieux jardins où l'on place certains vestiges du vieux Paris ; c'est ainsi qu'à l'entre-croisement des deux boulevards Sébastopol, rive gauche et Saint-Germain, on aperçoit, à travers la grille récemment posée, trois animaux symboliques, qui couronnaient autrefois la tour Saint-Jacques-la-Boucherie, aigle, lion, bœuf « que ça de chic, mon p'tit ! » s'écriait aujourd'hui devant moi un irrévérencieux gamin en s'adressant à l'aigle monstrueux.

Pauvre aigle de Saint-Jean, pendant quatre siècles, du haut de la tour Saint-Jacques, il a vu le soleil se lever sur la grande ville et maintenant, admis, bien malgré lui, à faire valoir ses droits à la retraite, le voilà en compagnie du lion de Saint-Marc et du bœuf de Saint-Luc, descendu de son piédestal aérien et en butte aux plaisanteries du premier galopin venu.

Que n'a-t-il fait comme son vieil ami, l'ange de Saint-Mathieu, qui a mieux aimé tomber en poussière plutôt que de quitter ses hauteurs éthérées ?

1er *Juin*. — Un membre de la commission de censure, Victor Hallays-Dabot, le frère d'Adrien, avocat à la

Cour de cassation, fait paraître chez Dentu un livre fort intéressant sur la *censure*. Il cherche à démontrer combien elle est nécessaire. Le livre est semé d'anecdotes amusantes ; à la page 57, un certain passage m'a fort diverti ; il s'agit d'un censeur du temps de Louis XV, qui laisse assez facilement passer les gaillardises, mais se montre impitoyable pour tout ce qui tient au respect de l'autorité ; il enlève des plaisanteries sur les avocats, car ceux-ci pourraient se plaindre au parlement ; il efface ces mots : *à sa rotondité on le prendrait pour un président* et il ajoute en note : *il ne faut pas badiner avec les présidents à mortier ; ils affectent le gros ventre. Le président de Lubert se formaliserait avec raison.*

Je suis tout reconnaissant envers Adrien de m'avoir fait hommage de l'ouvrage de son frère.

7. — M. Saint-Marc Girardin a repris, à la Sorbonne, son cours de poésie française ; malade, il avait été obligé de le suspendre l'hiver dernier et il s'est fait remplacer par un professeur très distingué, M. Caboche, son vieux camarade à la pension Hallays-Dabot. Enfin, le voilà revenu ; avant et après le cours, ma rue de la Sorbonne était encombrée d'étudiants. Des applaudissements frénétiques, dont le bruit parvint jusque dans la rue, accueillirent le professeur quand il reparut dans sa chaire.

10. — Hier, le corps de l'ancien roi d'Espagne, Joseph Bonaparte, frère aîné de l'empereur Napoléon 1er, fut inhumé aux Invalides. Napoléon III l'avait fait revenir de Florence. Il y reposait dans l'église de Santa Croce. Le cimetière impérial des Invalides se complète.

23. — M. Ingres vient d'être nommé sénateur ; il a 81 ans. Beaucoup d'artistes sont venus lui présenter

leurs félicitations ; longtemps son talent fut discuté, et même, vilipendé. Il triomphe aujourd'hui partout, surtout par ses élèves et notamment par Hippolyte Flandrin dont les peintures récentes resplendissent à Saint-Germain-des-Prés.

24. — La cour impériale a procédé, hier, à l'installation de M. Gauthier de Charnacé, nommé conseiller par décret du 14 juin. Un détail touchant de cette cérémonie : le père de M. de Charnacé est mort conseiller à la Cour d'appel de Paris. Son fils avait précieusement conservé sa robe, usée par les services rendus non aux gouvernements, mais à la justice. Le bon fils la revêtit pour prêter serment. Il a fait comme Montaigne qui aimait, disait-il, à se vêtir de son père [1].

22 *Juillet*. — Au pays latin, deux restaurateurs, Viot et Bléry, sont l'un et l'autre la providence des étudiants ; quand leurs bourses sont à sec, ils vont chez Viot ou Bléry, et s'y paient des dîners d'un bon marché fantastique. La grande Providence ne recueille ordinairement que de l'ingratitude pour ses bienfaits ; les deux petites Providences, Viot et Bléry, n'ont pas été plus heureuses. Dans le quartier on donne au premier le nom d'*aquatique* et au second celui d'*empoisonneur* ; les braves industriels ne se fâchent pas pour si peu, et de même que le soleil, au dire de Pompignan, verse des torrents de lumière sur ses obscurs blasphémateurs, de même les bons restaurateurs Viot, Bléry continuent à verser des torrents

---

[1] Norbert Billiart, dans son spirituel journal le *Monde judiciaire*, 1er volume, 1861-62, a, d'une façon gracieuse, raconté ce fait qui s'accordait bien du reste avec le caractère de l'excellent M. de Charnacé. Avant d'arriver à la cour, il était président de la cinquième chambre du tribunal, devant laquelle se jugeaient de nombreuses petites affaires. Les jeunes avocats (et moi notamment) avaient beaucoup à se louer de lui.

d'abondance dans les gosiers des jeunes gouailleurs. Mais ce qui se dit ne doit pas toujours s'écrire. Or le sieur Grenier, étudiant fort grincheux qui, probablement, voudrait pour vingt sous un dîner à la Lucullus, a fait paraître chez Marpon son volume intitulé : *Les étudiants et les femmes du quartier Latin*, dont le succès est énorme. MM. Viot et Bléry y ont lu avec horreur qu'on les traitait de gargotiers aquatiques et empoisonneurs ; furieux, ils ont attaqué M. Grenier et Marpon. Le tribunal, aujourd'hui, leur a donné raison. Ils ont obtenu chacun 75 francs de dommages-intérêts ! Grosse somme qui leur permettra de mettre plus de beurre dans leurs épinards et plus de vin dans leur abondance.

23. — Aujourd'hui, dans ma rue de la Sorbonne, apparition de nombreux potaches en beaux habits de sortie. Ils viennent de Louis-le-Grand, flanqués de leurs correspondants, de leurs domestiques mâles ou de leurs petites bobonnes ; c'est jour de fête, car le prince Napoléon a demandé pour les lycéens un jour de congé, à la condition de boire à la santé d'un fils, Napoléon Victor, qui lui est né le 18 juillet.

31. — Quand je me rends rue de Vendôme, chez ma vieille tante Anathalie-Virginie Duremer, j'en profite pour aller sur le boulevard du Temple, jeter autour de moi des regards attristés. L'ouverture d'une plate et bourgeoise avenue, qui doit réunir le Château d'Eau à la place du Trône, a nécessité l'expropriation des théâtres de ce boulevard. *Délassements, Folies-Dramatiques, Théâtre lyrique, Théâtre historique*, etc., sont tombés les uns après les autres comme des châteaux de cartes. Tous les soirs, entre sept heures et minuit, que de beaux crimes, assassinats, enlèvements, vols, se perpétraient dans ces théâtres, asiles

de l'antique et classique mélodrame. Chaque soir, Catherine de Médicis y empoisonnait cinq à six de ses ennemis... ou amis, et Marguerite de Bourgogne y noyait autant d'amants. Aussi les Parisiens avaient-ils appelé *boulevard du Crime,* ce boulevard scélérat, le long duquel se brassaient tant de forfaits nocturnes. Expropriée, Melpomène, la Muse de la tragédie et du mélodrame, ne sait où porter ses pénates, ses poignards et ses coupes pleines de philtres ou de poisons.

1er *Août.* — Dans quelque temps nous pourrons faire le tour de Paris, sur le chemin de fer de ceinture. Le tronçon de Bercy à Batignolles est terminé ; il s'y trouve plusieurs grands tunnels, notamment celui qui règne au-dessous du Père-Lachaise. Pas gaie, la traversée sous les cercueils.

9. — Le conseil de l'ordre des avocats a choisi Me Dufaure, comme bâtonnier, pour succéder à Jules Favre. Me Dufaure est un admirable avocat qui parle du nez ; mais au bout de cinq minutes, le nasillement semble disparaître, tant est grande l'éloquence de l'orateur ; derrière le charme, ou plus souvent la vigueur des idées, s'évanouit le vice de la parole.

15. — A la revue du Champ de Mars, le prince Impérial, à dada sur un petit poney, suivait l'Empereur. Il est maintenant caporal aux grenadiers de la garde. Le voilà donc monté en grade. Tout cela nous paraît un peu enfantin, à nous autres bourgeois, mais pas aux soldats.

20. — Une chaire nouvelle est créée à l'Ecole de médecine. Le ministre de l'instruction publique nomme comme titulaire de cette chaire M. Rayer, médecin de l'Empereur et médecin des hôpitaux depuis trente ans. M. Rayer a une grande réputation pour

son enseignement pratique au lit des malades. Mais, à l'école, cet enseignement, pour ainsi dire privé, quel que brillant qu'il soit, ne compte guère aux yeux des professeurs et des élèves. L'enseignement public compte seul et M. Rayer va, bien certainement, être considéré comme un intrus.

10 *Septembre*. — On ne parle, à Paris, que de la blessure de Garibaldi. Le 29 août, dans un combat à Aspromonte, contre les troupes de Victor-Emmanuel, il a été blessé au pied. La blessure serait, paraît-il, très grave ! Il y a seize médecins et chirurgiens autour de son lit ; Seize ! !

18. — Chaix d'Est-Ange vient de perdre sa fille, femme distinguée, pleine de cœur et d'intelligence ; quelle perte et pour lui et pour son mari, mon confrère et quasi-compatriote Gressier [1] ! voilà ce bon confrère seul dans la vie, sans enfants.

Samedi **18** *Octobre*. — *L'Illustration* donne un dessin représentant le château de Pierrefonds, restauré. Le splendide château de Pierrefonds avait été construit par le duc d'Orléans, frère du pauvre fou Charles VI. Maintes et maintes fois des révoltés, pendant les guerres civiles, s'en étaient emparé. Richelieu le fit démanteler ; les tours restaient encore, séparées en deux tronçons. L'épée de quelque géant semblait les avoir coupées en deux. Les ruines avaient encore un air de formidable grandeur. Au déclin du jour l'aspect en était fantastique. Les ruines de Crussol, au-dessus de Valence, même celles de Coucy, n'étaient rien à côté de ces débris majestueux, et voilà que l'Empereur a eu l'étrange idée de les faire restaurer. C'est

---

[1] **Gressier est de Corbie.**

navrant[1]. Il va bientôt faire mettre des bras à la Vénus de Milo !

24. — Nouvelles très mauvaises de Garibaldi. Les chirurgiens italiens ne savent que dire. Des chirurgiens étrangers ont été appelés. Presque certains qu'aucune balle n'est restée dans le pied de Garibaldi, ils jugent néanmoins que l'amputation est indispensable.

Les rues de la Spezzia, où Garibaldi a été transporté, sont pleines d'Anglais et de soldats de marine qui chantent l'hymne de Garibaldi. Si la blessure de Garibaldi avait été faite par un fusil français, quels rugissements contre la France !

26. — Nélaton, mandé à la Spezzia, est en route pour l'Italie.

2 *Novembre*. — Nélaton, retour de la Spezzia, écrit à la *Gazette des hôpitaux* pour faire connaître l'état dans lequel se trouve Garibaldi ; il ne croit pas l'amputation indispensable ; il est persuadé même que Garibaldi guérira ; il a sondé la plaie avec un stylet et a touché le projectile, qui a rendu un petit son. En ce moment, suivant Nélaton, l'extraction serait dangereuse ; il faut préalablement procéder à une *dilatation* du canal de la plaie.

Pendant huit jours on ne va parler que de *dilatation*.

8. — A propos du nouveau Théâtre lyrique, construit

---

[1] Malheureusement, l'Empereur n'avait aucun goût artistique, surtout en architecture. Dans *ses Mémoires*, M. Haussmann, dont le goût architectural n'était pourtant pas transcendant, se plaint d'avoir été parfois chicané par Sa Majesté pour s'être, par extraordinaire, laissé aller à sacrifier la ligne droite d'un boulevard afin de ménager certaines belles perspectives, par exemple la perspective de la Sainte-Chapelle pour le boulevard Saint-Michel, celle du Panthéon et de la colonne de la Bastille pour le boulevard Henri IV.

place du Châtelet, le long des quais, Cham a trouvé une bien bonne caricature. On voit des canards sortir les uns du théâtre, les autres de la rivière. Légende : *Les canards de la rivière vont fraterniser avec leurs nouveaux voisins, les canards du Théâtre lyrique.*

12. — Date bénie ! je me marie avec une jeune fille de vingt ans et demi, qui me plaît beaucoup. Elle est blonde et a les yeux bleus, nets, clairs ; on voit l'âme à découvert. Nous sommes mariés sans l'être, car nous ne le sommes qu'à la mairie ; c'est aujourd'hui mercredi et le mariage à l'église est pour lundi prochain, 17 novembre ! Je suis comme saint Laurent, sur le gril. Au temps d'Adam, c'était le bon temps, car Dieu était tout à la fois prêtre et officier de l'état civil.

18. — Ne tenant aucun compte du mécontentement qu'a excité le choix de son médecin, M. Rayer, comme professeur à l'Ecole de médecine, l'Empereur l'a en outre nommé doyen de la Faculté. Hier, c'était à l'école, l'inauguration des cours de l'année ; M. Rayer, suivant l'usage, se leva en qualité de doyen, pour prendre la parole ; mais immédiatement éclata un tapage infernal qui se continua pendant tout le discours. M. Rayer eut beau dire qu'il avait obtenu pour l'Ecole de précieuses faveurs, notamment l'agrandissement du laboratoire et des amphithéâtres d'anatomie, la création de cliniques nouvelles pour l'enseignement pratique, etc., etc. Rien ne désarma les étudiants ; ils semblaient dire : *timeo Danaos et dona ferentes.* Il s'est trouvé cependant des auditeurs qui ont protesté énergiquement contre cette attitude des étudiants.

21. — Lundi dernier, sur les neuf heures du soir, un horrible événement se passait à l'Opéra ; la toute gracieuse danseuse Emma Livry, mettait le feu à ses jupes en s'approchant trop près d'un bec de gaz.

Affolée, elle courait à travers la scène ; elle serait morte devant les spectateurs terrifiés si un pompier ne se fût jeté sur elle, ne l'eût renversée et roulée dans une grande couverture. Ce pompier est de la caserne du Vieux-Colombier, rive gauche. La pauvre fille a été brûlée affreusement.

24. — Hier, le tribunal de police correctionnelle a condamné deux étudiants à un mois de prison, pour avoir cogné sur un sergent de ville, lors de l'ouverture des cours de la Faculté de médecine.

— Il existe une association générale des médecins de France qui s'est fort émue de la conduite des étudiants à l'égard de M. Rayer. Elle s'est rendue en corps chez lui pour lui témoigner sa plus vive sympathie.

27. — Je néglige la *Gazette des tribunaux* pour la *Gazette des hôpitaux*. Je lis dans la *Gazette des hôpitaux* du 27 novembre 1862, une dépêche, datée de Pise, où Garibaldi a été transporté. La balle a été heureusement extraite par le docteur Zanetti. Nélaton a été prévenu immédiatement du résultat de cette opération par le télégramme suivant que lui a adressé le préfet de Pise : *Balle extraite de la blessure de Garibaldi d'après l'assurance de votre diagnostic, garanti par le résultat de votre stylet. Honneur à vous! Le préfet de Pise, Torelli.*

30. — M. Nélaton n'a voulu recevoir de Garibaldi aucun honoraire ; du reste d'habitude il n'est guère intéressé, et malgré sa vogue, il ne gagnerait pas de grosses sommes si Mme Nélaton ne veillait au grain. On m'a raconté qu'un soir M. Nélaton venait de rentrer fatigué de ses visites. Une lettre, arrivée pendant son absence, le priait de venir faire en province une

opération, moyennant un honoraire de six mille francs. Nélaton dit : « Ma foi, non, je suis las ; je vais prévenir que je n'irai pas. » Mme Nélaton sort, revient au bout d'un certain temps avec une valise et lui dit : « Mon ami, secoue-toi, pars, voilà ta valise toute prête. » Et il partit. Il revint et avec plus d'écus et avec plus de gloire.

4 *Décembre*. — La foule va voir, boulevard des Italiens, dans le passage des Princes, un fauteuil mécanique qui servira d'ici peu à Garibaldi, quand sa guérison sera assurée.

6. — Hier, notre bibliothécaire, M. Hauréau, a été élu membre de l'Académie des inscriptions et belles lettres. C'est un très grand savant, qui a publié de beaux travaux d'érudition ; mais de tels travaux ne semblaient pas devoir faire songer à lui pour une place de bibliothécaire juridique. M. Hauréau a été, dit-on, choisi pour ses opinions politiques fort avancées, au détriment de notre bon et savant confrère Fontainne, qui s'était mis sur les rangs et qui méritait d'être choisi. Je répète ce que j'ai entendu dire. Notre affection pour Fontainne nous rend peut-être injustes [1].

25. — Aujourd'hui, jour de Noël, réouverture solennelle de Notre-Dame, magnifiquement restaurée ; honneur à l'architecte, M. Viollet-Leduc ! J'ai vu avec grande émotion le tombeau de Mgr Affre. Le monument est seul dans la plus étroite des chapelles, sorte de chapelle sépulchrale ; une stèle funéraire en tapisse

---

[1] Fontainne aimait les livres et il avait, dans sa petite maison de Sèvres, une bibliothèque curieuse, pleine de richesses acquises à la suite de recherches passionnées. Les Prussiens lui rendirent pleine justice, car, pendant l'invasion, ils emballèrent ses livres pour l'Allemagne, seule digne, sans doute, de posséder de pareils trésors.

le mur, et de cette stèle sort, pour ainsi dire, la statue du prélat qui tombe, en tenant une branche d'olivier à la main. Ce monument a été exécuté d'après les prescriptions de l'Assemblée nationale de 1848. Sur le piédestal se trouve gravée une phrase de l'Evangile : *Le bon pasteur donne sa vie pour ses brebis.* Les curieux circulent nombreux dans les bas-côtés de l'église nouvellement réouverte et c'est sur ce monument que leurs regards se portent de préférence. M⁰ʳ Morlot devait présider aux offices de ce beau jour de fête ; une fluxion de poitrine le retient au lit.

29. — Mort du cardinal Morlot. Je suis content ; ma foi oui, je suis content ! car voilà au moins un archevêque de Paris qui meurt tranquillement dans son lit ! Jamais n'apparut sur le siège de Paris un prélat plus bienfaisant. Il avait des revenus considérables comme cardinal, comme archevêque, comme grand aumônier, comme sénateur ; tout allait aux pauvres. Il se servait des conférences de la société de Saint-Vincent-de-Paul pour faire des enquêtes et remettre à bon escient les aumônes.

30. — De tous côtés on quête pour les ouvriers de la Seine-Inférieure. Les infortunés n'ont pas de travail, car le coton n'arrive plus en France depuis la guerre civile des Etats-Unis. On met des troncs partout sur les voies publiques. Beaucoup d'ouvriers parisiens y déposent religieusement leurs offrandes. Le bruit des gros sous, tombant dans les tirelires populaires, montera jusqu'aux cieux et attendrira le cœur de Dieu.

1863

1ᵉʳ *Janvier*. — Dès sept heures du matin, nous entendons, dans la rue de la Sorbonne, un orgue de Barbarie moudre le fameux air de la *Ronde du pays de Caux*, que Joseph Kelm, le chanteur abracadabrant, a mis en vogue ; cet air est vraiment original, mais les paroles sont ineptes, surtout le refrain :

> *J'ai un pied qui r'mue*
> *Et l'autre qui ne va guère.*
> *J'ai un pied qui r'mue*
> *Et l'autre qui ne va plus.*

C'est, je crois, le compositeur Wekerlin qui, dans ses *Chansons populaires des provinces de France*, a conservé cette perle de la littérature française.

2. — Les étrennes des pauvres de Paris vont se ressentir de la mort du cardinal ; il avait, *paraît-il* : comme archevêque 50,000 francs, comme cardinal 10,000, comme grand aumônier 40,000 et comme sénateur 30,000. Or, comme il donnait tout aux pauvres, on peut se rendre compte de ce qu'ils vont perdre.

Par suite de la mort de Mgr Morlot, c'est l'ancien curé de Ham, Mgr Tirmache, aumônier de l'Empereur, qui va provisoirement remplir les fonctions de grand aumônier.

8. — Les obsèques du cardinal Morlot ont eu lieu aujourd'hui. Douze coups de canon ont été tirés à dix heures du matin, c'est à-dire au moment où le cercueil entrait à Notre-Dame. Le char funèbre venait de la rue de Grenelle où se trouve l'hôtel des archevêques ; sur le midi on a entendu douze autres coups de canon ; c'était la fin de la cérémonie.

9. — La cérémonie des obsèques du cardinal a été fort belle ; pendant l'office, le cercueil était entouré de douze sous-officiers en armes. On avait eu soin de les choisir décorés de la Légion d'honneur ; mais pourquoi pas plutôt douze séminaristes ! Les vingt-quatre coups de canon ont été tirés par des pièces placées sur le quai de la Tournelle. Elles ont tiré si consciencieusement que toutes les vitres des maisons du quai ont été brisées. Merci de l'honneur !

On descendra le cardinal dans un caveau, que l'on vient de construire au-dessous du chœur de Notre-Dame ; on y réunira les anciens archevêques, dont les restes ont été recueillis un peu partout dans les dessous de la cathédrale : Mgr Sibour, assassiné en 1857 ; Mgr Affre, tué sur les barricades en 1848 ; Mgr de Quelen, mort en 1839 ; Mgr de Talleyrand-Périgord, décédé à l'âge de 86 ans, en 1821 ; Mgr de Belloy, mort à l'âge de 99 ans, en 1808.

10. — Mgr Darboy, évêque de Nancy, est nommé archevêque de Paris. C'est un ancien aumônier de Henri IV. Il y a remplacé M. l'abbé Duquesnay, qui devint aumônier de l'Ecole normale après la démission du père Gratry.

14. — Le conseil de l'ordre des avocats vient d'en-

voyer une somme de deux mille francs aux bureaux du *Moniteur* pour soulager les ouvriers de la Seine-Inférieure. La crise continue, car le coton d'Amérique fait toujours défaut.

19. — Aujourd'hui ont eu lieu, à Saint-Germain-des-Prés, les obsèques d'Horace Vernet. Les deux petits-fils, Horace et Paul Delaroche, conduisaient le deuil. Ce grand peintre est mort d'un accident. Sur la plage d'Hyères il montait un jeune mulet qui le renversa. En tombant, M. Horace Vernet se blessa mortellement.

25. — Aujourd'hui, un ouvrier s'est jeté en bas de la plate-forme de la tour méridionale de Notre-Dame. Il s'est précipité avec tant de force qu'en passant son corps a été coupé en deux par un clocheton ; les deux jambes, encore reliées par des lambeaux de chair, sont tombées sur la place du Parvis ; le tronc est resté accroché à la façade de Notre-Dame, pour la plus grande épouvante des passants.

28. — Je suis très ému de la mort d'une bien bonne dame, Mme Cardinal, qui, jusqu'à son décès, tint, rue des Canettes, numéro 4, un cabinet de lecture où se trouvent tous les livres remarquables publiés depuis la Restauration. Le rez-de-chaussée et l'entresol de la vieille maison en sont remplis. La mémoire prodigieuse de la patronne la faisait aisément se retrouver au milieu de cet océan de livres, de journaux, de brochures. Beaucoup d'historiens ont été fort aidés par elle dans leurs recherches et des romanciers, notamment Balzac, ont eu grandement à s'en louer ; c'était une bonne grosse dame sans prétention, mais non sans distinction, avec qui les savants, les hommes de lettres aimaient à converser. Passionné pour l'histoire, j'allai bien souvent y louer des livres. Elle était toujours pour moi très aimable et très empressée. La vénérable

matrone formait, à la science de la bibliothèque, deux jeunes nièces, gracieuses et joyeuses, dont les yeux illuminaient quelque peu la sombre boutique de la rue des Canettes.

Cette boutique fait partie d'un bel immeuble en pierres de taille. Juste au-dessus de la boutique sont sculptées trois canettes, barbotant dans l'eau.

2 *Février*. — Le bruit se répand, dans la rue de la Sorbonne, que le musée de Cluny a, pendant la nuit, manqué d'être dévalisé ; je dis : manqué, parce que, d'après les papotages, le voleur fut arrêté quelques instants après le vol. Le sergent qui commandait le poste du musée et un gardien de service entrèrent, la nuit, dans les galeries pour faire leur ronde. S'apercevant bientôt qu'une vitrine était brisée, ils s'élancèrent courageusement devant eux pour attraper le voleur ; ils rejoignirent bientôt le sacripant, porteur d'un filet plein d'objets précieux, tels que la rose du Trésor de Bâle, sautèrent sur lui et le terrassèrent.

3. — Au sortir du cours de Saint-Marc Girardin, plus de mille étudiants se sont dirigés vers l'hôtel Lambert, situé à la pointe *est* de l'île Saint-Louis. C'est là qu'habite le prince Czartoryski. Sur le chemin et devant l'hôtel ils ont crié énergiquement : *Vive la Pologne*. Cette pauvre Pologne se révolte en ce moment pour échapper au joug de fer que lui impose l'inhumaine Russie. Les étudiants sont allés présenter leurs sympathies au prince, parce qu'il est le plus digne et le plus haut représentant de la noblesse polonaise. Il était à la tête de la dernière insurrection ; vaincu, il se refugia en France ; quoique ses biens immenses fussent confisqués, il conserva cependant assez de débris de sa fortune pour se permettre d'acheter le vieil hôtel, autrefois bâti par le président du Parlement, Lambert de Thorigny.

11. — Le 9 février un bal costumé, splendide, fut donné aux Tuileries. Il y eut une danse d'élégantes abeilles qui sortaient de quatre ruches apportées au milieu de la grande salle de danse ; on met partout des abeilles et on a toutes les peines du monde à empêcher les couturières de fourrer des abeilles dans les costumes de leurs clientes. Entrant récemment dans un salon, brillamment illuminé, j'aperçus, à ma grande stupéfaction, au bas de la robe de ma femme, qui ne s'en doutait pas, une rangée de menues abeilles se réflétant dans une glace.

30. — J'ai gagné un beau petit procès pour Mlle Brigot, connue au théâtre sous le nom de Gervaise. Elle avait loué un appartement ; comme le denier à Dieu n'avait pas été bien fort, les concierges l'avaient prise immédiatement en grippe. Ils ne voulurent point la laisser emménager sous prétexte que son mobilier était insuffisant. M. le président, en référé, ordonna la mise en possession de l'appartement. Alors, le propriétaire de venir à la rescousse et de prétendre que l'engagement était nul parce qu'on avait cru louer à une femme du monde, tandis que Mlle Brigot n'était qu'une actrice. Je répondis que les actrices n'étaient pas hors la loi, et que, grâce à Dieu, il était encore grand, le nombre des femmes qui, tout en occupant un rang distingué au théâtre, en occupaient aussi un fort convenable dans le monde. Je demandai des dommages-intérêts pour Mlle Brigot qui, par suite de toutes ces tracasseries, s'était trouvée trop souffrante pour accepter un rôle dans *François-les-Bas-Bleus*. Le tribunal maintint la location et condamna le propriétaire à 100 francs de dommages-intérêts.... Que va dire Madame du Cordon?

La gentille et très honnête actrice était venue me trouver parce que j'avais plaidé pour Fechter.

25. — Le roman de *Salammbô*, dans lequel Flaubert ressuscite, avec sa seule mais très mirifique imagination, la civilisation carthaginoise, a produit un effet prodigieux à Paris. L'héroïne Salammbô, la grande prêtresse, amoureuse d'un chef de mercenaires, a frappé l'imagination des Parisiennes. Dans divers endroits de son roman, Flaubert ayant décrit le costume de Salammbô, on ne voit dans les bals que costumes à la Salammbô [1].

28. — Les jeunes Polonais, résidant à Paris, partent pour la Pologne. La nouvelle insurrection est occasionnée par les exigences des Russes, qui veulent soumettre les Polonais à un recrutement inexorable.

6 Mars. — Partout des souscriptions pour la Pologne. Les étudiants en droit et en médecine ont fait entre eux des collectes qui ont été envoyées à la souscription du *Siècle*.

3 Avril. — Vendredi-Saint. — La *Semaine religieuse* dit que le 3 avril 1863 est la date précise de l'anniversaire du crucifiement du Christ et que cette coïncidence ne s'est pas produite depuis 1795.

11. — Je suis allé visiter l'asile où la princesse Mathilde recueille des jeunes filles incurables. Rien de plus effrayant à voir ! La Princesse sait bien qu'elle ne les guérira pas ; mais son seul but est de rendre aussi douces que possible leurs dernières années. L'œuvre coûte fort cher ; aussi la Princesse ne craint pas de faire appel à la charité. Avant-hier, jeudi, à Saint-

---

[1] La belle comtesse de Castiglione inaugura, la première, le costume de Salammbô aux Tuileries ou dans un bal officiel de ministère. Elle avait les jambes attachées avec une chaîne d'or, ce qui produisit une véritable sensation. Le surlendemain, tout Paris parla de la chaîne d'or, qui n'attachait pas seulement les jambes de la comtesse, mais aussi celles d'un auguste personnage.

Philippe-du-Roule, un sermon de charité était donné au profit de l'asile. La Princesse a quêté, je l'ai trouvée très belle femme, quoiqu'un peu massive. Elle est aussi aimable que son frère l'est peu. Aussi a-t-elle une petite cour d'artistes, de littérateurs, d'hommes du monde qui ont beaucoup d'affection pour elle.

12. — Je vais, rue Saint-Dominique, numéro 91, porter ma carte chez le vicomte de Bastard, conseiller à la cour d'appel, qui vient d'être nommé officier de la Légion d'honneur. C'est un homme très bienveillant, fort instruit, qui a fait un remarquable ouvrage sur les Parlements. Ancien élève de la pension Dabot, il a très affectueusement secondé mes débuts au palais.

13. — Mort du greffier de la sixième chambre, Galopin Bouquet. Pendant trente ans que de bien n'a-t-il pas fait à tous les gamins qui passaient en jugement devant la sixième chambre du tribunal? Fils d'un pauvre ouvrier, il connut la misère jusqu'à ce qu'un protecteur vint le prendre par la main et l'en tirât. Il fit de même pour une foule de malheureux enfants. L'Académie française lui avait décerné un prix Montyon. Il n'avait que 64 ans. Que de bien aurait-il pu encore faire? Mais, somme toute, il était mûr pour la grande récompense, le grand prix Montyon de là-haut.

16. — Mon camarade de conférence, Genreau, substitut du procureur général, a cordialement parlé sur la tombe de M. Bouquet, qu'il avait su apprécier lorsqu'il était substitut de la sixième chambre. Il a fini ainsi : « Ton âme si pleine de dévouement, d'abnégation et de charité, a trouvé une paix et une joie éternelles au sein de cette divine Providence qui t'a inspiré tant de vertus. »

Ensuite un ami raconta la vie de M. Bouquet ; Bouquet savait à peine écrire quand il entra comme expéditionnaire au greffe du tribunal ; devenu greffier de la sixième chambre et n'ayant pas d'enfants, il adoptait souvent les petits malheureux qui passaient en police correctionnelle ; comme il connaissait une foule d'industriels, de bons ouvriers, de nombreux directeurs de patronages, il se mettait en route quand lui arrivait le dossier d'un inculpé susceptible d'être ramené au bien ; il lui trouvait toujours un refuge, sinon immédiatement, du moins après quelques jours d'attente, et quand, dans le second cas, l'affaire était appelée devant le tribunal, le père Bouquet disait tout doucement : « si M. le président voulait remettre l'affaire à huitaine, *peut-être* que quelqu'un pouvant inspirer confiance, viendra réclamer l'enfant. » M. le président riait du *peut-être* et remettait à huitaine. A huitaine le *peut-être* devenait *réalité* sous les traits d'un affable directeur de patronage, d'un bon industriel ou même d'un brave ouvrier que le père Bouquet avait déniché, et le président disait : « M. Bouquet, en voilà encore un de sauvé, grâce à vous. »

1er *Mai*. — Depuis quelque temps une manie nouvelle, une folie bizarre a surgi de la cervelle des Parisiens ; ils se sont mis avec rage à collectionner quoi? de vieilles plumes de fer? non ; des boutons de culotte? non. Quoi donc? de vieux timbres-poste, des timbres-poste maculés qui ont servi.

3. — Aujourd'hui fut couru, au bois de Boulogne, ce que l'on appelle le Grand prix. M. de Morny, le premier, en eut l'idée. La ville de Paris avait promis cent mille francs pour le cheval de course vainqueur. Toutes les nations pouvaient envoyer leurs poulains, pouliches de trois ans ; un cheval anglais fut le triomphateur ; on devait s'y attendre. Les Parisiens revenaient de la

course avec le nez allongé, mais cette course a donné à Paris une animation extraordinaire. Beaucoup d'étrangers y sont venus. Les hôteliers, les limonadiers, les cochers ont gagné de bonnes sommes, tout est pour le mieux. *Hourra* donc en l'honneur du cheval anglais !

10. — Au salon de cette année l'œuvre principale est le portrait de l'Empereur, par Hippolyte Flandrin. Je ne croyais pas l'Empereur si beau. Il a des moustaches acérées pour embrocher les cœurs, des yeux, oh! mais des yeux extraordinaires, vagues, rêvassants, bleutés, d'un bleu indéfinissable. La princesse Mathilde a exposé une aquarelle ; elle a un beau talent d'amateur. Le buste de cette princesse, par Carpeaux, est superbe.

13. — Le théâtre Français jouait avant-hier : *Phèdre*, pour les débuts de la belle Mlle Agar, que tout le monde admirait encore récemment à l'Odéon. On marcha sur la traîne de sa robe si maladroitement (ou si méchamment) que Phèdre-Agar tombant sur le nez, en saigna abondamment, et, malgré de courageux efforts, ne put continuer à jouer.

14. — On prétend que Mlle Agar, en tombant, s'est cassé presque toutes les dents.

18. — Dans son charmant Lundi des *Débats*, Jules Janin, qui paraît en tenir pour Mlle Agar (et il n'y a pas que lui), déclare que Mlle Agar n'a pas perdu une seule dent, que rien ne s'est brisé dans sa chûte, pas même l'espérance.

1er *Juin*. — Nomination, à Paris, de neuf députés de l'opposition ; les quatre anciens : *Jules Favre, Emile Ollivier, Ernest Picard, Darimon*, puis *Thiers, Jules Simon, Havin, Guéroult, Pelletan*. Le soir, l'agitation est extraordinaire dans les rues du Quartier. L'enthousiasme est indescriptible parmi les adversaires de l'Empire. Nos boulevards sont noirs de promeneurs. Les journaux sont enlevés ; tout le monde ne peut en avoir ; pour obvier à l'inconvénient on se les lit à haute voix. M. Thiers, qui vient de publier son 20e volume du *Consulat et de l'Empire*, a fini ses chères études. Il va donc pouvoir se consacrer entièrement à notre bonheur.

11. — Mardi dernier, aux Français, Mlle Agar, tout à fait remise, a joué *Phèdre* magnifiquement. La salle l'a redemandée plusieurs fois. Elle fut obligée de s'avancer seule pour s'incliner devant le public ; pas un seul acteur ne voulut lui donner la main. Elle s'est formée seule. Elle ne sort pas du Conservatoire ; elle n'a été éduquée par aucune école ; elle ne peut donc compter sur le secours d'aucune coterie, partant sur aucune galanterie, aucun égard.

— Sur le boulevard Sébastopol (rive gauche), on reconstruit la façade du lycée Saint-Louis qui n'était pas à l'alignement ; tout le monde regrette qu'on ne transporte pas ailleurs ce lycée malsain, étranglé entre le boulevard et la rue Monsieur-le-Prince. La nouvelle façade va coûter énormément cher et attrister, par sa longueur monotone, le boulevard des gais étudiants.

— J'ai plaidé hier, et gagné contre son loueur de voitures, un gentil procès pour Mlle Anna Leininger, actrice des Folies-Dramatiques, qui joua le rôle de Nichette dans la *Dame aux camélias*, et disait chaque soir : « Quel drôle de métier que celui d'avocat. » Un journal a dit à ce sujet : « Mlle Nichette, avouez que vous avez été bien heureuse de trouver un avocat pour vous défendre contre les prétentions de votre adversaire. » La gentille actrice fut en effet bien

contente d'être débarrassée de son loueur de voitures
en lui payant 650 francs, alors qu'il lui en réclamait
1200, et surtout, surtout d'être débarrassée d'un chien,
qu'elle prétendait ne lui avoir été vendu qu'à l'essai,
chien affligé de la danse de Saint-Guy, chien qui aurait
pu convenir à une danseuse, mais non à une artiste
dramatique.

30. — M. Péreyve, professeur de Code Napoléon, à
l'Ecole de droit, a demandé sa retraite. Malade depuis
quelque temps, il se faisait suppléer par un jeune
agrégé, Mʳ Rataud. Il aurait pu encore bien longtemps
empocher une grosse partie de ses appointements en
continuant à se faire suppléer, mais c'était maintenir
ainsi son suppléant en dehors du professorat, cela ne
convenait point à son cœur chrétien et aimant. Il
donna donc sa démission.

M. Péreyve est le père du jeune abbé Péreyve, mon
ancien voisin au cours de Jamin, à Louis-le-Grand.

— On a démoli un superbe portail, qui nous était
apparu tout à coup, après la destruction de vieilles
maisons rue de la Barillerie, en face le palais de
Justice ; c'était celui de la chapelle d'anciens religieux
nommés Barnabites. On l'a transporté, pierre par pierre,
devant l'église des Blancs Manteaux, qui n'avait pas
de portail.

11 *Juillet*. — Pour célébrer l'entrée des Français à
Mexico, les théâtres ont illuminé ce soir. Il faut
espérer que bientôt se terminera cette malheureuse
guerre du Mexique, que tout le monde blâme et
déplore.

16. — On a fait venir d'Algérie une troupe de spahis
qui servait d'escorte au petit Prince ; mais hommes et
chevaux tombaient malades ; l'air de Paris ne leur

valait rien. On fut obligé de les renvoyer hors de Paris, dans la plaine de Saint-Maur, où ils campent sous la tente ; l'air de Saint-Maur a remis tout de suite sur pied hommes et chevaux.

27. — Hier, est mort l'avocat général Sapey.

Il avait fait de très bonnes études littéraires ; on s'en apercevait bien vite quand il donnait ses conclusions. M. Chaix d'Est-Ange, notre ancien procureur général, n'avait pas été le dernier à s'en apercevoir; aussi, quoique M. Sapey ne fût que substitut du procureur général, lui confia-t-il le soin de prononcer un discours de rentrée. C'était du dernier subversif ! Car depuis la création de la cour, d'abord royale, ensuite d'appel, puis impériale, toujours les avocats généraux avaient prononcé le discours de rentrée. Heureusement M. Sapey s'en tira à son honneur, et même à son grand honneur ; aussi les avocats généraux se sont-ils tenus cois.

M. Sapey est mort à 40 ans.

29. — Aujourd'hui ont eu lieu les obsèques de M. Sapey. Le procureur général, M. de Cordoën, qui pensait comme son prédécesseur Chaix, a prononcé sur sa tombe une allocution dont une phrase est surtout à retenir :

« ... *Sapey n'eut dans la vie d'autre passion que l'accomplissement du devoir, et quand Dieu l'a rappelé à lui, il n'eut rien à désavouer devant sa face.* »

— Egalement aujourd'hui on a enterré l'infortunée Emma Livry, dont les jupes se sont enflammées à la rampe du gaz, pendant qu'elle dansait sur la scène de l'Opéra. Notre-Dame-de-Lorette regorgeait de monde. Les draperies mortuaires étaient blanches et elle y avait vraiment droit l'honnête fille, quoique danseuse à l'Opéra !

7 Août. — Au coin des rues *Voltaire* et *Monsieur-le-Prince* se trouvait un délicieux petit hôtel, style empire, qui ressemblait, avec sa colonnade, à un arc de triomphe antique ; il fermait très agréablement la pointe de ces deux rues descendant de la montagne Sainte-Geneviève. L'empereur Napoléon Ier l'avait fait bâtir et puis l'avait donné au baron Dubois à l'occasion des couches de Marie-Louise. On abat cet hôtel, j'en suis très contristé.

9. — Visite, au Louvre, du nouveau musée Napoléon, autrement dit musée Campana ; tout y est admirablement ordonné. La civilisation étrusque, avec ses merveilleux tombeaux, complète admirablement les collections du Louvre.

15. — Pour la fête de l'Empereur, on nous a exhibé, dans le Luxembourg, la fontaine de Médicis avec son complément de statues. Depuis le matin jusqu'au soir, le monde n'a cessé de stationner devant. Sur la façade de cette fontaine sont pratiquées trois niches : une grande centrale et deux autres à droite et à gauche. Dans les deux niches latérales se trouvent l'*Automne* et l'*Eté* qui regardent ce qui se passe dans la baie centrale. Leur curiosité est malséante, aussi bien du reste que celle des spectateurs qui sont à l'entour de la fontaine. Dans cette baie, en effet, le bel Acis tient entre ses bras, Galathée, aussi dénuée de scrupules que de vêtements. Au-dessus d'eux, les pauvres innocents ! surplombe un cyclope, le géant Polyphème qui, jaloux d'Acis, lève le bras pour l'escrabouiller sous le poids d'une énorme pierre.

Les enfants, si nombreux au Luxembourg, accablent de questions les parents qui ne savent que répondre. Les mamans ne sont pas du tout contentes. Plusieurs ont déjà fait des observations, à propos de deux grands diables d'hommes en marbre, qu'on a postés en sentinelles à la nouvelle porte du Luxembourg, côté du boulevard Sébastopol, rive gauche. Les jardiniers, plus pudiques que les statuaires, ont très habilement, au-devant de ces deux individus inconvenants, ménagé des paravents de verdure. A Paris on ignore la belle maxime latine :

Maxima debetur puero reverentia

ou plutôt on s'en moque, ce qui n'est pas à l'honneur de l'esprit parisien.

16. — Le feu d'artifice a parfaitement réussi ; au milieu d'une superbe pièce pyrotechnique on voyait une gigantesque N, accotée de deux noms : *Puebla, Mexico.*

Ce qui fit surtout plaisir aux bons bourgeois de la garde nationale fut la dispense de revue ; la chaleur torride dont nous jouissons (sans enthousiasme) aurait pu faire fondre le ventre de beaucoup d'entre eux et enlever, par suite, beaucoup de dignité à cette troupe d'élite.

3 *Septembre*. — Hier, à la stupéfaction de tous les passants, une voiture mécanique, marchant toute seule, a parcouru triomphalement tous les grands boulevards de Paris. Il y avait trois personnes dedans et trois cent mille pour la contempler.

14. — Hier, M. le comte de Persigny a été nommé duc par l'Empereur. Celui-ci a voulu ainsi le remercier de son dévouement et le consoler de ne plus être au pouvoir ; les élections ayant été, à Paris, très mauvaises pour le Gouvernement, M. de Persigny se vit forcé de résigner ses fonctions de ministre de l'intérieur. Il avait été nommé comte par l'Empereur lors de son mariage avec la fille unique du prince de la Moskowa.

25. — Hippolyte Flandrin a terminé ses fresques de Saint-Germain-des-Prés. Les voûtes séculaires de l'église, suintant l'humidité, l'artiste, qui travaillait presqu'au-dessous, y a attrapé de douloureux rhumatismes. Flandrin part en Italie pour se remettre ; comme c'est un tout petit homme, bien charpenté, solide, nous pouvons espérer sa guérison.

5 *Octobre*. — Nadar a construit un ballon colossal, dans lequel il est parti du Champ-de-Mars, dimanche dernier, en présence de tout Paris, massé sur les quais et les ponts ; la nacelle du ballon contenait treize personnes dont notamment : Nadar, les deux Godard et la princesse de la Tour-d'Auvergne.

Le ballon, parti à cinq heures, est descendu à Meaux à dix heures du soir. *M. et Mme le maire ont dû être contents.*

8. — Mort d'un vieux Péronnais, le baron Dehaussy de Robécourt, conseiller honoraire à la cour de cassation, ancien député de la Somme. Homme de très grande science, il avait publié, avec un professeur de l'École de médecine, un livre très savant de médecine légale ; mais sa bonté et sa bienfaisance égalaient sa science.

Il avait de fort beaux bibelots, sa grande fortune lui permettant l'acquisition de toute belle pièce qui lui plaisait ; mais il en achetait souvent moins pour plaire à ses yeux qu'à son cœur ; c'est ainsi qu'il se paya successivement tous les vieux pots, tout le vieux bric-à-brac d'une marchande de la rue Guénégaud, simplement pour venir indirectement au secours de ses nombreux enfants.

Elle ne s'y trompait pas, la brave femme, et elle s'y trompait si peu qu'elle me le dit.

26. — La garde nationale a un nouveau commandant

en chef : le général Mellinet, un vieux brave couvert de blessures. Il a surtout une belle balafre à la figure.

— Tout le monde parle de Nadar, qui est, une seconde fois, parti du Champ-de-Mars dans son ballon le *Géant* ; ce ballon est tombé à Hanovre. Nadar, sa femme et les sept autres voyageurs ont été blessés. Le *Géant* est moins abimé que les voyageurs.

28. — Naissance de mon premier enfant, une fille ! moi qui voulais un garçon ; c'est à recommencer.

30. — M. et Mme Nadar sont rentrés à Paris ; Nadar est en moins bon état que sa femme ; car, pendant la course vertigineuse du ballon sur le sol, il la tenait affectueusement dans ses bras et recevait les horions.

31. — A l'occasion de la naissance de ma fille, mon père m'écrit ces quelques mots charmants :

« 30 octobre 1863.

« Mon cher ami,

« Nous recevons à l'instant la bonne nouvelle de l'accouchement. Comme ta sœur, ta femme commence par une fille. Les femmes sont malignes, elles songent tout d'abord à travailler pour elles ; une fille, en effet, devient leur compagne fidèle.

. . . .

« Ah ! mon ami, tu vois et tu comprends maintenant comme on doit aimer ces monstres de femmes qui nous donnent et souvent, avec tant de souffrances, de si gentilles fillettes.

« Aussi ! je ne donnerais pas la mienne pour deux autres, quoique plus jeunes, d'autant plus qu'à mon âge j'en serais joliment embarrassé. »

3 *Novembre*. — On a descendu, du haut de la colonne Vendôme, la statue de l'Empereur en redingote.

4. — Hier, devant la cour impériale, M. Dupré-Lassalle a prononcé le discours de rentrée ; on avait peine à ne pas crier : *bravo*. Il a parlé d'une façon charmante de M. Sapey en rappelant les couronnes et succès de toutes sortes que son ami avait remportés comme collégien, comme étudiant en droit, comme avocat stagiaire, enfin comme magistrat. Parmi les spectateurs accourus pour entendre parler M. Dupré-Lassalle, se trouvait son beau-père, M. Glandaz, le prédécesseur de mon ancien patron Lacomme, chez qui je fus maître clerc. C'était un procédurier très remarquable, d'une intelligence rare. Malgré la vente de son étude, il y avait toujours un pied. Il me considérait comme son maître clerc et me chargeait de certaines affaires personnelles ; je pus ainsi grandement profiter de son expérience [1].

10. — Je suis allé, place Vendôme, voir la nouvelle statue de l'empereur Napoléon Ier en costume d'empereur romain ; il semble être en jupon comme un garçon brasseur. Dans la main droite il porte une victoire. J'aimais mieux, cent fois mieux, l'Empereur en redingote ; au moins c'était lui.

15. — En allant au Père-Lachaise, j'aperçois sur la nouvelle place, qui coupe en deux tronçons la rue de la Roquette, une statue magnifique : celle du prince Eugène [2].

---

[1] Norbert Billiart, dans son *Monde judiciaire*, numéro de novembre 1863, dit de M. Glandaz ces quelques mots qui m'ont fait infiniment de plaisir :

« Au milieu de cette fête judiciaire, j'ai remarqué un vieillard dont le regard affiné, pour ainsi dire, par les mille soucis d'une longue et merveilleuse expérience, brillait d'une vive émotion.

« C'était l'ancien premier ministre de la procédure civile, l'ex-de Belleyme de la compagnie des avoués, M. Glandaz, qui applaudissait intérieurement son gendre. »

[2] Elle est aujourd'hui devant les Invalides. La statue de Ledru-Rollin l'a remplacée sur son ancien piédestal.

16. — Ce soir, illumination du théâtre de l'Odéon, comme d'habitude pour la fête de la sainte Eugénie.

23. — Dans son numéro d'aujourd'hui, le *Petit Journal* raconte l'histoire impossible d'un voleur, qu'on aurait attrapé dans la rue Saint-Honoré, en lui jetant une crinoline par-dessus la tête.

27. — J'apprends, au palais, la mort de l'un de mes anciens patrons, M° Moulin, doyen des avoués de première instance, âgé de 77 ans ; nous l'avons vu encore hier dans la salle des Pas-Perdus. Il n'avait jamais voulu vendre son étude, malgré de nombreuses sollicitations, notamment la mienne. Il se trouvait toujours trop jeune. La mort seule a pu l'y forcer. Il est tombé dans son foyer et n'a pu se relever ; c'était le confident de toutes les grandes familles du faubourg Saint-Germain. Personne ne recevra, sans doute, d'invitation pour ses obsèques, car il a toujours dit : « Si je meurs en hiver, je ne veux aucune invitation à mes funérailles. Les enterrements en hiver sont funestes aux invités, je ne veux pas que le mien en occasionne un autre. »

7 Décembre. — Amélie et moi assistâmes, dans la chapelle de la Sorbonne, à l'ouverture de la Faculté de théologie. Le nouvel archevêque, Mgr Darboy, qui présidait la cérémonie, parla d'une façon ravissante ; sa voix nette pénètre l'âme ; sa figure est celle d'un ascète.

8. — Tout le monde se plaint de la cherté des loyers et crie contre le préfet de la Seine, M. le baron Haussmann, qui a raréfié les locaux en démolissant une masse de maisons. M. Haussmann prétend ne pas mériter ce reproche, et dans un mémoire, présenté récemment à la commission départementale, il déclare

avoir, il est vrai, démoli dans le département de la Seine 12,240 maisons, mais en avoir fait rééditier 61,217 ! Ce qu'il ne dit pas, le rusé baron, c'est que les appartements de ses nouvelles maisons ne sont pas, à cause du prix, abordables aux ouvriers, aux employés, aux petits bourgeois, qui ne savent plus où se loger aujourd'hui.

12. — Mort du bon aumônier des Clarisses de Péronne, M. Firmin Caron, le modèle des prêtres. Il habitait une maison appartenant à mon père, n° 2 *bis*, rue du Noir-Lion. La famille de Beauvillé, sans contredit la première de Montdidier, l'avait beaucoup aidé dans ses études ecclésiastiques. Elle n'a pas mal placé son argent, car M. Caron était un prêtre fort distingué ; son *Office de Saint-Nicolas*, traduit en vers français, est tout-à-fait remarquable. Il traduisit également les hymnes de Santeuil ; son travail était prêt pour l'impression ; mais à ce moment l'église de France adopta le rite romain. M. Caron, sans plainte, mais non sans serrement de cœur, mit de côté ce travail, qui lui avait coûté tant de peine, et se consola en priant avec ses Clarisses. En faisant imprimer sa traduction, il aurait paru protester contre ce rite, nouvellement admis, dans lequel les hymnes de Santeuil n'avaient jamais figuré.

25. — En allant entendre la messe à Saint-Etienne-du-Mont, le jour de Noël, je m'aperçois que son charmant portail Renaissance est complètement restauré. Au-dessus de la porte se trouvent les armes de France et de Navarre, parce que la première pierre de ce portail a été posée par la reine Margot, première femme de Henri IV.

26. — Le livre de M. Renan sur *la Vie de Jésus* (appelé le cinquième évangile, suivant Renan), a

fait un tapage infernal dans ce Paris, ordinairement si indifférent. Je ne crois pas que ce livre produise grand mal. M. Renan fait du Christ un *homme*, mais un homme d'une nature presqu'au-dessus de la nature humaine ; ceci est dit en phrases délicieuses et poétiques, mais trop peu concluantes pour faire perdre ses croyances à un catholique sérieux et de bonne foi ; d'un autre côté, les incrédules et les indifférents seront peut-être émus et ensuite portés à croire à la divinité d'un homme, si au-dessus de l'espèce humaine, et dont ils ne soupçonnaient pas, pour la plupart, la merveilleuse doctrine [1].

— Comme tous les ans, une vente de charité a lieu, dans le salon de l'hôtel Lambert, numéro 2, rue Saint-Louis-en-l'Ile (hôtel du prince Czartoryski), pour les pauvres Polonais malades, et il y en a beaucoup à Paris depuis la dernière insurrection ! Mon beau-père est allé y acheter une superbe bague ornée d'une pierre verdâtre très curieuse.

[1] Du *Journal des Goncourt*, 7 juillet 1863. — ... Mais voici Gautier qui, à propos du livre de Renan, auquel il reproche l'entortillage de ce Dieu, qui n'est pas Dieu et qui est plus que Dieu, fait le livre selon lui, qu'il fallait faire sur Jésus-Christ.
Lundi 20 juillet — chez Magny (le restaurateur). — ... Oui, oui, j'admire Jésus complètement, dit Renan.

1864

1ᵉʳ *Janvier*. — En allant souhaiter la bonne année à mon beau-père, avec ma femme et ma petite fille, je fus frappé d'un spectacle très bizarre : un côté du boulevard Sébastopol (rive gauche) était noyé dans un épais brouillard, on ne voyait pas les maisons ; l'autre côté jouissait, au contraire, de l'atmosphère la plus nette et la plus limpide. Le phénomène s'étendait fort loin.

4. — Bruits forts graves : la police aurait arrêté quatre Italiens, venus tout exprès à Paris, pour assassiner l'Empereur.

5. — La Seine charrie des glaçons. Les spahis, qui sont revenus du camp de Saint-Maur à Paris, après s'être refait le tempérament, sont surpris de voir cette descente d'énormes glaçons ; ils se tiennent accoudés sur le mur du quai d'Orsay et contemplent, stupéfaits, un spectacle si nouveau pour eux.

6. — Dix degrés au-dessous de zéro ! C'est terrible d'être obligé de traverser le pont Saint-Michel, pour aller plaider au palais ; mais je me console en pensant que mes confrères de la rive droite sont également obligés de passer les ponts et aussi exposés que

moi, à attraper des enrouements. Leur organe est aussi désagréable que le mien et agace les juges tout autant que le mien.

— Le petit bras de la Seine est entièrement pris.

7. — Il fait si froid que l'on ne met plus en faction les spahis qui, d'habitude, montent la garde, à cheval, des deux côtés de l'arc de triomphe du Carrousel. Les grandes guérites n'abritaient pas suffisamment cavalier et cheval.

8. — Le *Droit* dit qu'on a trouvé, chez les Italiens arrêtés, des bombes semblables à celles qu'Orsini a jetées sous la voiture de l'Empereur, lors de l'attentat de l'Opéra.

10. — Cette semaine, on a patiné ferme sur les lacs du bois de Boulogne. La glace, solide et brillante, portait fièrement et triomphalement des escouades joyeuses de patineurs et patineuses ; mais, le dégel arrivant, sa gloire est passée, on la casse pour nous désaltérer prosaïquement pendant l'été ; on remplit, de ses débris, les glacières du bois.

12. — Hier on a enterré, au Père-Lachaise, les yeux tournés vers l'Orient, un spahi, caserné au quai d'Orsay ; il a été tué par une ruade de cheval.

15. — Nos tambours de la garde nationale ont, le 1er janvier, donné une aubade à l'Empereur et à l'Impératrice dans la cour des Tuileries. L'Empereur vient de leur envoyer des étrennes. Il est plus poli que moi, j'attends qu'ils viennent les chercher. Ce qu'ils ne manquent jamais de faire, du reste.

16. — Au dire de plusieurs journaux, Mengin, le fameux marchand de crayons dorés, serait mort d'une fluxion de poitrine. Quoique ses crayons fussent vendus

au son de la grosse caisse et des trompettes, ils n'en étaient pas moins excellents ; ils les fabriquait lui-même avec beaucoup de soin. C'était un homme superbe, au bagou étonnant ; j'aimais beaucoup à l'entendre et ne pouvais m'empêcher de lui acheter des crayons, même sans en avoir besoin. Nous ne le verrons plus avec son beau casque doré, orné de plumes gigantesques. Nous ne verrons plus, hélas ! Vert-de-gris, son compagnon, qui tournait la manivelle de l'orgue de Barbarie. Vert-de-gris ne pourra continuer le commerce. N'est pas Mengin qui veut ; n'a pas qui veut son jargon populaire et son curieux talent de dessinateur.

Il était parfois insolent. Quand, par exemple, la figure d'un monsieur ne lui revenait pas, il fixait sur lui ses yeux fascinants et, en le regardant, semblait dessiner son portrait sur une grande feuille de papier. Le monsieur, ravi, ne bougeait plus. Mengin bientôt passait la feuille au monsieur qui s'empressait de la prendre. O désillusion amère, le monsieur se voyait pour tête celle d'un singe, d'un veau, d'un brochet, etc.

10. — Fatigué du mauvais vouloir des étudiants, M. Rayer, le médecin de l'Empereur, nommé doyen de l'Ecole de médecine il y a dix-huit mois, vient de donner sa démission. L'Empereur n'a pas été le plus fort [1].

27. — Aujourd'hui est venue en cour d'assises l'affaire de ce valet du duc de Brunswick, qui a volé pour plus de six millions de diamants dans le fameux hôtel rose du duc, rue de Beaujon, numéro 21. Quand il a été arrêté, il en avait plein les poches, en guise

---

[1] Quelques jours après, pour le dédommager, l'Empereur le nomma grand-officier de la Légion d'honneur.

de gros sous. L'accusé eut la tenue d'un vrai coquin. Aussi le jury l'a-t-il déclaré coupable sans circonstances atténuantes et la cour l'a condamné à vingt ans de travaux forcés ; s'il eût simplement dit : « je me repens ; mais j'ai perdu la tête à la vue de tant de richesses, » jury et cour eussent été indulgents pour lui.

31. — L'épanouissement de tous les monuments, qui sortent de terre, est vraiment prodigieuse. En passant, place du Louvre, devant la colonnade, je ne pouvais m'empêcher d'admirer cette nouvelle mairie du premier arrondissement, dont la masse architecturale rappelle si bien celle de l'église Saint-Germain-l'Auxerrois. Comme cette église était située de travers relativement à la colonnade du Louvre, l'architecte a donné à sa mairie la même inclinaison et puis, avec une habileté étonnante, il a réuni les deux monuments par une muraille ogivale du milieu de laquelle s'élance une fort belle tour, une espèce de beffroi ; on va, dit-on, placer dans ce beffroi un carillon, comme dans les beffrois du Nord. Sous peu, *l'air de la reine Hortense* va, inévitablement, toutes les heures, charmer nos oreilles [1].

6 *Février*. — Pradier, le bâtonniste, est mort dans la force de l'âge. Véritable artiste jongleur, il faisait des tours étonnants avec trois cannes à la fois. Il jonglait, la plupart du temps, sur la place de l'Institut, côté de la porte qui va à la rue de Seine, l'un des plus

---

[1] Quand l'Empereur se rendait dans la moindre réunion, immédiatement *l'air de la reine Hortense* était joué. Quoique l'air fût de sa maman, il devait en être obsédé. Les Anglais faillirent le rendre fou. Lors de son voyage officiel en Angleterre, il ne pouvait faire un pas sans être poursuivi par cet air. Dans ses papiers intimes, la reine Victoria avoue l'avoir, pour sa part, entendu quatorze fois.

mauvais endroits de Paris à cause des courants d'air. Le pauvre diable jonglait, jonglait en bras de chemise et suait, suait si bien qu'un jour de brume il sentit un grand froid lui courir dans les veines et il vient de mourir... poitrinaire. Qu'il avait l'air malin ! Il est certainement en Paradis. Arrivé devant saint Pierre, il a dû lancer ses cannes à une hauteur incommensurable ; pendant que saint Pierre regardait en l'air, Pradier a pu prestement se faufiler dans les célestes parvis.

9. — Aujourd'hui, Mardi-Gras ; ma femme et moi, allons voir le bœuf gras. Le voilà ; oui, le voilà ; il s'enfile dans la cour des Tuileries dont la grille vient d'être ouverte. Derrière lui s'enfourne le populaire. Sa Majesté le bœuf gras va faire ses salutations à Sa Majesté l'Empereur, à Sa Majesté l'Impératrice et à Son Altesse Monseigneur le caporal des grenadiers. Derrière le bœuf, se prélasse une grosse dame, aux tétins imposants, la nounou du bœuf gras, qui savoure les hommages rendus à son nourrisson en attendant qu'elle en savoure les côtelettes. Après avoir lentement, lentement défilé sous les fenêtres des Tuileries, le cortège sort de la cour, suivi d'une foule immense.

J'ai eu la chance de pouvoir faire remettre à huitaine mes affaires ; car on plaide quand même aujourd'hui ; ce qui scandalise beaucoup mon beau-père, le Mardi-Gras étant regardé à Paris comme un jour sacro-saint.

12. — Hier, quinze cents actionnaires du canal de Suez ont donné, au palais de l'Industrie, un banquet à M. Ferdinand de Lesseps. Le prince Napoléon, président du banquet, a fort bien parlé ; mais néanmoins son éloquence n'a pas eu assez de chaleur pour réchauffer le dîner, qui était complètement froid ; par contre on fut content des boissons et chacun arrosa voluptueusement son petit canal.

16. — Mgr Landriot, évêque de La Rochelle, et évêque très éloquent, dont la parole onctueuse plaît surtout aux dames, a prêché avant-hier 14 février, premier dimanche de Carême, à la chapelle des Tuileries.

17. — M. Drouyn de Lhuys, ministre des affaires étrangères, vient d'être nommé président de l'Association des anciens élèves de Louis-le-Grand.

24. — Mme Sand va faire jouer quelque nouvelle pièce à l'Odéon. Une manifestation hostile aura lieu, paraît-il, lors de la première représentation; je ne sais pourquoi.

25. — Les quatre Italiens, arrêtés pour complot contre la vie de l'Empereur, passent aujourd'hui aux assises. Ils ont des noms retentissants: Græco, Trabucco, Scaglioni, Impératori. Ils sont bruns, noirs comme les casaques des merles du Luxembourg. Trabucco joue du cor d'harmonie Le bureau est encombré de bombes, de pistolets, de revolvers, de poignards saisis chez les conjurés. Le cor de Trabucco figure à côté de ces engins de destruction. Les inculpés parlent français avec des adoucissements de lettres; ce qui ne va pas sans un certain charme.

Ces individus sont évidemment des êtres dangereux; mais, quoiqu'ils fréquentassent les endroits où allait l'Empereur, auraient-ils été jusqu'à l'assassiner? Je me le demande.

Néanmoins le jury les déclare coupables. A ce moment, suivant le vœu de la loi, le président dit à chaque condamné: « Avez-vous quelque chose à dire pour l'application de la peine? »

Trabucco répond: « Je demande mon cor de sasse (chasse) et, si vous ne voulez pas me le donner, j'écrirai à l'Empereur. » Malgré la gravité de la situation, l'auditoire rit à gorges déployées.

La cour prononce contre Græco et Trabucco la peine de la déportation et contre Scaglioni et Imperatori celle de la détention.

J'avais cru que Trabucco s'en serait mieux tiré, car outre qu'il avait la figure et le *cor* sympathiques, il avait eu la chance d'avoir Me Rousse pour défenseur ! Me Rousse avait prononcé pour lui une très émouvante et très éloquente plaidoierie [1].

1er *Mars.* — Foule, hier, dans ma rue. Mon ancien professeur de physique à Louis-le-Grand, M. Jamin, inaugurait, à la Sorbonne, les soirées scientifiques. Le monde s'engouffra dans le grand amphithéâtre, et, comme la salle fut remplie en un instant, la porte se referma sur beaucoup d'invités qui, très vexés, remplirent ma rue de leurs protestations.

2. — Amélie et moi, sommes réveillés sur les minuit, par un bruit extraordinaire; nous ne savons ce que c'est; après réflexion je dis à ma femme : « C'est probablement le bruit de la manifestation hostile dont on menaçait George Sand. En ce moment doit finir la première représentation du *Marquis de Villemer.* Le bruit vient certainement de la rue Racine. » J'avais bien deviné.

---

[1] Norbert Billiard, dans son *Monde judiciaire*, rapporte ainsi qu'il suit un fragment de cette très habile plaidoierie : « ... Là-bas, à Lugano, dans un milieu hostile à la France et à son souverain... il avait bien pu rêver à un assassinat politique... Mais ici, à Paris, en respirant cet air pur, cette atmosphère apaisée qui nous entoure, en voyant passer calme, sans défiance cet homme qui, en six mois, a plus fait pour l'Italie que l'Italie n'a fait pour elle-même en trois siècles, le prince qui a été son vrai libérateur, et dont la vie est encore plus précieuse à l'Italie qu'à tout le reste du monde, un éclair de bon sens et de raison a traversé cette intelligence épaisse... il a voulu fuir... »

Le matin nous apprenons qu'une manifestation avait eu lieu, mais nullement hostile pour George Sand. Les étudiants étaient accourus en foule pour protester contre la prétendue cabale. Ils remplissaient la place de l'Odéon ainsi que la rue Racine. A chaque instant ils poussaient des exclamations bruyantes.

L'Empereur, l'Impératrice, le prince Napoléon et la princesse Clotilde assistaient à la représentation.

3. — On me raconte qu'avant-hier, pendant la représentation de l'Odéon, il y avait, dans la rue Racine et sur la place de l'Odéon, dix fois plus de monde que dans le théâtre lui-même. Des délégués venaient, après chaque scène, rendre compte à la foule de l'effet que telle scène avait produit.

La foule se consolait ainsi de ne pouvoir jouir du spectacle ; mais, faute d'entendre, elle s'en donnait à cœur joie de crier, de vociférer et les vociférations, grâce à un vent favorable, vinrent nous réveiller rue de la Sorbonne, numéro 4.

5. — Il est de toute nécessité qu'un prince ne fasse point de faux pas ; pour ce, on vient de donner, à notre Dauphin, un maître de danse dans la personne de M. Petitpa, premier maître de ballet à l'Opéra.

10. — A l'appel de la première chambre du tribunal, un confrère m'apprend la mort de M. Cordoën, notre procureur général. Il est mort en deux jours d'une grippe. Lundi on l'avait encore vu au palais.

12. — M. Renan publie une *Vie de Jésus* à bon marché, afin de faire pénétrer sa doctrine dans les masses. Il ne veut pas qu'on croie à la divinité du Christ ; comme c'est cruel de vouloir enlever, aux âmes souffrantes et désolées, leur croyance à un consolateur divin ! A titre de protestation, les croyants suivent plus

fidèlement, à Notre-Dame, les conférences du père Félix, qui se surpasse du reste.

23. — Le *Petit Journal* annonce la mort, à Rome, de M. Hippolyte Flandrin. C'était une singulière idée, une idée de malade d'aller à Rome pour se rétablir. Il s'est certes beaucoup trop fatigué à peindre les fresques de Saint-Germain-des-Prés. Il n'aura pas fini son œuvre, car le transept reste tout entier à faire [1].

3 Avril. — Le jour de Pâques, l'archevêque de Paris a dit, aux hommes qui venaient, en nombre considérable, de faire leurs pâques à Notre-Dame : « Ce n'est pas sans une grande et vive émotion que je contemple vos rangs si serrés. C'est une belle page que vous écrivez de la *Vie de Jésus* et celle-là est honnête et loyale. »

25. — Sur le quai Saint-Michel stupéfaction générale; on voit un tombereau, suivi d'un grand cylindre en crin, qui, en pivotant sur lui-même, fait l'ouvrage de dix balayeurs. Comme la plupart d'entre eux sont allemands, le pauvre peuple de Paris ne souffrira guère de cette innovation.

— Kelm a, dans un concert, chanté une chanson idiote dont le refrain est celui-ci : *Fallait pas qu'y aille* ; ce refrain bête revient sans cesse dans les bruits de la rue et a détrôné : *J'ai un pied qui r'mue.*

28. Le corps d'Hippolyte Flandrin avait été rapporté et déposé dans les caveaux de Saint-Germain-des-Prés. Aujourd'hui on fit les obsèques. Le vieux

---

[1] Depuis, la partie droite du transept a été remarquablement peinte par M. Cornu, élève d'Ingres, comme l'était du reste Hippolyte Flandrin ; mais la mort fut pour lui aussi cruelle que pour Flandrin ; elle l'empêcha de peindre le transept de gauche.

M. Ingres voulut, malgré ses 83 ans, assister à ces obsèques d'un ami et d'un élève chéri.

1ᵉʳ Mai. — M. le président des assises vient de faire placarder, sur l'une des portes de la salle d'audience, un règlement aux termes duquel ne pourront entrer les individus en robe, porteurs d'une moustache et d'un pantalon de couleur. C'est pour empêcher les intrus, non avocats, de pénétrer en robe aux assises lors des prochains débats d'une affaire dont on parle beaucoup : celle d'un médecin homœopathe, accusé d'avoir empoisonné une dame dont il avait fait assurer la vie pour cinq cent mille francs.

Même jour, 1ᵉʳ *Mai.* — Réception d'une lettre de mon cousin Prosper Duremer, à sa tante John Talma, lettre écrite à son arrivée en Cochinchine.

Prosper est reparti tout joyeux pour les colonies et a cinglé vers la Cochinchine, où il vent conquérir son grade de capitaine de 1ʳᵉ classe ; c'est le 17 octobre 1863 qu'il quitta Marseille avec les ambassadeurs Annamites, un tas de pouilleux, les plus propres cependant de la nation. La traversée, depuis Suez, eut lieu sur une mer de toute beauté et d'un calme admirable ; on fit la fête du Tropique, le mardi 2 février, jour de la Purification. Si les ambassadeurs ne furent pas spirituellement, purifiés ils le furent corporellement. Il serait à désirer, dit mon cher cousin, que chez les Annamites cette fête se fît tous les huit jours. Prosper est maintenant en Cochinchine, à Baria, province de Bien-Hoa.

2. — Meyerbeer vient de mourir ; l'Odéon perd beaucoup à cette mort. Meyerbeer avait, en effet, promis de composer une mélopée destinée à accompagner le *Faust* de Gœthe, traduit en vers français, spécialement pour l'Odéon.

5. — Gannal a embaumé Meyerbeer.

6. — Quand la voiture funèbre, qui emportait Meyerbeer à Berlin, passa sur le boulevard en face du marché de la Madeleine, une pluie de fleurs tomba de tous côtés sur cette voiture. Le marché aux fleurs fut dévalisé en un instant par les fanatiques du grand musicien.

9. — L'affaire du docteur homœopathe, accusé d'assassinat, est venue aujourd'hui à la cour d'assises ; il s'appelle Couty de la Pommerais, nom dont l'origine est : *poma aurea*. Il a dans ses armes un pommier avec cette légende : *quis poma aurea auferet? Qui enlèvera les pommes d'or?* Eh ! pauvre malheureux ! le bourreau peut-être. L'assassin demeure rue des Saints-Pères ; l'assassinée demeurait rue Bonaparte ; elle a été, prétend l'accusation, empoisonnée avec de la digitaline. Le procès fait tant de bruit que la vieille *Gazette des tribunaux* qui, ordinairement, ne paraît pas le lundi, a fait néanmoins paraître dans l'après-midi une feuille contenant l'acte d'accusation et le commencement de l'interrogatoire ; le reste de l'interrogatoire paraîtra ce soir dans une seconde feuille. Les abords de la cour d'assises sont envahis par la foule.

10. — Le joli mois de mai a fait éclore une feuille d'une nature toute particulière : la feuille du *Petit Moniteur du soir*. Le gouvernement, pour mieux assurer son influence sur les masses, a dédoublé le *Moniteur*. Depuis le commencement du mois il fait paraître son *Petit Moniteur du soir*, à l'exemple du *Petit Journal*.

12. — Dans la soirée on voit un immense ballon s'élever dans le ciel parisien : c'est la mongolfière de Godard, celle que la foule stupide voulait, il y a quelque

temps, déchirer sur l'esplanade des Invalides parce que Godard n'avait pas réussi à la gonfler ; c'eût été dommage, car elle est magnifique et plane avec une majesté incomparable.

16. — Une multitude de messieurs *très bien* entra ce matin à la Sorbonne, par la porte située près de la Faculté de théologie. Ils allaient entendre un nouveau professeur de cette Faculté, le père Gratry, polytechnicien devenu prêtre. L'amphithéâtre de la Faculté de théologie s'étant trouvé beaucoup trop petit pour les auditeurs, le père Gratry se rendit dans le grand amphithéâtre, où tout le monde le suivit.

17. — Le docteur Couty de la Pommerais a été condamné à mort.

28. — Le Jockey-Club était illuminé, hier, parce que l'un de ses membres, le comte de Lagrange, a gagné le prix d'Epsom avec sa pouliche : *Fille de l'air*.

29. — Promenade au rond-point de Courbevoie pour voir la statue de Napoléon, celle en redingote, qu'on y a transportée après l'avoir descendue du haut de la colonne Vendôme. Elle est installée au-dessus d'un piédestal fort élevé sur lequel est sculptée une N gigantesque ; voilà le vrai Napoléon.

L'immense horizon qu'on découvre de ce rond-point de Courbevoie semble donner à la statue plus de relief et de splendeur [1].

31. — Aujourd'hui, fin du mois de Marie. Beaucoup

---

[1] Lors de l'invasion prussienne, cette statue de Napoléon fut enlevée. Elle disparut comme une muscade. Au moment du siège de Paris, les uns prétendaient qu'elle avait été fondue, les autres qu'elle avait été jetée dans la Seine. Elle doit être remisée dans quelque chantier de l'Etat, où sont envoyées d'ordinaire les statues qui ont cessé de plaire.

de monde dans toutes les paroisses, surtout à la Trinité. La fille de Lablache, la baronne de Caters, y chantait. Vendredi dernier elle a ravi l'assistance en modulant un mélodieux *Ave* ; c'est une grande dame, une trop grande dame pour chanter au théâtre ; ce que le diable perd, le bon Dieu le regagne.

— Suivant mon habitude constante, je suis allé cette année au salon de peinture. La bataille de Solférino, par Meissonnier, attire tous les regards. Heureux les spectateurs qui peuvent approcher, car il faut faire longue queue et jouer des coudes pour arriver à contempler ce chef-d'œuvre. L'Empereur, les généraux, les soldats, quoique de petite dimension, se voient avec une netteté surprenante.

Rien de plus beau ensuite au salon que la *Victoire française*, du sculpteur Crauck, enfant de Valenciennes. Une jeune femme, merveilleusement drapée, émerge, pour ainsi dire, de la sphère du monde. De la main gauche elle porte le drapeau français qu'elle couronne de la main droite.

10 *Juin*. — La Pommerais a été exécuté hier. La *Gazette des tribunaux* de ce matin évalue à plus de cent mille les personnes qui se pressaient autour de l'échafaud, sur la place de la Roquette et dans les rues environnantes.

La Pommerais a embrassé, trois fois, l'abbé Crozes, l'aumônier des condamnés.

12. — Un décret révoque M. Renan de ses fonctions de professeur au Collège de France. Le ministre de l'instruction publique l'avait appelé à d'autres fonctions afin de pouvoir nommer un nouveau titulaire à la chaire *des langues hébraïque, chaldaïque et syriaque*. M. Renan ne voulut pas accepter ces fonctions, quelque belles

qu'elles fussent, déclarant tenir à son titre ; ce refus nécessita sa révocation.

20. — Le prince d'Orange a été invité par l Empereur à passer quelques jours à Fontainebleau ; c'est le fils du roi de Hollande. Il demeure très souvent à Paris ; il s'y amuse et s'y fait beaucoup d'amis à cause de sa charmante humeur. On l'appelle, par amitié, *le prince Citron.*

24. — Aujourd'hui vient de se dénouer, devant la cour d'assises, une affaire qui nous a beaucoup préoccupés au palais.

De temps en temps il nous revenait aux oreilles qu'au greffe de la police correctionnelle les propriétaires d'objets, saisis par la justice, ne pouvaient les ravoir, et que les déposants ne pouvaient facilement recouvrer des dépôts d'argent dont une partie devait leur revenir, après le paiement de certains frais. Grâce à des investigations du greffier en chef, M. Smith, responsable du fait de ses employés, il fut certain que des choses blâmables se passaient au greffe correctionnel. Le commis-greffier, chargé de la garde des objets saisis, se suicida. Alors on mit en arrestation le commis-greffier Vast, chargé de recevoir les dépôts d'argent. Le malheureux Vast, atteint de la fièvre de spéculation sur les terrains, fièvre qui s'est emparé de tout Paris, ne restituait que très difficilement, ou même pas du tout, les reliquats des sommes dues au public, car il les employait en achats de terrains. Il détourna ainsi plus de 110,000 francs. La cour d'assises l'a condamné, aujourd'hui, à six ans de réclusion. C'est un vieillard de 68 ans dont les cheveux sont tout blancs. Heureusement pour M. Smith que la fortune immobilière de Vast reluit au soleil. Ce petit commis-greffier a pour 1,200,000 francs de terrains, hypothéqués en partie, il est vrai. C'est à ne pas y croire ! Voilà un curieux et fatal signe du temps présent.

30. — Dans le grand amphithéâtre de l'Ecole de médecine, M. Joly, professeur à la Faculté des sciences de Toulouse, fit aujourd'hui une conférence pour prouver la vérité d'une doctrine dont on parle beaucoup depuis quelque temps : la doctrine des *générations spontanées*. Il prétendit que de tout petits êtres, aperçus grâce au microscope, naissent *spontanément* dans certaines matières désorganisées, tels que les œufs pourris. L'Académie des sciences a déclaré cette doctrine illusoire et nullement prouvée. M. Pasteur, membre de cette académie, s'est chargé d'en démontrer l'inanité. Il paraîtrait, en effet, que l'air est chargé de germes impalpables, que des multitudes d'œufs abondent et se développent dans certains milieux favorables, tels que les débris organiques en décomposition. Mais les incrédules tiennent beaucoup à la doctrine des générations spontanées parce qu'elle tend, ils le croient du moins, à rendre Dieu inutile et la nature assez puissante pour se passer de lui.

Tous les athées de Paris, athées par conviction, bien rares ceux-ci, ou athées par genre, plus nombreux ceux-là, se sont engouffrés dans l'amphithéâtre de médecine et ont applaudi la théorie du professeur de Toulouse en criant rageusement : *A bas les cléricaux* ! et en chantant des insanités sur l'air d'*Esprit saint descendez en nous* [1].

15 *Juillet*. — Depuis quelque temps on s'éclaire avec

---

[1] Ce qu'il y a de plus curieux, c'est que M. Joly, paraît-il, ne tirait pas de sa théorie les conséquences que les hommes irréligieux prétendaient en déduire. Du reste les beaux travaux de M. Pasteur démentirent bientôt l'inanité de la doctrine des générations spontanées, doctrine aujourd'hui complètement abandonnée.

une huile extraordinaire, l'huile de pétrole, qui sort des profondeurs de la terre. Ma femme ne veut pas en user parce que ce pétrole cause, en s'enflammant trop vite, de très graves accidents. M. Boitelle, préfet de police, vient de faire afficher sur tous les murs une instruction concernant l'emploi de l'huile terrestre. Cette instruction entre dans les plus petits détails, afin de bien faire comprendre les précautions indispensables pour se servir *impunément* de ce nouvel éclairage si dangereux.

Le meilleur système préventif, pour échapper à tous ces périls, c'est encore de ne pas user de ce pétrole.

25. — Depuis un certain temps, on construit une nouvelle préfecture de police, le long du quai des Orfèvres, et bientôt (et ce ne sera pas trop tôt) on jettera bas ces fouillis de bâtiments formant la préfecture de police, sur la place Dauphine et la rue du Harlay. M. le préfet de police ne veut pas emporter son vieux mobilier dans son nouveau domaine de peur d'y apporter des punaises contemporaines de la Révolution française. En effet, il a commencé à vendre d'antiques objets de rebut qui se trouvaient dans tous les coins : débris de bois, de fer, etc. Les Auvergnats de Paris sont accourus au bruit de la vieille féraille ; tout a été acheté, car tout s'achète à Paris, et voilà en partie la préfecture débarrassée.

Bientôt elle s'installera dans ses constructions modernes, mais quelques employés, j'en suis sûr, regretteront leurs vieux réduits. J'en connais un, le père Cardon, qui est à la *permanence*. Dans son antique bureau il est plus heureux qu'un roi. Tous les gens arrêtés inopinément sur la voie publique lui sont amenés ; voleurs à la tire, donneurs de mauvais coups, amateurs du beau sexe, coupables d'incongruités par trop publiques, tous sont conduits devant lui ; il ne les malmène pas, il les accueille en vrai philosophe chrétien et entre les fournées il écrit... la *Vie des saints.*

31. — Le docte M. Delaunay, curé de Saint-Etienne-du-Mont, vient de faire paraître une nouvelle traduction de l'*Imitation de Jésus-Christ.* Dans la préface il cherche à prouver et semble prouver d'une façon irréfutable que Gerson, le chancelier Gerson est l'auteur de ce livre si plein de consolation pour l'humanité. J'aurais mieux aimé qu'il ne le prouvât pas aussi bien, car l'œuvre me charme d'autant plus que son origine me semble plus mystérieuse.

2 *Août.* — Aujourd'hui, au milieu d'un grand concours de monde, eurent lieu, à Saint-Séverin, les obsèques de M. Hachette, fondateur de la plus belle librairie de Paris, homme de grande intelligence et de grand savoir, sorti de l'Ecole normale. Il avait pris, pour associés, ses deux gendres, MM. Breton et Emile Templier, ce dernier, frère de mon cher confrère Templier.

16. — La fête de l'Empereur a été magnifique, surtout à la place de la Concorde ; beaucoup d'entrain par suite d'une nouvelle mode ridicule mais vraiment drôle et cocasse. On ne chante plus : *J'ai un pied qui r'mue* ou : *Fallait pas qu'il y aille*, mais on se crie dans les oreilles : « Ohé ! Lambert ! As-tu vu Lambert ? » Le peuple parisien est décidément le peuple le plus spirituel de la terre !

18. — On reparle du prolongement du boulevard Saint-Germain, qui va actuellement, du quai de la Halle aux vins à la rue Hautefeuille. Cette dernière rue forme pour ainsi dire une muraille impénétrable. Le boulevard, en effet, s'arrête devant un immeuble énorme, où sont intallés des marchands, vendeurs des

choses les plus extraordinaires ; le prolongement amènerait une grande amélioration dans un vilain quartier, à l'aspect sinistre, coupé de rues, que je suis fort effrayé de traverser le soir, malgré leurs noms doucereux : *Hautefeuille*, *Mignon*, *du Jardinet*, etc.

18. — Le roi d'Espagne, arrivé à Paris, est immédiatement parti pour Saint-Cloud où l'Empereur et l'Impératrice se trouvent en ce moment. Les grands hôtels de Paris ont arboré le drapeau espagnol. Beaucoup de maisons particulières, sur les grands boulevards, en ont fait autant. Ce drapeau est composé de trois bandes . deux rouges et une jaune ; la jaune entre les deux rouges.

20. — Revue de la garde impériale et de la garde nationale au Champ de Mars. L'Empereur a félicité le général Mellinet sur la tenue *martiale* de la garde nationale, qui a défilé la première devant l'Empereur et le roi d'Espagne. Les gardes nationaux n'ont pas bronché sous les rafales de vent et de pluie. Tendres épouses parisiennes, soyez fières de vos maris ! Mais veillez bien sur eux !

26. — Un arrêté préfectoral donne le nom de *Saint-Michel* à la place qui se trouve devant la grande fontaine de l'Archange ; l'ancienne place Saint-Michel a disparu. Elle était tout en haut de la montagne, vers le point le plus élevé des rues Monsieur-le-Prince et la Harpe. Là aussi se trouvait une fontaine, mais fort modeste, agrémentée d'un distique latin dans lequel ce farceur de Santeuil conseillait aux étudiants de boire son eau parce que la sagesse y avait élu domicile [1].

---

[1] *Hoc in monte suos reserat sapientia fontes;*
Ne tamen hanc puri respue fontis aquam.

Nous disions : « A quoi bon, nous en boirons toujours assez dans le vin du gargotier d'en face. »

18 *Septembre*. — A la mairie du cinquième arrondissement une enquête est ouverte pour savoir quel nom les habitants désirent donner au boulevard Sébastopol rive gauche. On ne pense pas toujours à mettre sur les lettres *rive gauche* ou *rive droite*, et alors des confusions et tout au moins des retards dans l'arrivée de ces lettres. Je vais donner mon avis et dire qu'on doit l'appeler *boulevard Saint-Michel*, puisqu'il commence à la fontaine Saint-Michel.

20. — N..., un de nos bons docteurs du quartier, qui demeurait rue des *Sept voies*, se sentant mal à la tête, se figura être atteint de méningite. Il se pendit. Les pauvres médecins s'effrayent plus que d'autres, car leur esprit évoque les maladies les plus effrayantes et souvent, hélas ! ils n'ont pas la foi pour se soutenir et se consoler.

23. — La vénérable rue de la *Barillerie*, qui longe le palais de Justice, cette joyeuse rue des clercs d'avoués et des étudiants, se rendant au Prado, rentre dans le néant. On vient de faire sauter les plaques qui indiquaient son nom et d'en clouer d'autres indiquant le nom du boulevard qui l'a absorbée : le *boulevard du Palais*.

24. — Nous venons d'enterrer notre *dicendi peritum* confrère Labadens, qui avait au suprême degré le don des larmes. Pour sauver un client il se serait, s'il l'eut osé, jeté aux pieds des juges. Il était déjà bien connu, mais son nom était devenu célèbre depuis le 26 mars 1857, jour ou plutôt soir, où Labiche fit, pour la première fois, représenter, au Palais-Royal, sa fameuse comédie : *l'Affaire de la rue de Lourcine*.

3 *Octobre*. — Un chapitre à ajouter à la *Légende dorée*. Il y a vingt-sept ans, dans l'affreuse rue des Cordiers, derrière les annexes de la Sorbonne, un homme de grande valeur intellectuelle, M. de Larsille, vint prendre gîte, et gîte plus que modeste, à un troisième étage. Il se trouvait là en plein centre ouvrier, au milieu de pauvres gens, gagnant péniblement leur vie et nourrissant avec peine de nombreux enfants. C'étaient ces derniers qu'il était venu précisément chercher. Quand il voyait de jeunes garçons intelligents, il complétait lui même l'instruction qu'on leur donnait à l'école. Il en faisait des sujets distingués pour leur permettre d'occuper une position convenable dans les administrations ou dans le commerce. En outre il les soutenait souvent de ses deniers, et sa petite aisance passa peu à peu de son gousset dans celui de ses nombreux protégés. Pour lui il ne dépensait rien, car que pouvait coûter une unique chambre au troisième étage, rue des Cordiers? Ses dîners n'étaient guère copieux, ses déjeuners encore moins; jamais, dit-on, il n'y dépensa plus de 0 fr. 15 cs.

Il vécut ainsi vingt-sept ans dans les plus grandes privations matérielles du corps, mais dans les plus grandes jouissances du cœur. Enfin à force de dépenser presque rien pour lui et beaucoup pour les autres, il en vint tout récemment à n'avoir plus que 6 francs dans sa poche. 6 francs! que faire avec 6 francs? C'est ce qu'il dit probablement à Dieu et que Dieu comprit. M. de Larsille alla, comme d'habitude, à Sainte-Geneviève, à la messe de onze heures; il y pria et y mourut; c'était le 25 septembre dernier.

23. — Autrefois les gardes nationaux récalcitrants étaient condamnés à 24 ou 48 heures de salle de police. La punition était subie dans un hôtel que l'on appelait *l'hôtel des haricots*. Les cellules où les gardes natio-

naux gémissaient ainsi, sur la paille humide, étaient ornées de dessins au fusain, dûs à de très grands artistes et signés par eux. Il fallut, malheureusement, démolir cette maison de *force*, qu'on vient de remplacer par une autre prison à Passy. C'est une fort belle villa ; pour aller à la campagne, on se montrera de plus en plus réfractaire à monter sa garde.

31. — On nous distribue, sur le boulevard Saint-Michel, un prospectus de journal qui doit paraître tous les dimanches à partir du 25 novembre prochain. Il s'appellera *la Rive gauche* et narrera les faits et gestes du quartier. Les rédacteurs désignés sont : Baucel, Barni, Germain Casse, Clémenceau, Combatz, Aimé Cournet, Benjamin Gastineau, Laurent Pichat, Longuet, Paul Meurice, Alfred Milliard, Edgar Quinet, Rogeard, Sully Prudhomme, Vacherot.

1er *Novembre.* — Prosper a écrit de Cochinchine à sa tante Talma ; il déplore la mort de son oncle qui a toujours été affectueux pour lui. En ce qui le concerne personnellement, il dit avoir élevé, dans l'endroit le plus avancé vers l'ennemi, un petit fort, véritablement imprenable ; les Annamites l'ont attaqué, mais ils ont été repoussés avec une perte de vingt-cinq hommes ; ils ont abandonné leurs morts et beaucoup de projectiles sur le champ de bataille.

Prosper a également rendu son fortin inaccessible aux tigres qui pullulent et aux éléphants qui, sans méchanceté, font néanmoins de grands dégats ; il n'y a pas seulement du gros et terrible gibier dans le pays, mais aussi des biches, des sangliers, dont il a abattu un grand nombre, grâce à l'excellent fusil de chasse de son oncle.

20. — Dans le *Petit Journal* d'aujourd'hui, Victor Cochinat, le journaliste mulâtre, raconte, d'une façon

piquante, un petit fait qui vient de se passer à Saint-Louis. Les professeurs de ce collège sont très entendus pour bien préparer leurs élèves à Saint Cyr ou à l'Ecole polytechnique. Cette année-ci, dans une seule classe, treize élèves ont été reçus à cette école. Les treize nouveaux *pipots*, tout flambants dans leurs costumes neufs, sont arrivés un peu avant l'ouverture de cette classe et se sont installés sur les bancs au milieu des autres élèves. Quand le professeur arriva il les regarda tout surpris, ne sachant ce que cela voulait dire, mais bientôt ses yeux s'humectèrent en reconnaissant ses treize grands enfants.

25. — En ce moment le panorama de Paris s'enrichit d'une façon fort originale ; des ingénieurs habiles jettent hardiment, au-dessus de la Seine, un viaduc gigantesque pour servir au chemin de fer de ceinture qui tous les jours et peu à peu s'achève. Beaucoup d'arcades sont terminées, d'autres sont à moitié construites et le pont, non achevé, évoque, dans le lointain, l'image de quelque vieil aqueduc romain en ruines. Il en est de même des horizons de notre quartier, ils s'enrichissent également. Le dôme du Val-de-Grâce est reconstruit. La lanterne immense, qui couronne ce dôme, vient d'être surmontée d'un globe et d'une belle croix, le tout resplendissant d'or.

7 *Décembre*. — La cour a confirmé aujourd'hui le jugement qui condamna, pour délit d'association illicite: Hérold, Hérisson, avocats à la cour de cassation ; Durier, Floquet, Ferry, avocats à la cour d'appel; Garnier-Pagès et Carnot, fils du grand conventionnel.

— Nous allons en groupe contempler le tribunal de commerce, dont la façade apparaît enfin. Elle nous paraît fort remarquable. M. Bailly, l'architecte, a imité l'hôtel de ville de Brescia, que l'Empereur admira en traversant cette ville, lors de l'expédition d'Italie.

14. — Mort de la chère Mme Talma, tante de mon cousin germain, Prosper Duremer. Quoique fort laide, elle avait, grâce à son esprit, conquis et conservé le cœur de son mari, John François-Talma, neveu du tragédien. Ce dernier appréciait beaucoup cette femme, vraiment distinguée, car elle avait non seulement de l'esprit, mais encore un bon sens accompli. Voici la lettre de faire-part que je transcris ici pour mes enfants :

M

Vous êtes prié d'assister aux convoi, service et enterrement de Mme veuve Talma, née Caroline Roux-Duremer, décédée, munie des sacrements de l'Eglise, à l'âge de 70 ans, en son domicile, rue d'Angoulême-Saint-Honoré 41, qui se feront le Vendredi 16 Décembre 1864, à 11 heures, en l'église de Saint-Philippe-du-Roule, sa paroisse.

On se réunira à la maison mortuaire.

De profundis.

De la part de Mme veuve Roux-Duremer, sa belle-sœur, et de M. Prosper Roux-Duremer, capitaine au 3e régiment d'infanterie de marine, son neveu.

18. — Les confrères de la rive droite, en passant vers les dix heures du matin, soit sur le Pont au-Change, soit sur le Pont-Neuf, pour se rendre aux audiences de la cour, ont joui d'un réjouissant spectacle. A cause du grand froid, tous les rats de Paris s'étaient réfugiés dans les égouts. Les égoutiers du boulevard Sébastopol, rive droite, descendus dans le grand égout de ce boulevard, chassèrent devant eux d'innombrables rats jusqu'à la porte de cet égout, porte donnant sur la Seine, non loin du Pont-au-

Change. Mais la Seine, très haute en ce moment, charriant des glaçons, les malheureux n'eurent d'autre ressource, pour ne pas être engloutis par le fleuve, que de s'élancer prestement sur les glaçons. Pendant quelque temps tout alla bien ; la flotille marcha majestueusement. Mais, arrivée aux piles du Pont-Neuf, elle s'y brisa avec fracas et les passagers furent précipités dans l'eau glacée à la grande joie des badauds arrêtés le long des quais.

Quelques centaines de rats purent se soustraire à ces écueils du Pont-Neuf, mais ils n'échappèrent pas à ceux des autres ponts et la bande infortunée périt tout entière.

19. — En allant, le soir, voir la tante Turin, qui demeure devant Saint-Séverin, j'apprends qu'une vieille folle, habillée en homme, a tiré, sur le vieux curé, M. Hanicle, deux coups de pistolet et ce au moment où il saluait une statue de vierge, honorée dans l'église depuis le xive siècle. Il paraît que ce salut l'a sauvé. Quoiqu'il fut très légèrement atteint, M. le curé éprouva une si violente émotion que notre médecin, M. Dequevauviller, fut obligé de le saigner. Cette femme, depuis longtemps, menaçait M. Hanicle parce qu'il ne voulait pas lui donner des secours trop abondants.

20. — Le curé ne court aucun danger ; c'est une affaire de quelques jours de repos.

28. — M. Anspach, le président de la deuxième chambre de la cour, a fait remarquer à un avocat stagiaire, porteur de moustaches naissantes, qu'il aurait dû couper ses moustaches pour se présenter à la barre. Le jeune homme répondit : « Je n'aurais jamais cru que M. le président eut de si bons yeux. »

Le président ravi lui dit : « Plaidez, Maître, mais gare à vous une autre fois » [1].

M. Anspach est je crois le seul juif magistrat à la cour [2].

---

[1] « Mon ami Gilles de la Ronse vient de passer sa thèse de licence en droit. Le pauvre garçon va se voir obligé de couper ses moustaches, s'il veut plaider. Voilà bien les sottes exigences de nos mesquines coutumes. Dans un pays où Richelieu portait une barbe de colonel, on donne aux avocats une figure de maître d'hôtel... La magistrature est impitoyable ! Sans la robe et les favoris il n'y aurait pas de bons avocats. » Comte de Grandeffe, *Mémoires d'un homme du monde*, page 126.

[2] Sa fille épousa M. G. de Rothschild.

1865

2 *Janvier*. — Il ne fait pas bon trotter, pendant la nuit, le long de la clôture, en planches, de l'immense chantier qui se trouve devant mes fenêtres, rue de la Sorbonne et qui s'étend entre cette rue, la rue Saint-Jacques et la rue des Ecoles. Un jeune étudiant longeant cette clôture, rue des Ecoles, y a été attaqué et volé. Il n'en a été, heureusement, que pour son porte-monnaie ; pareilles aventures n'arrivent aux étudiants que les premiers de mois.

— J'ai vu quelqu'un, d'esprit éclairé, qui a suivi la station de l'Avent à Notre-Dame. Elle y est prêchée par un carme, le père Hyacinthe, homme de très, très grand talent. Son costume est fort curieux : robe brune avec chape blanche dans la partie supérieure. Sa tête est belle et sa prestance ne l'est pas moins, ce qui est indispensable ou du moins fort utile pour un orateur.

6. — Froid horrible; un garde municipal, de faction au Palais, est mort des suites d'un froid aux pieds ; il se congestionna et s'affaissa mourant ; il avait 42 ans.

11. — Curieux incident à la cour d'assises. Lachaud plaidait ; un juré, à qui ses raisonnements ne plaisaient pas, se mit à dire : « Mais qu'est-ce que cela signifie ? »

Lachaud s'empressa de faire renvoyer l'affaire à une autre session pour échapper à un juré si franc et si franchement hostile.

13. — Mon voisin, le libraire Tandou (successeur de M. Dezobry, rue de la Sorbonne, numéro 2), à peine marié depuis six mois, plaidait en séparation de corps contre sa femme qui appartient à une des plus hautes familles de la bourgeoisie parisienne. Aujourd'hui Mme Tandou vient d'obtenir la séparation de corps, pour voies de fait.

L'opinion n'est pas cependant défavorable au mari.

14. — Ma domestique, en allant chercher son lait, a appris une triste nouvelle. Mon malheureux voisin n'a pu supporter le chagrin que lui a causé la perte de son procès. Ce matin on l'a trouvé pendu au lustre de son salon. Le concierge du numéro 2, en le dépendant, a été violemment précipité par terre par le poids du corps. Il en est tout malade.

Je vais au palais ; dans la salle des Pas-Perdus on s'entretient de la mort de M. Tandou. La séparation de corps a été prononcée à la requête de la femme, sans enquête ; pareil résultat a fait perdre la tête au malheureux. Il avait eu le tort d'écrire une lettre violente à sa belle-mère, crime impardonnable ! *Initium sapientiæ, timor... socrûs.*

15. — Notre curé, M. Hanicle, a dit la messe aujourd'hui ; il va assez bien maintenant. M. Dequevauviller, notre cher docteur, l a remis sur pied. On craignait un érysipèle.

16. — Le comte de Talleyrand-Périgord, récemment créé duc de Montmorency par l'Empereur, s'est, à propos de ce titre, battu en duel avec M. de la Rochefoucauld ; ils se sont escrimés lundi dernier au bois de

Boulogne, derrière Bagatelle. Ce duel entre cousins n'eut heureusement aucune issue fâcheuse.

M. le comte de Talleyrand-Périgord est le troisième duc créé par l'Empereur : *duc de Morny, duc de Persigny, duc de Montmorency.*

Il est bien de la famille de Montmorency, par les femmes, mais il n'est point le parent le plus rapproché du dernier duc. L'Empereur, en tant que souverain, avait cependant le droit d'agir ainsi. Il dispose des titres [1].

21. — Avant-hier 19, au matin, mort de Proudhon, et hier ses funérailles. Pas d'ouvriers pour suivre le cercueil de cet homme qui avait écrit tant d'âpres lignes en leur faveur, rien que des bourgeois inconscients du mal que fit le novateur. Son compatriote,

---

[1] *Les Mémoires du duc de Persigny*, publiés chez Plon en 1896 par les soins de M. de Laire, son secrétaire, contiennent une note bien curieuse sur le débat Montmorency, qui a tant passionné la société parisienne aussi bien la bourgeoisie que la noblesse. La voici : « Au commencement de 1864, il se répandit le bruit dans la société de Paris, qu'un jeune homme, fils du duc de Valençay et d'une demoiselle Alix de Montmorency, le comte Adalbert de Périgord, allait être nommé duc de Montmorency, parce que le dernier duc de Montmorency venait de mourir. Pourquoi, disait-on, le choisir lui plus qu'un autre entre tous les descendants, par les femmes, de cette glorieuse maison ? Pourquoi ne pas accepter, pour perpétuer le nom, le véritable représentant de la ligne féminine, suivant l'ordre de la naissance, c'est-à-dire le prince de Bauffremont-Courtenay, fils aîné de la sœur aînée du dernier duc de Montmorency.

« Mais le comte de Périgord s'était seul présenté aux Tuileries et assistait aux petits bals de l'Impératrice. Il fut nommé, malgré les petites agitations du faubourg Saint-Germain, duc de Montmorency. La noblesse lui tourna le dos, quoiqu'il fût un garçon plein d'honneur, distingué. Il fut obligé de se battre avec un de ses cousins.

« Les journaux font apercevoir le caprice du souverain ou plutôt de la souveraine. Le titre de duc fut maintenu au comte Adalbert, mais avec interdiction de porter le nom seul et les armes pleines de Montmorency. »

l'avocat Gustave Chaudey, a prononcé quelques paroles d'adieu au bord de la fosse ouverte. Notre journal de quartier, *la Rive gauche*, a paru encadré de noir et a fait connaître avec joie que les funérailles de Proudhon avaient été exemptes « des chants et des oripaux catholiques ». C'étaient les obsèques dues à l'homme qui avait cherché à saper les principes les plus fondamentaux de la société religieuse et même civile, car dans son livre : *Qu'est-ce que la propriété?* il avait répété à satiété : *La propriété, c'est le vol.* Dans ce livre je rencontre cependant une page fort belle sur l'admirable transformation, à l'arrivée du Verbe, de l'horrible monde ancien. Dieu, dans sa miséricorde, ne verra peut-être que cette unique page.

29. — Notre feuille rouge, *la Rive gauche*, se met encore du noir dans la cocarde. Elle paraît avec un liseré noir. Charras vient de mourir.

5 *Février*. — A la grand'messe, notre curé, M. Hanicle, parfaitement rétabli, a pu monter en chaire pour faire le prône. Il a remercié ses paroissiens pour tous les témoignages d'affection qu'ils lui ont donnés à l'occasion du fâcheux événement.

11. — Le pourvoi de nos confrères contre l'arrêt de la cour d'appel, qui les a condamnés pour association illicite, a été rejeté sur les conclusions de l'avocat général, M. Charrins.

20. — A l'angle des rues Saint-Jacques et Cujas, on démolit une mignonne maison gothique, reste du fameux couvent des Jacobins. Un marchand de vins l'occupait ; sa boutique était circonscrite par une arcade ogivale dans laquelle se trouvait l'ancienne porte d'entrée du monastère, vrai bijou sculptural, ornée de consoles sur lesquelles reposaient d'adorables

figurines religieuses. Place, place à une maison de cinq étages et à pans coupés, dernière trouvaille de l'architecture moderne !

26. — Exposition, aux Beaux-Arts, des œuvres d'Hippolyte Flandrin. On s'y porte en foule et on admire surtout, parmi ses portraits, celui de la « Jeune fille à l'œillet, » *Mlle Maison* [1], et celui de l'Empereur.

13 *Mars*. — Aujourd'hui, enterrement de M. de Morny. Dans la matinée on nous gratifia de quinze coups de canon ; les obsèques furent magnifiques, je les ai vues sur les grands boulevards. La garde marchait sur toute la longueur de la chaussée avant le char ; derrière se trouvaient Rouher, Persigny, tout le corps législatif, des députations des corps judiciaires, etc.

J'entendais dans les groupes identiquement ce que j'avais entendu en 1847, lors de la mort de Mme Adélaïde, la sœur du roi ; on disait alors : « Pas de chance le roi ! il perd son Égérie. » On disait aujourd'hui : « Pas de chance l'Empereur ! il perd son meilleur conseiller. »

16. — Hier, un bienfaisant et intègre conseiller à la cour, M. Mourre, a été enterré au Père Lachaise. Il était magistrat à Paris depuis quarante ans. M. Cazenave, président de la première chambre de la cour, a dit sur le bord de la tombe : « ... Notre consolation à nous, ses amis, est d'espérer qu'il a reçu sa récompense ; car Dieu, par la voix de l'orateur sacré, la promet aux juges qui ont eu *les regards bénins, les oreilles attentives* et *le cœur toujours ouvert à la vérité.* »

17. — Hier, sans doute pour mieux émouvoir les

---

[1] Depuis Mme de Mackau.

accusés, la cour est venue à l'audience en robes rouges. Jusqu'aujourd'hui les assesseurs du président, n'étaient qu'en robes noires.

18. — Touchante attention : l'Empereur a fait faire l'autopsie du corps de son frère naturel, M. de Morny, qui est mort d'anémie. Le cerveau avait un poids considérable.

19. — Le garde des sceaux a ordonné que, dorénavant, quand nous plaiderions aux assises, nous aurions, comme aux audiences solennelles, notre chausse fournie d'hermine... hermine de gouttières.

27. — Plon, 8, rue Garancière, est l'éditeur de *la Vie de Jules César* par l'Empereur. Le premier volume a paru ; il vaut 10 francs ; ça n'est pas pour rien ; M. Duruy y a travaillé... dit-on.

28. — Un petit procès en référé vient de faire connaitre que Mme Cornemuse, la veuve du général, est titulaire du débit de tabac la *Civette*, le plus lucratif des bureaux de tabac à Paris.

La vie, toute d'honneur et de dévouement, du général *Cornemuse* explique naturellement cette si riche attribution à la générale. Cornemuse mourut en 1853, assez inopinément, et à ce propos coururent les bruits les plus extravagants. On se racontait, mais tout bas, que, dans le cabinet de l'Empereur, s'étaient rencontrés les deux généraux Saint-Arnaud et Cornemuse, qu'après leur départ l'Empereur avait constaté la disparition d'une liasse de billets de banque, posée sur la cheminée, que l'Empereur avait fait rappeler les deux visiteurs pour leur demander s'ils n'avaient pas vu cette liasse, que Cornemuse et Saint-Arnaud s'étaient disputés à propos de cette question déplaisante, qu'au sortir du cabinet du souverain ils s'étaient battus en duel et sans témoins dans un corridor des Tuileries, et que le général Cornemuse, mortellement atteint, avait succombé à sa blessure quelques jours après. Le plaisir avec lequel on *colportait complaisamment* ces bruits m'empêcha d'y ajouter foi. Ce que je ne pouvais croire surtout, c'est que l'Empereur, qui passe pour être bon, gracieux et poli, eût été assez méchant et mal appris, pour adresser pareille question à des généraux [1].

29s — Aujourd'hui, la cour d'assises a déclaré coupable la femme qui a tiré un coup de pistolet sur mon curé, M. Hanicle, et l'a condamnée à douze ans de réclusion. Son père était aliéné ; elle-même fut enfermée pendant quelque temps dans une maison de fous. Pourquoi ne pas la renvoyer tout simplement à Charenton ?

31. — Aujourd'hui, la sixième chambre a condamné à huit mois de prison, Longuet, le signataire d'un article paru dans *la Rive gauche* sous ce titre : *la dynastie de la Palisse* [2].

2 Avril. — Reçu lettre de Prosper, datée du 21 janvier 1865 et écrite à Long-Phung. Il ne se doute pas que sa pauvre tante Talma est morte. On lui a promis un obusier pour son fort qui est très bien construit et pour lequel il a eu de grands éloges. Il a englobé dans ce fort deux pagodes de Boudha.

6. — Une commission administrative a été réunie,

---

[1] Dans ses *Souvenirs*, t. 1er, p. 202, le général Fleury dit que cette histoire a été inventée d'une façon odieuse.

[2] A partir de ce moment, l'organe du quartier latin quitta les rives inhospitalières de la *Seine* pour se réfugier à Bruxelles avec Ch. Longuet ; mais les rives de la *Senne* ne lui furent pas plus hospitalières. Le journal s'y anémia et disparut bientôt.

tout exprès, pour savoir quel nom définitif serait donné au boulevard Sébastopol rive gauche. Plusieurs noms étaient proposés ; Saint-Michel sortit encore une fois vainqueur de la lutte. Montés sur de grandes échelles, des ouvriers clouent, au coin des rues, des plaques indicatives de son nom.

27. — Paris apprend avec stupeur la mort du président Lincoln, assassiné, il y a une douzaine de jours, au théâtre de Washington, par un sécessionniste.

30. — Le vice-président Johnston a succédé à M. Lincoln, tout naturellement, sans secousse, malgré les périls du moment. En 1848, le président de la République était également et fort amplement doublé d'un vice-président, le gros Boulay (de la Meurthe). A quoi bon un vice-président, disait-on alors ? d'après ce qui vient d'arriver aux Etats-Unis, on voit combien cette mesure était sage.

L'émotion est très grande parmi les étudiants depuis l'annonce de la fatale nouvelle : samedi ils se sont réunis et ont nommé un comité, pour porter une adresse de condoléance au ministre des Etats-Unis. Hier ils ont accompagné leur comité, au nombre de 1200 au moins. Tout alla bien jusqu'au pont Saint-Michel ; mais là ils furent arrêtés par de la troupe et des escouades de sergents de ville qui ne laissèrent passer que le comité.

31. — Je m'étonnais qu'on n'eût pas laissé les étudiants faire une manifestation grandiose en l'honneur des Etats-Unis. Mais le gouvernement a craint quelque trouble. Leur adresse, en effet, était pleine d'allusions plus ou moins désagréables pour l'Empereur, par exemple la suivante : « ... Nous porterons nos regards de l'autre côté de l'Océan pour apprendre comment

un peuple, qui a su se faire libre, sait conserver sa liberté... »

On a répondu aux étudiants : « *Ne portez pas vos regards du côté de l'Océan ni même de l'autre côté de la Seine, sur la rive droite... réservez-les pour votre chère rive gauche.* »

Les meneurs, qui pullulent dans notre quartier, ont gâté la généreuse initiative des étudiants.

1ᵉʳ *Mai*. — Avant-hier, samedi, le tribunal de police correctionnelle a condamné, à quinze mois de prison, notre confrère Maurice Joly, et ce pour avoir excité à la haine et au mépris du gouvernement en vendant en France un ouvrage intitulé : *Dialogue aux Enfers entre Machiavel et Montesquieu, ou la politique de Machiavel au XIXe siècle*. Il y attaque fortement l'Empereur. Ce livre révolutionnaire a été imprimé en Belgique à la fin de 1864, par Mertens. Aucune imprimerie, en France, n'eût voulu s'en charger. On employa, pour l'introduire à Paris, les moyens les plus ingénieux. En mars dernier, par exemple, vingt-trois exemplaires furent saisis dans le double fond de la malle d'un voyageur, le sieur Granjean, qui, lui, a été, mais par défaut, condamné à six mois de prison.

Maurice Joly s'est défendu lui-même ; c'est un avocat fort médiocre, mais un excellent écrivain, fort dangereux pour le gouvernement. C'est égal, quinze mois, c'est salé !

14. — Depuis quelques jours un petit steamer, construit à Saint-Denis, est amarré dans le port du Louvre; il est destiné à faire la navette entre Paris et Londres. Les journaux avaient annoncé qu'aujourd'hui dimanche, le curé de Saint-Germain-l'Auxerrois viendrait le bénir, aussi les quais voisins et circonvoisins étaient-ils noirs de monde. L'abbé Legrand est arrivé à l'heure indiquée

et a parcouru le pont du navire en remplissant les cérémonies rituelles, c'est-à-dire, notamment, en jetant sur ce pont du blé et du sel, symboles de bonheur et de richesse.

30. — Ce soir, boulevard des Capucines, grande illumination au Jockey-Club pour célébrer la victoire, à Epsom, d'un cheval français, Gladiateur, des écuries du comte de Lagrange.

31. — Dans le courant de ce mois, visite à l'Exposition ; j'ai vu, du camarade de Louis-le-Grand, Paul Dubois, une jolie statue : *Chanteur florentin* en costume xv siècle, dont certain détail de toilette est ultra osé. Je connais des dames qui s'en sont offusquées, et des dames *pas bégueules* cependant.

Un cercle de rieurs entourait l'*Olympia*, de Manet [1], c'est une jeune fille couchée, toute nue, près d'un gros chat noir, probablement la fille de la mère Michel. Pour mieux la faire ressortir, Manet l'a entourée d'une espèce de petit liseré noir. Elle a l'air d'une vieille redingote effiloquée, que l'on a bordée d'une gance pour la rafistoler.

2 *Juin*. — Aujourd'hui, la cour a confirmé le jugement qui avait condamné notre confrère, Maurice Joly, à quinze mois d'emprisonnement, pour avoir introduit en France sa brochure de Machiavel.

— Tout récemment, la cour a rendu une excellente décision dans un mauvais procès fait à l'abbé Péreyve, professeur à la Sorbonne, par M. Léon Lacordaire,

---

[1] *Olympia* se prélasse aujourd'hui dans la collection Caillebotte, au musée du Luxembourg, petite salle en entrant à droite. La Faculté de médecine y envoie les malades dont la rate a besoin d'être dilatée.

frère du dominicain. Le père Lacordaire avait légué tous ses manuscrits à l'abbé Péreyve. Celui-ci, sous le titre de *Lettres à des jeunes gens,* publia, de son illustre ami, certaines lettres que M. Léon Lacordaire ne jugea pas convenables pour la mémoire de son frère, parce qu'elles parlaient trop de passion, trop du besoin d'aimer. La cour a décidé que, loin d'avoir publié imprudemment le volume intitulé : *Lettres à des jeunes gens*, l'abbé Péreyve avait, au contraire, par cette publication, mis une fois de plus en lumière les belles qualités du père Lacordaire et fait honneur à sa mémoire.

3. — On dit que le comte de Lagrange n'avait, l'année dernière, gagné que 75,000 francs avec *Fille de l'Air*, le pauvre homme ! Mais cette année il s'est rattrapé avec *Gladiateur*, dont la victoire lui a rapporté deux millions.

6. — Paul Dubois a la médaille d'honneur du salon pour son *Chanteur florentin*.

11. — L'Impératrice, régente pendant un voyage de l'Empereur en Algérie, a profité de ses fonctions pour aller décorer Mlle Rosa Bonheur, dans son atelier même. Toujours les femmes se soutiennent.

Quoique fort aimante, Rosa Bonheur est un peu brusque ; en prenant les habits de l'homme elle en a pris la brusquerie. Un jour, en quittant l'école de dessin de la rue Dupuytren [1], dont elle était directrice, elle dit à ses écolières : « Si je meurs sur la voie publique, j'espère que vous me reconnaîtrez, car vous m'avez assez regardée. » Toutes les jeunes souris, confuses (*inter quas mea futura uxor*), baissèrent timi-

---

[1] Cette école est aujourd'hui rue de Seine, numéro 10.

dement, sur leurs cartons, leurs petits museaux roses.[1]

12. — Enfin, nous nous sommes décidés, Amélie et moi, à nous rendre aux Champs-Elysées pour entendre Thérésa dans ses chansons du *Sapeur* et de la *Vénus aux carottes*; c'est une grosse femme à l'air bon enfant, pas poseuse, avec une voix incisive qui lui permet de détailler nettement ce qu'elle chante. Elle est bien où elle est, dans un milieu peu relevé ; mais je ne comprends pas qu'on la fasse venir dans les salons. Son répertoire n'est pas obcène. Elle a cependant quelques chansons un peu salées en réserve. On voulait à toute force, m'a-t-on dit, lui en faire chanter une en public : « non, non, non, dit elle… et la police ! »

Somme toute, son talent n'est ni grossier ni dévergondé ; il s'impose.

Tout le monde chante les couplets du *Sapeur :*

L'autre jour j'ai reçu la visite
De c'lui q' j'appelle mon cousin;
Comme de juste je l'invite
A venir prendre un verre de vin ;
Même que c'était du Chambertin.
Y' m'répond : « ça s'trouve à merveille ;
J'obtempère à cette faveur »
Et puis il lich' toute la bouteille (bis)
Rien n'est sacré pour un sapeur (bis) [2].

---

[1] Mlle Rosa Bonheur habite à By, près de Thomery et Moret, un domaine superbe, tout peuplé d'animaux. Comme j'allais souvent à Moret avec ma petite famille, j'avais pris pour médecin M. Hubin, de Thomery, également médecin de la grande artiste. Le bon docteur, mort récemment, avait dans son salon un superbe dessin que lui avait donné sa cliente : *Moutons dans un parc* ; je crois que l'artiste n'a jamais fait mieux. Elle n'avait trouvé rien de trop beau pour son médecin.

[2] Louis Veuillot fit, dans ses *Odeurs de Paris*, un très amusant portrait de Thérésa ; après avoir dit que sa bouche semblait faire le tour de sa tête, il ajoute ceci :

« Elle sait chanter. Quant à son chant, il est indescriptible,

14. — Paris est pris d'un accès de folie. Il exulte ; des gens, qui ne se connaissent pas, se parlent dans la rue, symptôme de gros événement. Et certes oui, il est gros l'événement: *Gladiateur*, au comte de Lagrange, *Gladiateur*, récemment vainqueur au derby d'Epsom, vient d'être encore vainqueur au Grand prix de Paris. Je demande qu'on mette un fer à cheval dans les armes de la Ville. Je les ai vues ces bienheureuses courses du Grand dimanche ; quel doux souvenir pour le reste de mon existence ! ! Je ne les aurais pas vues que je n'oserais le dire. Je ne les ai pas, il est vrai, parfaitement vues, car je ne les ai aperçues que derrière les cent cinquante mille personnes qui avaient envahi Longchamps.

15. — Ce matin, grève de cochers ; aucune voiture sur la place de la Sorbonne. Les cochers se sont révoltés contre la Compagnie des *Petites voitures*, parce qu'ils ne sont pas suffisamment rémunérés et ne peuvent pas vivre ni faire vivre leurs familles. M. Ducoux, le directeur de la Compagnie, prétend qu'il est impossible d'augmenter les rétributions des cochers sans faire sombrer son entreprise.

18. - La grève dure toujours ; impossible de quitter Paris aujourd'hui dimanche, pour aller se promener à la campagne. On ne peut trouver place dans les omnibus qui passent toujours au grand complet.

20. — L'abbé Péreyve, professeur *d'Histoire ecclé-*

---

comme ce qu'elle chante. Il faut être Parisien pour en saisir l'attrait, Français raffiné pour en savourer la profonde et parfaite ineptie ; cela n'est d'aucune langue, d'aucun art, d'aucune vérité. Cela se ramasse dans les ruisseaux ; mais il y a le goût du ruisseau... elle joue sa chanson autant qu'elle la chante ; elle joue des yeux, des bras, des épaules, des hanches, hardiment ; rien de gracieux ; elle s'exerce plutôt à perdre la grâce féminine ; mais c'est là peut-être le piquant, la pointe suprême du ragoût. »

siastique à la Sorbonne, est très souffrant ; je le crois très faible de la poitrine ; ce serait une grande perte s'il venait à mourir. Récemment il fit, à Sainte-Barbe, des conférences qui furent excessivement goûtées. Je le connais depuis bien longtemps. Il suivait à côté de moi, à Louis le-Grand, le cours d'un professeur de physique très remarquable, M. Jamin. Sa figure était des plus sympathiques ; les cœurs allaient au devant du sien. Je ne crois pas que son esprit fût très porté vers *les sciences*. Il en était probablement de même de la *jurisprudence*. Il suivit les cours de droit pendant trois ans, simplement pour être licencié et ainsi faire plaisir à son père, professeur à l'École de droit de Paris. Prêtre en 1860, aumônier de Saint-Louis en 1861, il conquit bientôt, à la Sorbonne, la belle chaire *d'Histoire ecclésiastique*. C'est un enfant du quartier.

24. — Une ligue de prières est partout organisée en faveur de l'abbé Péreyve. Mlle Legrand, artiste peintre très distinguée, est venue me supplier de faire tout mon possible pour décider l'abbé Péreyve à manger du foie de renard ! ! Elle prétend que le foie de renard guérit la phthisie. Je ne connais pas assez l'abbé Péreyve pour aller le tourmenter et m'abstiens de lui proposer ce remède excentrique.

25. — Aujourd'hui dimanche, la grève des cochers est à peu près terminée ou du moins elle ne fait pas trop sentir ses ennuis aux Parisiens, car M. Ducoux a remplacé ses automédons habituels par d'autres cochers, plus ou moins expérimentés. Comme je ne tiens pas à ce qu'ils me rompent le cou, je vais pédestrement jusqu'à ce qu'ils aient appris à mieux conduire.

Beaucoup de cochers ont été condamnés en police correctionnelle pour avoir empêché leurs camarades de reprendre leur travail.

26. — Mort de l'abbé Péreyve, chez son père, rue Madame, à 34 ans !

28. — Beaucoup, beaucoup de jeunes gens aux obsèques de l'abbé Péreyve, à Saint-Sulpice. Ils se rappellent l'admirable préface qu'il a mise en tête de l'édition des *Lettres du père Lacordaire à des jeunes gens*. Dans cette préface, il s'adressait à la jeunesse de son pays ; la jeunesse ne l'a pas oublié. Le curé de Saint-Sulpice, accompagné de l'abbé Freppel et du père Gratry, est allé à la porte de Saint-Sulpice recevoir le corps.

— Je vais annoncer, rue du faubourg Saint-Jacques, 27, au neveu de M. Maindron, le grand sculpteur, l'heureuse issue d'un petit litige qu'hier j'ai plaidé pour lui. Je le trouve dans l'atelier de son oncle, dont il est le praticien et le praticien fort habile, vêtu d'une jaquette et d'un pantalon éclatants de blancheur, le marteau dans la main ; il s'escrimait après une statue avec tant d'élégante maëstria, qu'il me semblait voir Pygmalion travaillant à la sienne. Il regrette de ne pouvoir me présenter à son oncle absent ; « mais, me dit-il, je vais vous présenter à une jeune prêtresse, honneur que je ne fais pas à tout le monde, croyez-le bien. » Il tire un cordon ; aussitôt un grand rideau se sépare en deux et j'aperçois *Velleda*, admirable morceau de sculpture en terre argileuse rose, à reflets chatoyants. Comme je disais à M. Maindron que la *Velleda* du Luxembourg ne pouvait donner l'idée de cette merveille, il me répondit : « L'Italien, auquel la *Velleda* du Luxembourg a été confiée, pour la nettoyer, l'a grattée rageusement. Il lui a enlevé, pour ainsi dire, ce velours de vie, cette fleur ou lustre de beauté que mon oncle excelle à donner à ses statues. »[1]

---

[1] Une fort belle copie de la *Velleda* vient d'être placée dans le nouveau jardin des Tuileries, non loin du pavillon de Flore.

Ce méchant Italien n'aurait sans doute pas agi aussi brutalement si on lui eût donné à nettoyer l'*Amour*, de Canova, son compatriote.

29. — Inauguration d'un lycée à Vanves. On lui donne le nom de *Lycée du prince impérial*. C'est tout simplement et tout bonnement l'ancienne maison champêtre de Louis-le-Grand où je suis allé si souvent boire du lait le dimanche. Les vieux Louis-le-Grand ne sont pas contents du tout de ce quasi larcin, commis au préjudice de leur vieux collège.

1er *Juillet*. — Naissance d'un gros garçon : Emile.

8. — Amusante caricature de Cham, dans l'*Illustration*. Mlle Rosa Bonheur, suivant ses habitudes de chaque jour, dessine un animal ; ce jour-là elle a pris pour modèle un taureau. Celui-ci, furieux, s'agite, se met en fureur et se dispose à sauter sur la studieuse artiste, qui n'a que le temps de fuir.

Légende : « La décoration de Mlle Rosa Bonheur a fait plaisir à tout le monde, excepté à son modèle, la vue d'un ruban rouge le mettant en colère. »

12. — Le *Petit Journal* prétend que le quartier de l'Odéon fourmille de rats. C'est un insolent ; son entrefilet peut faire baisser les loyers de la maison de mon beau-père, 7, rue de Vaugirard. Papa en a bien eu quelques-uns, mais grâce à des trucs savants, il s'en est débarrassé ; ils sont allés chez les voisins, notamment à l'Odéon. Là ils se faufilent partout. Ils pénètrent dans toutes les loges, dans tous les sanctuaires, notamment dans l'antichambre de M. le directeur, où les photographies des auteurs de la maison, des acteurs et des actrices s'étalent avec leurs autographes.

Les rats, grisés par le récent succès du *Marquis de Villemer*, sont allés grignoter une des oreilles de

George Sand et ils ont, les malappris! respecté les oreilles, les yeux, la bouche, les joues du jeune bataillon féminin de l'Odéon ! C'est bien mortifiant pour Mmes Borelli, Thuillier, Leprévost

12 *Août*. — Salut à la croix qui vient d'apparaître sur le dôme splendide de la nouvelle église Saint-Augustin.

15. — Une décoration de la Légion d'honneur à laquelle tout le monde applaudit : M. le comte de Lagrange vient d'être promu officier de la Légion d'honneur. Sa *Fille de l'Air* et son *Gladiateur* ont soutenu l'honneur des écuries françaises, ce dont tout le monde, bourgeois, ouvriers, même les pauvres gens lui savent le plus grand gré.

9 *Septembre*. — Le nouvel Opéra, que l'architecte Garnier construit en ce moment, est précédé d'un grand vestibule, formé par de magnifiques colonnes ; c'est un très curieux spectacle de voir élever et placer sur ces colonnes d'énormes chapiteaux corinthiens. Je me suis arrêté, émerveillé par ce travail de Titans.

10. — Tout le monde parle de deux Américains qui viennent d'arriver de New-York. Ils font des choses extraordinaires dans une armoire. Ainsi ils se font lier dans cette armoire; aussitôt la porte fermée, on entend un bruit extraordinaire d'instruments; on ouvre la porte, les frères Davenport sont toujours liés ; tout ceci est tellement étrange que certaines personnes crédules les croient, comme ils le prétendent du reste, en relations avec les esprits. Elles pensent que les frères Davenport sont des médiums, comme on dit en Amérique, c'est-à-dire des intermédiaires entre les esprits et nous, humbles mortels.

M. Robin, prestidigitateur, dit que ce sont des farceurs.

13. — Hier mardi, les frères Davenport donnèrent une représentation à la salle Hertz. M. Robin découvrit et fit comprendre leur truc. Les frères Davenport s'éclipsèrent sans tambours ni trompettes ou autres instruments à leur usage journalier. M. Robin a rendu un grand service au public ; car, par ce temps de prétendus esprits *frappeurs*, les esprits faibles se *frappent* et vont bien vite à la folie.

14. — Le général de Lamoricière est mort, le 10 septembre, au château de Prouzel, près Amiens. Il est entré dans son heureuse éternité, le glorieux vainqueur d'Abd-el-Kader, le glorieux vaincu de Castelfidardo. Vers la fin de 1860, après la perte irrémédiable de l'armée pontificale, il résolut de revenir à Paris. On sut la date et l'heure de son arrivée. Plusieurs de mes amis m'entraînèrent vers sa demeure. La cour était remplie de monde. Nous l'attendîmes bien longtemps ; enfin il arriva le soir ; nous, très émus, lui serrâmes la main ; lui, excessivement touché de cette ovation pacifique et silencieuse, nous dit quelques paroles empreintes de résignation et d'espérance.

15. — J'ai beaucoup admiré, sous le portique du Panthéon, une nouvelle œuvre de Maindron, le sculpteur qui nous a donné la *Velléda*. C'est un énorme groupe représentant Clovis aux pieds de saint Rémy ; Clovis presse la couronne sur sa poitrine comme si saint Rémy voulait la lui prendre. Mais c'est saint Rémy qui la lui donna ! Car Clovis s'est agenouillé chef de Sicambres et il s'est relevé roi de France, ou tout au moins roi des Francs. On nous promet comme pendant, et du même artiste : *Sainte Geneviève arrêtant Attila.*

2 *Octobre.* — Saint-Louis est enfin terminé. Sur la façade on s'était contenté de mettre : *Lycée impérial*

de Saint-Louis. Mais la famille d'Harcourt, dont un des archi-grands oncles, un chanoine, je crois, fonda Saint-Louis, a réclamé énergiquement, et on s'est décidé à mettre sous la grande inscription cette autre plus petite : *Ancien collège d'Harcourt.*

17. — On lit la *Gazette des hôpitaux* avec un intérêt poignant à cause du choléra. Elle avoue beaucoup de cas. Un étudiant en médecine, attaché comme externe au service des cholériques de l'hôpital Saint-Antoine, est mort d'une façon presque foudroyante.

20. — Pas mal de cholériques dans le quartier, et beaucoup d'entrées à l'Hôtel-Dieu. Un autre étudiant en médecine, encore un externe, est mort du choléra. La *Gazette des hôpitaux* est encombrée de correspondances contenant des méthodes infaillibles de guérison. Un docteur lui écrit : « Il n'y a qu'une chose bonne, c'est d'éviter les émotions. » — « Mais, idiot ! donne-moi la méthode pour éviter les émotions ? La vie n'est-elle pas une suite, une série d'émotions. Ah ! si tu recommandais le calme, le sang froid en face du fléau, je te comprendrais, en y ajoutant cependant un peu de thé au rhum, bien sucré, des lavements au laudanum et un bon bain stimulant de sel Pennès, le pharmacien qui demeure dans ma maison. » M. Pennès prétend, en effet, que ses bains ont fait merveille lors du dernier choléra. Ça me rassure.

21. — Hier, l'Empereur est allé, incognito, visiter les cholériques de l'Hôtel-Dieu. Il descendit de voiture avec son chien et demanda au concierge s'il pouvait entrer. « Vous, oui, mais pas votre chien. » L'Empereur appela son valet de pied qui emmena le chien Néro.

Par hasard, M. Husson, directeur de l'Assistance publique, arriva sur ces entrefaites. Il fut fort étonné de voir l'Empereur ; pour se conformer à son désir il le mena dans la salle Sainte-Anne où on avait centralisé les cholériques.

— On ne rentre pas de la campagne et même beaucoup de personnes partent encore de Paris.
On prétendait qu'avec l'automne le choléra disparaîtrait ; il n'en fait rien, le coquin. Il faut donc faire contre fortune bon cœur, mais en même temps prendre ses précautions, notamment se mettre sous les armes, faire fourbir son clyso et renouveler ses provisions de laudanum.

A la grâce de Dieu, et pas de mélancolie ! Ça porte sur les entrailles.

31. — Un troisième étudiant en médecine, celui-là interne, vient également de mourir du choléra.

10 *Novembre*. — La nourrice de mon petit Emile attrape la petite vérole. Je prends une voiture pour la faire entrer dans un hôpital ainsi que j'en ai le droit comme citoyen de Paris ; je ne peux la conserver chez moi à cause de mes deux enfants. Je reste trois heures avec elle, dans cette voiture, courant d'hôpital en hôpital. Enfin, grâce à une lettre du directeur de l'hôpital Saint-Louis, M. Vincent, toujours si complaisant, je parviens à obtenir une place à Lariboisière. Je conduis ma brave morvandiotte jusqu'au lit où elle se couche. En sortant de la salle je suis témoin d'un spectacle bien émouvant ; de nombreuses civières chargées de cholériques attendent leur tour pour entrer à l'hôpital. En tout autre moment, j'aurais été épouvanté ; mais alors mon esprit était plein d'une autre crainte ; je me disais : *il n'est pas possible que je n'attrape pas la petite vérole ; j'ai respiré l'haleine de cette fille malade pendant trois heures, sans oser ouvrir la fenêtre, ainsi que me l'avait recommandé le médecin. Je vais contaminer toute ma famille.* En proie à cette perplexité, je cours, avant

de rentrer chez moi, aux bains de la rue du Paon, là où toute ma famille vient ordinairement se baigner ; je dis au garçon que nous connaissions : « Je viens de Lariboisière conduire ma nourrice, atteinte de la petite vérole ; je suis resté avec elle trois heures dans une voiture, puis je me suis trouvé au milieu des cholériques, si vous n'avez pas peur de ce mic-mac de choléra et de petite vérole dont je suis saturé, donnez-moi une douche chaude et faites-moi une bonne friction avec un gant de crin. » — « Ah ! peur, me répond-il, je sors d'en prendre ; depuis ce matin j'ai frictionné trois cholériques. » Je reculai, prêt à m'enfuir : « N'ayez donc pas crainte, il ne m'est pas resté de choléra dans les ongles, je me fais doucher par un camarade après chaque friction de cholérique. » Je risquai le paquet, et après une douche et une friction, une redouche et une refriction, je rentrai chez moi tout dispos et l'esprit tranquille.

13. — Le père Dupin, le procureur général à la cour de cassation, est mort hier. Beau talent ; mais de caractère, point.

14. — La princesse de La Tour-d'Auvergne a failli être emportée par une attaque de choléra. Ma femme m'alourdit de flanelle quand je vais au palais et me ragaillardit d'un petit verre de rhum quand j'en reviens. Notre mairie fait distribuer des brochures indiquant les mesures à prendre *avant* et *après* la maladie ; on est censé savoir ce qu'il y a à faire *pendant*.

15. — M. Delangle remplace M. Dupin.

— Un Rothschild vient de prêter serment d'avocat.

1er *Décembre*. — Aujourd'hui s'est présenté dans mon cabinet un bon gros garçon d'une trentaine d'années, d'un aspect tout à fait sympathique, Maximin Giraud dont on a beaucoup parlé, car c'est l'un des deux témoins de l'apparition de la Salette. Il vient demander mon concours pour avoir raison d'un article, injurieux et mensonger de tous points, paru dans la *Vie parisienne*, le journal du dessinateur Marcelin, journal qui se trouve sur beaucoup de tables de salon dans le faubourg Saint-Germain, où Maximin est tout particulièrement connu :

Voici cet article :

« Il n'est personne qui ne croie au miracle de la Salette ; rien de plus naturel ; mais ce qui est vraiment surnaturel, c'est ce qui arrive depuis. On nous assure que le petit bonhomme (devenu grand aujourd'hui), qui en a été témoin, refuse positivement de croire que c'est arrivé. On l'avait d'abord placé au séminaire, mais comme il montrait des sentiments par trop peu orthodoxes, on finit par livrer au bras séculier ce Mortara récalcitrant. En dépit de l'anathème qui l'avait frappé (Marathena) et rien que pour le principe, une société de dames pieuses a résolu d'adopter l'enfant du miracle. On réchauffe en famille le petit serpent. Il faut le voir se tordant les côtes de rire quand il voit, par hasard, le fameux groupe de plâtre où il est représenté, lui et sa sœur, ravis en extase devant une bonne vierge en costume auvergnat. La sœur, d'un caractère plus flexible, s'est laissée enfermer dans un couvent où elle prie, la pauvre petite, pour que cela soit arrivé. »

M. Giraud me dit :

« *Je ne peux laisser passer cet article sans protester, puisqu'il me représente comme me moquant de ce que j'ai affirmé ; ma probité est en jeu. Quelle ridicule invention de dire que je me tords de rire quand je vois par hasard un groupe de l'apparition ; mais j'en ai toujours un dans ma chambre. De plus, je n'ai nullement été renvoyé du séminaire ; je n'y suis pas resté parce que je n'avais pas la vocation ecclésiastique et enfin je ne puis laisser dire qu'une société de dames pieuses a résolu d'adopter l'enfant du miracle et réchauffe en famille le petit serpent.* »

Ce passage de l'article semble le faire tout particulièrement souffrir.

« *Comment, s'écrie t-il, c'est à moi qu'on attribue cette existence avilie ; j'ai toujours été, grâce à Dieu, désintéressé ; des sommes considérables m'ont été offertes si je me rétractais ; j'ai toujours refusé. Je n'ai voulu rien demander à ma sortie du séminaire et cependant mon père était mort et mon petit héritage évanoui par suite de mon absence.* »

Je ne me permis pas de l'interroger sur l'apparition, mais lui demandai quelques mots sur son existence. Voilà ce qu'il m'apprit : Il avait onze ans, le 19 septembre 1846, jour de l'apparition ; sa mère était morte ; son père, demeurant à Corps (Isère), avait une petite aisance et gagnait largement sa vie, car il était le seul charron du canton.

Comme il soutenait la vérité de ce qu'il avait vu, des gendarmes furent envoyés à Corps, pour s'emparer de lui. Il fut emprisonné pendant vingt-quatre heures. Une instruction fut commencée, mais se termina par une ordonnance de non-lieu. Après les interrogatoires de la justice vinrent ceux des prélats. En juin 1847, Mgr Dupanloup le tint trois jours dans sa chambre, l'interrogeant et le questionnant sans cesse.

Depuis cette époque il fut toujours à la disposition des pèlerins qui se renouvelaient sans cesse pour le voir et l'interroger. Le soir, il était si fatigué, qu'il se couchait par terre et y dormait. En 1850 on le mit au séminaire de Grenoble. On était assez content de lui, car le curé de Corps avait commencé son instruction ; cependant on le trouvait bien turbulent.

En 1852 il fut mis au séminaire de la Côte Saint-André, mais il finit ses études chez le curé de Seyssins ; le séminaire était trop troublé par les nombreuses visites de gens qui voulaient absolument le voir. En 1856 il alla, chez les Jésuites, examiner sa conscience et reconnut ne pas avoir la vocation ecclésiastique. En conséquence il rentra dans le monde et travailla pour être reçu officier de santé, afin de s'assurer la subsistance dans son pays où il désirait retourner ; mais bientôt ses convictions l'entraînèrent à s'engager aux zouaves pontificaux, en cachant qui il était. Comme il déclara à Rome avoir fait quelques études médicales, on lui fit passer, à la *Sapience*, un examen afin de s'assurer s'il pouvait soigner ses camarades ; on l'en jugea capable. Il les soigna effectivement très bien en divers endroits, notamment à Carpinetto, où il veillait sur eux jour et nuit. Ses camarades, à qui il ne put cacher bien longtemps son identité, pourraient lui rendre témoignage au besoin.

M. Maximin Giraud termine ainsi le récit que j'ai provoqué :

« *L'apparition a changé complètement mes sentiments. Avant, je n'étais nullement instruit en fait de religion ; de Dieu je ne connaissais que le nom et encore pour m'en servir comme d'un juron.* »

3 *Décembre*. — Le père Hyacinthe, carme, dont on a tant parlé, est remonté, aujourd'hui dimanche, dans la chaire de Notre-Dame pour y prêcher l'Avent. Ce moine s'est emparé, d'une façon inopinée et extraordinaire, de l'opinion publique. Quelqu'un a dit : *C'est le lion apostolique du jour*. Il n'est pas arrivé à la renommée, petit à petit, comme tous les autres prédicateurs, mais il l'a conquise du premier coup.

— Promenade au Trocadéro d'où l'on jouit d'une vue magnifique sur le beau circuit de la Seine et les lointains ombragés. Il va être abaissé et changé en une esplanade. Déplorable idée ! Il faudra enlever des milliers de cubes de terre, et tout cela pour faire disparaitre, en partie, une perspective merveilleuse [1].

4. — Assignation, à la requête de mon client, Maximin Giraud, envoyée à M. Valentin, propriétaire de la *Vie parisienne*, pour le faire condamner aux peines de la diffamation, conformément à l'art. 19 de la loi du 17 mars 1819.

6. — En quittant le palais, après les audiences, magistrats, avocats, avoués vont, à la queue leu leu, voir le beau cadran qui orne la tour de l'Horloge. On vient de le débarrasser de sa clôture de planches ; c'est la reproduction du cadran de Germain Pilon.

Tout d'abord quelque chose d'assez original : un petit toit comme abri. Le fond du cadran est bleu avec semis de fleurs de lys d'or ; d'un côté se trouve la *Justice*, de l'autre la *Pitié* (comprenez bien ce rapprochement, messieurs les magistrats). Les deux statues sœurs sont merveilleusement sculptées. La précédente horloge ayant été construite sous le règne de Henri III, Germain Pilon n'a pas oublié de faire placer au fronton deux couronnes : celle de France et celle de Pologne, avec ce vers latin au-dessous :

Qui dedit ante duas, triplicem dabit ille coronam.

(Celui qui lui a donné deux couronnes lui en donnera une troisième), c'est-à-dire la couronne céleste ! La couronne céleste à Henri III ? Voilà une promesse bien risquée !

---

[1] On prétend que quand l'empereur d'Autriche vint en France, en 1867, un an après, pour l'exposition, il dit à M. Haussmann, sur le haut du Trocadéro fortement abaissé : « N'est-ce pas fâcheux que cette butte ne soit pas plus élevée, on aurait sur Paris et ses environs un splendide point de vue. » On juge de l'ahurissement de M. Haussmann.

7. — Lachaud, me rencontrant, me dit : « Confrère, je suis votre adversaire ; Marcelin est venu me voir avec une collection de la *Vie parisienne*. Mon fils s'est jeté dessus... par sur Marcelin, mais sur la collection. »

M. Marcelin se refuse à toute rectification, mais Lachaud aime beaucoup sa femme ; Mᵐᵉ Lachaud est pieuse ; tout s'arrangera.

10. — L'affaire Giraud, appelée à la sixième chambre, est remise à huitaine. De nombreux curieux viennent à l'audience pour contempler les traits de Maximin, ou plutôt de *Mémin*, comme l'appelait sa compagne Mélanie, qui du reste n'est pas du tout sa sœur.

11. — Les frères de Goncourt ont fait, mardi dernier, représenter, à la Comédie-Française, une pièce réaliste : *Henriette Maréchal*, dont on parle depuis longtemps. On y a crié, hurlé. Certaines gens, je ne sais pas trop pourquoi [1], s'acharnent contre cette nouvelle œuvre des Goncourt.

Beaucoup d'étudiants en droit ont même reçu la circulaire suivante :

« Messieurs les étudiants en droit sont invités à se rendre tous ce soir, au Théâtre Français pour siffler la nouvelle pièce : *Henriette Maréchal*.

« Signé : Pipe en bois. »

Les étudiants, flairant une plaisanterie, n'ont point passé les ponts et sont restés chaudement chez eux.

12. — J'ai été mal renseigné. Les étudiants, tout au moins les étudiants en médecine, se sont portés par

---

[1] Mais parce que les frères de Goncourt étaient deux familiers de la princesse Mathilde, habitués de la petite cour littéraire et artistique que la princesse tenait à Saint-Gratien, près d'Enghien.

bandes aux Français pour siffler *Henriette Maréchal.* Il se sont colletés avec les gens de la claque qui ont bien été obligés de mettre, dans leurs poches, leurs battoirs des grands jours. *Pipe en bois*, un vieil étudiant du quartier, menait la sarabande. Il paraît que la pièce est d'une audace scandaleuse. Il s'agit d'un tout jeune homme qui s'amourache d'une femme mariée de 45 ans. La fille de cette femme, Henriette, âgée de 18 ans, s'amourache à son tour du tout jeune homme. La mère reçoit son jouvenceau dans sa chambre à coucher. Le mari, quoique faisant lit à part, n'a pas voulu cependant laisser à sa femme le droit de faire tout ce qu'elle veut. Pris de soupçon, il se dirige du côté de la susdite chambre. Henriette, qui rôde autour, le voit s'approcher. Elle parvient à prévenir sa mère. M. Maréchal aperçoit l'ombre de sa fille ; il prend la pauvrette pour l'amant et la tue. Pendant ce temps, Lovelace s'esquive par la fenêtre en laissant les Maréchal se débrouiller entre eux.

L'exposition de la pièce et surtout les détails, pleins de réalisme brutal, ont fait justement crier au scandale. Les frères de Goncourt ne craignent pas le scandale [1], mais le public, à scandaleuse pièce, oppose virulente et violente attitude.

13. — Les petits journaux célèbrent les exploits de

---

[1] Il est curieux de constater dans le *Journal des Goncourt* que, dès leurs jeunes années, les idées audacieusement scandaleuses ne leur faisaient nulle peur ou du moins ne faisaient point peur à Edmond. Un professeur de troisième, à Henri IV, M. Caboche, originaire de Péronne, prédit à ce dernier, à propos d'un devoir, qu'il *ferait un jour du scandale.* La note est assez curieuse pour être rapportée toute entière.
Journal des Goncourt du 29 octobre 1859 :
« ... Le soir, dans l'impossibilité du travail, nous remontons tous deux, en fumant des pipes, à nos souvenirs de collège, alternant de la voix et de la mémoire : Jules contant le collège

Pipe en bois, le bourreau des frères de Goncourt, qui a magistralement conduit le chahut aux Français. C'est un jeune ingénieur qui habite le quartier Latin et que tout le monde connaît. Il a une tête des plus bizarres qui lui a fait donner le surnom de Pipe en bois, Pipe en buis [1].

18. — Dans l'affaire Maximin Giraud je m'arrange avec Lachaud. Il me promet que Marcelin mettra dans son journal la rectification suivante :

« Dans notre numéro du 11 novembre, nous avons publié un petit article concernant le berger de la Salette. M. Maximin Giraud y a vu des imputations de nature à nuire à sa considération d'honnête homme et de catholique. L'atteinte à la sincérité du témoignage, qu'il a porté devant les autorités administratives, judiciaires et ecclésiastiques, lui a été particulièrement sensible.

« Nous déclarons ici de la meilleure grâce du monde que nous n'avons eu nullement d'intention injurieuse à son égard et nous reconnaissons sans peine que les renseignements qui nous ont été fournis sont inexacts.

19. — En ce moment l'École de droit et l'École de médecine sont furieusement travaillées par l'esprit révolutionnaire. Au mois d'octobre dernier, des jeunes Bourbon.... Edmond contant ce Caboche, cet excentrique professeur de troisième du collège Henri IV, qui donnait, aux échappés de Villemeureux [2], à faire en thème latin le portrait de la duchesse de Bourgogne, de Saint-Simon, cet intelligent, ce délicat, ce bénédictin un peu amer et ironique, ce profil original d'universitaire, premier éveilleur chez lui, de la compréhension du beau style, de la belle langue française, mouvementée et colorée, ce Caboche qui, un jour, à propos de je ne sais quel devoir, lui jeta cette curieuse prédiction : *Vous, monsieur de Goncourt, vous ferez du scandale.* »

[1] Son nom était Cavalier, ingénieur fort instruit, assez bon écrivain, lié avec tous les agitateurs du quartier Latin vers la fin du second Empire. Il devint secrétaire de Gambetta pendant la guerre de 1870-71 et, pendant la commune, ingénieur en chef des voies et des promenades de Paris. Pour avoir fait son petit Alphand, il fut banni de France.

[2] Villemeureux, auteur d'une grammaire latine fort savante, mais fort compliquée, vrai casse-tête pour les collégiens.

gens de ces deux écoles se rendirent à un congrès d'étudiants européens, réunis à Liège pour se concerter sur diverses méthodes d'enseignement. Ils entrèrent dans Liège avec un drapeau noir, prétendant que la France, veuve de ses libertés, devait, comme une veuve, arborer les couleurs noires.

Ce n'était qu'enfantillage, mais ce ne fut pas tout ; malheureusement ils prononcèrent à ce congrès des discours insensés dans lesquels ils glorifièrent la Terreur de 1793. A Paris, le conseil académique, rassemblé le 13 décembre dernier, pour statuer sur la conduite de ces étudiants extra-révolutionnaires, se décida à exclure de l'Académie de Paris quatre étudiants en médecine et deux en droit. Ceux-ci appelèrent de cette décision devant le conseil de l'Instruction publique qui aggrava la peine en expulsant les étudiants pendant deux ans de toutes les Facultés de l'Empire ; un seul des six étudiants vit sa peine diminuée.

Aussitôt cette décision connue, tous les camarades, étudiants ou pas étudiants, se sont agités et ont agité notre infortuné quartier. Aujourd'hui, 19 décembre, ils ont troublé l'Ecole de médecine ; pas un professeur n'a pu faire tranquillement son cours. Tardieu n'a qu'à bien se cacher ; il ne faudrait pas qu'il se montrât en public, qu'on le rencontrât, car quelques individus seraient capables de le molester gravement. C'est à lui que les malintentionnés en veulent le plus parce que, comme doyen, il n'a pas, disent-ils, pris suffisamment la défense des étudiants condamnés [1].

---

[1] Lamy, — *Etudes sur le second Empire*, p. 67, écrit ce qui suit : « ... La jeunesse des écoles avait fourni des recrues à la démagogie et un certain nombre d'entr'elles s'étaient laissé persuader de tenir, en 1865, à Liège, un congrès d'étudiants. La jeunesse avait paru sous les vieux traits du jacobinisme en poli-

20. — Aujourd'hui, mardi 20 décembre, le vent a soufflé en tempête à l'Ecole de droit, comme hier à l'Ecole de médecine. A 10 heures 1/2, plus de deux mille étudiants en droit ou en médecine se sont portés au cours de M. Giraud. Ils prétendent que c'est lui qui a le plus poussé à la sévérité le conseil académique. La cour de l'Ecole était pleine d'une foule tumultueuse qui criait : « A bas Giraud ! » A ce moment les sergents de ville arrivèrent et donnèrent vigoureusement. Une cinquantaine d'étudiants furent pris et menés au poste [1].

Naturellement aucun cours n'eut lieu.

21. — M. Mourier, le vice-recteur de l'Académie, fait afficher un avis prévenant les étudiants qu'ils ne pourront dorénavant entrer dans les salles de cours qu'avec leur feuille d'inscription. Cette détermination a été prise à la suite de toutes ces scènes regrettables dans lesquelles se faisaient surtout remarquer des énergumènes venus des quatre coins de Paris.

---

tique et de l'athéisme en religion ; elle n'était nouvelle que par l'audace de son langage, la présomption de ses colères, la cruauté instinctive de *l'âge sans pitié*. Là, les noms de MM. Protot, Humbert, Jaclard, Tridon, Germain Casse, A. Rey, Laffargue, franchissant le seuil des brasseries et les limites du quartier Latin, s'étaient fait une petite gloire de scandale. Ils avaient promis *de crever la voûte du ciel comme un plafond de papier et d'en finir avec l'Empereur comme avec Dieu.* »

[1] Dans une lettre, écrite par un étudiant à un autre étudiant, saisie plus tard au domicile de ce dernier et lue à l'audience d'une affaire d'outrages aux agents, on lit les amusants détails qui suivent sur la grande journée du 20 décembre 1865 : « ... Un grand nombre d'étudiants étaient déjà dans la cour de l'Ecole de droit criant : « A bas Giraud ! » lorsque les appariteurs s'avisèrent de vouloir fermer la porte (de la rue) sur nous. Nous nous précipitons sur les appariteurs et empêchons la porte de se fermer pendant deux ou trois minutes de combat. Malheureusement pendant que je tordais le bras d'un appariteur et que je sentais qu'il lâchait prise, voilà que, mon ami et moi, nous sentons chacun une main de fer nous saisir à la gorge et nous rejeter en arrière. C'était un gigantesque sergent de ville. . »

22. — Hier, les professeurs ont voulu faire leurs cours à l'Ecole de médecine et à l'Ecole de droit ; ils n'ont pu y réussir. Les étudiants les en ont empêchés, tout en leur disant gracieusement : « Ce n'est pas à cause de vous, mais à cause du conseil académique que nous empêchons les cours. M. Ortolan causait dans sa chaire avec les étudiants de la façon la plus affectueuse ; mais il était arrêté aussitôt qu'on le voyait louvoyer et habilement aborder la moindre dissertation juridique. Sa finesse fut mise en défaut.

23. — Hier, l'Ecole de médecine a été, contrairement à l'usage, beaucoup plus calme que l'Ecole de droit. Au cours de droit romain de M. Demangeat, il y eut grand tumulte, mais nullement dirigé contre le professeur, les protestations s'adressant toujours au conseil académique.

24. — Hier, un peu moins de tumulte à l'Ecole de droit.

— Au palais grand indulgence pour les révoltés, car deux étudiants en droit et en pharmacie ont été condamnés simplement à 25 francs d'amende pour outrages aux agents.

26. — Aujourd'hui, l'Empereur et l'Impératrice ont visité le beau monument construit en face le palais de Justice. Le tribunal de commerce et les prud'hommes s'y installeront sous peu. Nous pourrons y aller facilement plaider en robe. Mais certainement l'un de nous se fera écraser pendant la traversée si dangereuse du boulevard.

27. — Le tribunal de commerce s'est installé dans son nouveau local.

30. — Le calme revient un peu dans les esprits de

nos jeunes gens. M. Valette, professeur de code civil, homme que l'on sait d'idées fort libérales et qui, du reste, a été arrêté au Deux-Décembre, a pu, hier, faire un brin de cours. Avec beaucoup de bonhomie, il leur a souhaité une bonne année et leur a dit : « Après nos vacances du nouvel an, il nous faudra bien travailler et rattraper le temps perdu pendant plus d'une semaine. »

1866

5 Janvier. — Hier jeudi, le quartier était plein d'un monde élégant qui se dirigeait vers le collège de France pour l'ouverture du cours de M. Guillaume Guizot, le fils de l'ancien ministre. Tous les amis du père s'y étaient donné rendez-vous. M. Guillaume Guizot a parlé très bien et en homme de grand talent. A la fin de la leçon, nombreux applaudissements ; immédiatement le jeune professeur est allé se jeter dans les bras de son père.

M. Guillaume Guizot n'est pas titulaire, mais simple suppléant, de la chaire de *littérature française moderne* au collège de France ; il n'a, du reste, que 33 ans.

13. — La rectification convenue entre Lachaud et moi ayant paru dans la *Vie parisienne*, l'affaire du petit berger de la Salette est rayée du rôle.

22. — Hier, anniversaire de la mort de Louis XVI, banquet chez un traiteur de la rue des Poitevins, petite rue qui donne dans la rue Serpente. En sortant de là, quelques étudiants exaltés, ont chanté la *Marseillaise* et crié : Vive la République ! Quelle barbarie de fêter la mort du malheureux roi Louis XVI ! Mais beaucoup des grands révolutionnaires, dont ces morveux sans

cervelle ne sont que les singes, n'ont voté cette mort qu'avec tristesse et seulement avec la déplorable conviction qu'elle était nécessaire.

16 *Février*. — La sixième chambre du tribunal a condamné sévèrement M. Villeneuve, docteur en médecine et cinq jeunes étudiants qui, après avoir chanté la *Marseillaise*, se sont colletés avec les agents. Les condamnés sont les agitateurs ordinaires du quartier Latin. Le docteur Villeneuve a collaboré à deux journaux de ce quartier : *la Rive gauche* et *le Candide*.

19. — Une des physionomies les plus aimables du quartier disparaît. M. Labrouste, le directeur de Sainte-Barbe, est mort hier. J'aimais à voir cet excellent homme à la bonne face souriante, aux yeux vifs et intelligents. descendre ou remonter les rues Saint-Jacques et de la Harpe. C'était un gros personnage qu'on saluait avec déférence. C'est lui qui éleva le collège Sainte-Barbe au degré de prospérité et de lustre où nous le voyons encore aujourd'hui. A Louis-le-Grand, nous profitions largement de cette gloire de Sainte-Barbe, car ses élèves venaient suivre nos cours et leurs succès de concours général rejaillissaient sur notre cher lycée. On voyait bien à l'administration de M. Labrouste qu'il connaissait parfaitement les affaires; c'était, en effet, un ancien avoué à la cour d'appel de Paris. Il n'avait quitté sa charge que pour se mettre à la tête de Sainte-Barbe qui périclitait.

Son frère Pierre a dirigé, comme architecte, la construction de la belle bibliothèque Sainte-Geneviève.

11 *Mars*. — On joue une joyeuse revue : *V'lan, ça y est*, à Bobino. Les étudiants y font des leurs comme de coutume ; l'un d'eux, en trop se démenant, est tombé d'un fauteuil de balcon juste au milieu de l'orchestre ; il a aplati un pauvre musicien ; la grosse caisse, dit-on,

a subi des avaries ; l'étudiant n'a rien eu ; ils sont élastiques ces escholiers.

16. — Les théâtres se couvrent d'une vraie toison de drapeaux pour célébrer la dixième année de Bébé-Empereur.

— Tout le quartier est en ébullition ; l'Odéon joue demain une pièce qu'Emile Augier a retirée des Français. Tout en rechignant, la Comédie-Française, sur la demande de l'Empereur, prête Got à l'Odéon afin de jouer le principal rôle.

18. — Hier soir, quand la voiture de l'Empereur est arrivée devant l'Odéon, où se donnait la première représentation de la *Contagion*, les bourgeois et bourgeoises du quartier Latin se sont mis à crier : *Vive le Luxembourg! Vive la Pépinière!*

M. Haussmann, d'accord avec l'Empereur [1], veut en effet détruire la Pépinière pour y faire construire des maisons. Les bourgeois sont encore plus enragés que les étudiants pour conserver intact leur Luxembourg. Mon beau-père, admirateur passionné de l'Empereur, mon auguste beau-père, dis-je, qui n'a jamais permis à ses fils et gendre de faire la plus légère critique sur la conduite de son souverain est navré, consterné. Il acheta sa maison rue de Vaugirard, numéro 7, tout près du Luxembourg, pour jouir et de cet admirable jardin et de la Pépinière. Les projets de destruction désolent son âme.

---

[1] Evidemment c'était M. Haussmann qui avait converti l'Empereur à ses idées d'amputation sur le Luxembourg. La cervelle du préfet était perpétuellement en gésine de nouveaux projets. Dans son « Journal, » le maréchal de Castellane, à la date du 15 octobre 1861, écrit ceci : « C'est un cerveau trop actif que celui de M. Haussmann Depuis la nomination du comte de Palikao, on a donné, dans le public, à M. Haussmann, le nom de Paris-Chaos. »

Dimanche dernier, à notre dîner de famille, un invité lui dit à propos de ces projets horticides de l'Empereur : « Eh bien ! qu'est-ce que vous en dites, papa Decaix ? » Le papa Decaix répondit d'une voix dolente : « Oh ! je n'aurais jamais cru cela de l'Empereur ! »

Même jour, dimanche 18. — Ma femme et moi allons tous les dimanches à la Sorbonne, pour assister à la messe épiscopale d'un prélat fort érudit, Mgr Maret, évêque de Sura et doyen de la Faculté de théologie. L'église est remplie par toutes les grandes familles du quartier, la famille Hachette notamment. Mgr Maret nous explique, chaque dimanche, depuis le commencement du Carême, l'une des différentes béatitudes du sermon sur la montagne. Les envisageant au point de vue de la société, de l'Etat, de la famille et de l'individu, il montre comment, grâce à l'enseignement du Christ, se calment toutes les douleurs dans le cœur de l'homme, dans les sociétés et les familles. La parole de Mgr Maret est d'une douceur qui parfume l'âme comme d'un arôme. En 1860, il avait été nommé évêque de Vannes par le gouvernement, mais le pape ne voulut pas l'agréer à cause de ses idées trop gallicanes. L'abbé Maret n'insista pas et donna sa démission ; le pape le nomma évêque de Sura *in partibus infidelium* et l'Empereur, primicier du chapitre de la cathédrale de Saint-Denis. Un homme de cette érudition est, somme toute, beaucoup mieux à la Sorbonne que dans un diocèse. Il a, du reste, un véritable petit diocèse composé de tout le quartier des écoles. Il y est vénéré, aimé ; la douceur de ses discours est surpassée peut-être par celle de ses manières. C'est l'aménité personnifiée. Récemment je parlai à la réunion annuelle et solennelle d'une société de secours mutuels au faubourg Saint-Antoine, réunion qu'il présidait. Il voulut me ramener chez moi ; il me fallut absolument monter dans sa voiture. « Nous sommes voisins, » me dit-il ; en effet nous demeurons dans la même rue, lui à la Sorbonne et moi au numéro 2 de la rue de la Sorbonne. Il fit arrêter sa voiture devant ce numéro 2, ne voulant pas me permettre de faire un pas.

19. — On vient d'exécuter, à Saint-Eustache, au bénéfice de la Caisse des écoles du deuxième arrondissement (fondée par la 2ᵉ légion de la garde nationale), une messe en musique de l'abbé Litz. La 2ᵉ légion de la garde nationale ouvrit le feu en faisant entendre un très beau morceau de sa musique militaire. Les chaises et les quêtes, tant du dehors que du dedans de l'église, ont produit 50,000 francs ! ! Qu'on dise après cela que la garde nationale ne sert pas à grand chose ; qu'elle n'est utile que pour permettre aux maris de découcher et de faire les cent coups !

21. — Les imprécations des mamans ont ému l'Empereur. Il est venu seul en voiture au Luxembourg et, après sa visite, il a fait publier une lettre, avec plan annexé, contenant un morcellement sur de nouvelles bases. Suivant Sa Majesté, la Pépinière ne subirait plus qu'un retranchement insignifiant ; on ne lui enlèverait plus que des parcelles.

En réponse à cette lettre de l'Empereur, Adolphe Joanne, l'obstiné, vient de faire paraître une brochure fort bien faite qu'on vend sous les galeries de l'Odéon. Elle a pour titre : *Sauvons le Luxembourg*. L'auteur prétend que le nouveau morcellement est plus préjudiciable que le premier et que les prétendues parcelles dont parle l'Empereur représentent bel et bien douze hectares ! Je ne peux croire cela, mon Empereur ! ce serait bien mal de vouloir nous mettre dedans !

28. — M. Sardou vient de payer à déjeuner aux

artistes du Vaudeville qui ont joué près de cent cinquante fois de suite la *Famille Benoiton*, une vraie comédie de mœurs. Dans la pièce se trouve un personnage qui, plutôt, ne s'y trouve jamais. On demande souvent Mme Benoiton et tous les acteurs en scène s'écrient : « Elle est sortie. »

Ce cri hilarant est passé du théâtre dans la rue et à chaque instant un étudiant s'écrie sur le boulevard Saint Michel : « Où est Mme Benoiton ? » et tous les camarades et passants de répondre en chœur : « Elle est sortie. »

1er *Avril*. — Rue de l'Ecole de médecine, numéro 20, on doit bientôt démolir, pour l'agrandissement de cette rue, la maison où Marat fut assassiné. Beaucoup de personnes viennent la contempler pour mieux la conserver, pieusement sans doute, dans leur mémoire. Drôle d'idée ! Le logement de Marat ne peut être visité qu'avec l'autorisation d'un médecin qui y demeure ; je ne l'ai jamais voulu visiter, quoique j'aille bien souvent dans cette maison chez un maître de chant. « Du reste à quoi bon le visiter, dit le concierge, puisqu'il ressemble à tous les autres du dessus. » Oh ! naïf Pipelet ! Cette maison va donc tomber au grand désespoir des amateurs d'archéologie historico-révolutionnaire. Quant à moi je ne la regretterai pas. Les souvenirs en sont trop lugubres. Je regretterai bien plutôt la maison d'à côté où se trouve une ravissante tourelle gothique.

5. — Les frais ombrages de la Pépinière retentissent encore d'imprécations ; mais ce ne sont plus les mamans qui se les permettent. Les journaux officieux ont déclaré que la Pépinière était un lieu immoral, que c'était surtout un lieu de rendez-vous pour les étudiants et les étudiantes. Erreur ; la Pépinière est l'endroit où

les étudiants studieux travaillent le plus et le mieux leurs examens, pendant les jours les plus chauds de l'année. Il est fort probable que parfois quelques bécots s'échangent sous l'œil bienveillant de la sensible *Velleda,* mais journellement, non. Alors il faudrait fermer tous les jardins publics. Des pétitions se signent, pour la conservation intégrale du Luxembourg, dans tout notre quartier ; mais l'indignation s'est propagée dans les autres, car, les dimanches et les jeudis, les familles à enfants viennent se récréer dans la Pépinière. Je ne sais pas si une mesure dictatoriale a jamais plus démonétisé l'Empereur. Mon pauvre beau-père continue à gémir... respectueusement.

7. — C'est une affaire conclue et décidée ; le Luxembourg sera amputé, et grandement amputé. On vient de ficher en terre des drapeaux d'alignement qui fixent les nouvelles limites de la Pépinière.

26. — L'Empereur vient de faire enlever au musée du Luxembourg son beau portrait, peint par Flandrin, pour l'envoyer au tribunal de commerce. Évidemment l'Empereur a voulu faire plaisir aux commerçants, mais il a voulu aussi se faire plaisir à lui-même ; il s'est dit : « Je suis au tribunal de commerce plus en sûreté qu'au Luxembourg. Là je n'ai à craindre ni balafres, ni aveuglement ; personne ne m'y crèvera les yeux, tandis qu'au quartier Latin... j'ai tout à craindre et des étudiants et des bourgeois et même en ce moment des bourgeoises. »

9 *Mai.* — Hier est mort le docteur Michon, l'ancien chirurgien de Louis-le-Grand, chirurgien des hôpitaux, l'un des praticiens les plus occupés de Paris, qui jamais n'eut le temps d'écrire le moindre opuscule. Il était humain, fort serviable ; aussi à Louis-le-Grand les élèves l'aimaient comme un père. Pendant une

opération chirurgicale, il se fit au nez une piqûre anatomique. Sa vie courut de grands dangers et pendant plus de huit jours il fut entre la vie et la mort, et même plus près de la mort que de la vie. Pendant ce temps, nous, les élèves, ses vrais amis, ne poussions pas un seul cri dans notre grande cour de récréation, parce que les fenêtres de son appartement donnaient sur cette cour. Nous avions proscrit tout jeu de balle ; nous tournions en silence en rasant les murs et ne parlant qu'à voix basse, les yeux souvent dirigés sur la fenêtre de la chambre de notre cher docteur. Aussi quelle joie quand il nous fut assuré que sa vie n'était plus en danger !

15. — Un enfant de notre quartier, appartenant à l'une de ses meilleures familles, M. l'abbé Vollot, nommé professeur à la Faculté de théologie, vient de faire, à la Sorbonne, son premier cours sur l'Ecriture sainte. Tous ses amis et connaissances s'y étaient donné rendez-vous. Il parla fort bien, avec beaucoup de netteté et de vigueur et fut fort applaudi. C'est un jeune homme de premier mérite.

19. — *L'Illustration* d'aujourd'hui donne de M. Michon un portrait admirablement ressemblant ; c'est notre chirurgien en 1846, car, depuis le terrible accident de 1867, sa physionomie avait un peu changé. Le nez, légèrement déformé, s'était aminci.

20. — L'Empereur vient de faire paraître, chez Plon, son deuxième volume de la *Vie de César*.

27. — Promenade à l'Exposition ; remarquables tableaux religieux, de Bonnat: *Saint Vincent-de-Paul prenant la place d'un galérien*, de Ribot: *Jésus parmi les docteurs*.

10 *Juin*. — Hier, discussion, au Sénat, sur les nom-

breuses pétitions qui lui ont été envoyées pour la conservation du Luxembourg. M. Bonjean a très bien parlé en faveur des pétitionnaires. Il a montré combien le Luxembourg était nécessaire à la population parisienne. M. de Boissy a dit : « C'est stupide et absurde de tenir à un acte aussi impopulaire qui propagera les sentiments hostiles parmi une population généreuse de jeunes gens : l'espoir du pays. » Enfin les pétitions ont été très honorablement renvoyées aux ministres pour les faire réfléchir sur les projets de M. Haussmann. Mais M. Haussmann est bien plus influent qu'eux auprès de l'Empereur.

15. — Hier, baptême d'une cloche à la chapelle paroissiale de Plaisance (quatorzième arrondissement). Cette cloche vient d'une église de Sébastopol. On l'avait remisée au musée d'artillerie. Le curé de Plaisance la découvrit et la demanda, pour son humble église, à l'Empereur qui la lui fit accorder.

L'Impératrice et le prince Impérial ont été parrain et marraine. En guise de dragées, beaucoup de secours aux pauvres de Plaisance.

30. - Une guerre a éclaté entre la Prusse et l'Autriche qui se disputent les dépouilles du Danemarck. L'Italie s'est jointe à la Prusse pour accabler l'Autriche et lui arracher la Vénétie, mais l'Autriche lui a donné un bon coup de boutoir à Custozza le 24 juin dernier.

1er *Juillet*. — Bien tristes nouvelles d'Amiens. Le choléra s'y est abattu avec frénésie ; on parle même de peste. Ma femme s'inquiète beaucoup de son cousin Petit, d'Amiens, homme dévoué et très bienfaisant, qui doit se trouver souvent aux endroits les plus dangereux.

3. — Le *Moniteur* dit que le choléra d'Amiens augmente de plus en plus surtout dans les faubourgs de Hem et de Noyon. Les docteurs Léger et Thuillier sont morts victimes de leur dévouement.

4. — L'Impératrice s'est rendue à Amiens et a visité l'Hôtel-Dieu, quoique bondé de cholériques. Ce n'est pas seulement les nouvelles du choléra, qui nous remplissent tous d'angoisse à Paris, mais encore celles du théâtre de la guerre en Allemagne. La Prusse et l'Autriche se sont entrechoquées d'une façon terrible, et un télégramme, arrivé cette nuit, nous apprend que l'Autriche a complètement été vaincue.

5. — La grande bataille s'est donnée près d'une petite ville de Bohême, nommée Sadowa. Les Prussiens ont battu les Autrichiens grâce à un nouveau fusil nommé *fusil à aiguille*.

— Une note du *Moniteur* annonce la paix entre les Autrichiens, les Italiens et les Prussiens. L'empereur d'Autriche cède la Vénétie à la France, ne voulant pas la céder directement à l'Italie, qui ne l'a pas vaincue.

On s'arrache le *Moniteur* ; mais bientôt la nouvelle est affichée sur tous les murs, au coin de toutes les rues. Les drapeaux surgissent aux fenêtres.

Pourquoi ? Par pure vanité nationale ! car le cadeau est dangereux. L'Empereur va, naturellement, rétrocéder la Vénétie à l'Italie, et celle-ci, froissée que la cession ne lui soit pas faite directement, en concevra une nouvelle haine contre la France. Décidément je ne mets pas de drapeau à ma fenêtre.

8. — On ne parle que du fusil à aiguille qui a permis aux Prussiens d'abattre la puissance militaire de l'Autriche.

9. — Hier soir, à Sainte-Marguerite, distribution

des diplômes d'honneur à la société de secours mutuels du faubourg Saint-Antoine, la plus ancienne de Paris. J'y ai dit un tout petit mot qui parut plaire à M. le curé Arnault et à M. Frédéric Lévy, le maire du onzième. M. le curé, tout-à-coup, retira, de dessous le bureau, un bel arbuste qu'il remit dans les mains de M. Frédéric Lévy. Celui-ci paraissait ravi avec son arbuste dans les bras ; M. le curé paraissait également ravi de la surprise qu'il avait faite à son ami M. le maire. Mais les ouvriers, mis indirectement au courant des intentions de M. Arnault, avaient également acheté un arbuste. Ils s'empressèrent de le lui apporter. M. le curé fut encore plus surpris que M. le maire. On rit aux larmes en voyant M. le maire et M. le curé ayant chacun un palmier dans les bras. Heureux les ouvriers quand, à leur grand profit, leurs chefs civil et religieux s'entendent si bien.

Tout le monde se retira aux gais accords d'une excellente musique militaire....

>Partant pour la *Sierie*
>Un jeune et beau *danois*
>Etc., etc.

11. — A la vitrine de Devisme, armurier, est exposé un fusil à aiguille ; la foule s'y amasse et des orateurs en plein vent donnent des explications. Voilà ce que j'ai cru comprendre. Premier point : le fusil se charge par la culasse ; deuxième point : dans la cartouche se trouve une capsule ou petite masse de matière fulminante qu'une tige ou aiguille, mue par un ressort, va frapper quand l'homme tire ; la capsule, étant ainsi emprisonnée dans la cartouche, le soldat ne perd pas de temps à l'appliquer. Il n'en perd pas non plus à introduire la charge par la bouche du canon et à la bourrer avec la baguette. La rapidité du tir par suite est fort grande. Dans le groupe on dit que nous allons

avoir une arme supérieure ; le fusil à aiguille, tout bon qu'il soit, ne laisse pas cependant d'être encore fort imparfait, car l'aiguille s'use et se casse facilement.

12. — Le choléra-peste d'Amiens diminue ; 25 décès par jour au lieu de 80. Six sœurs de charité ont succombé en soignant les malades. Il n'est heureusement rien arrivé à notre famille d'Amiens.

17. — Hier, un orage véritablement extraordinaire éclata sur Paris et tout particulièrement sur notre quartier. Nous nous sommes trouvés au milieu d'un cercle de feu, car le tonnerre tomba successivement sur la préfecture de police, sur Notre-Dame, sur le Luxembourg, sur l'Ecole de droit, enfin quai Saint-Michel et boulevard Saint-Michel. C'était inévitable, après les chaleurs que nous subissions depuis quelques jours.

Nous allons tous, en rangs serrés, voir les dégâts causés au Luxembourg par l'orage d'hier. Un magnifique oranger en caisse a reçu la visite de la foudre qui, émue par ses douces senteurs, l'a complètement respecté ; mais elle s'est acharnée sur la caisse et l'a complètement démantibulée. En outre, graves accidents : deux personnes ont été trouvées évanouies près de la porte de l'Ecole de droit et un vieux cocher a été foudroyé boulevard Saint-Michel.

28. — Le Gouvernement est d'une sévérité incroyable quand il s'agit de la reproduction des débats du Sénat ou de la Chambre ; il faut ou reproduire tout entiers les débats insérés dans le *Moniteur*, ou insérer tout au moins le compte rendu officiel, rédigé sous l'autorité des présidents du Sénat et du Corps législatif. La *Revue hebdomadaire de l'instruction publique* l'a appris à ses dépens. Elle vient d'être, dans la personne de son gérant, M. Georges Hachette, condamnée à 1,000 francs

d'amende pour n'avoir fait que résumer certains débats, probablement fort inutiles et fort assommants.

10 *Août*. — Le conseil de l'ordre des avocats a élu, aujourd'hui, comme bâtonnier M⁰ Allou ; c'est un homme de superbe prestance et de très haute valeur, dont la capacité s'est affirmée dans de grandes affaires. Il parle d'une façon très facile, trop facile même ; j'ai le goût un peu bizarre et je déclare ne pas détester la demi-seconde d'attente que d'ordinaire la nature exige de l'orateur avant qu'il trouve sa phrase ; cette demi-seconde me repose. Mon attention a le temps de se défatiguer ; elle n'aime pas à être malmenée par un travail trop incessant. J'avoue avoir la compréhension lente, mais il ne faut pas s'imaginer que tous les magistrats l'aient bien vive. Or, n'est ce pas pour eux que parlent les avocats, rien que pour eux ?

— Notre confrère Pijon plaidait hier à la cinquième chambre du tribunal civil : tout-à-coup il s'arrête en balbutiant et s'affaisse dans les bras de ses confrères ; il n'a pu reprendre connaissance.

11. — Pijon est mort des suites de l'apoplexie qui l'a frappé à l'audience. Depuis quelques jours il faisait renvoyer ses affaires à huitaine ou à quinzaine, parce qu'il n'était pas à son aise ; mais jeudi, malgré son malaise, il ne voulut pas faire remettre un procès urgent et le plaida ; c'est ainsi qu'il succomba, victime de son dévouement à ses clients.

15. — A l'occasion du 15 Août, on a découvert au public un monument fort simple, mais fort artistique, élevé dans le square des Arts et Métiers en souvenir de la guerre de Crimée. La *Victoire*, de Crauk, cette belle *Victoire* couronnant le drapeau français, que nous avons tous admirée à l'avant-dernière exposition, est

placée sur une colonne monolithe en granit du Jura. La colonne repose elle-même sur un piédestal, modeste, comme elle. Les quatre faces de ce piédestal portent gravés quatre noms de victoires : Alma, Inkermann, Tchernaïa, Sébastopol.

— Le Panthéon est rutilant de feu depuis le péristyle jusqu'au sommet de la croix ; c'est comme le buisson ardent de Moïse. Je l'aime mieux cependant quand il n'est éclairé que par les illuminations de l'Ecole de droit et de la mairie ; sortant ainsi de l'ombre, il prend des proportions immenses et fantastiques.

16. — La journée est d'une horrible tristesse, on sait, mais sans grands détails, qu'un accident est arrivé hier sur le pont de la Concorde. Après le feu d'artifice qui se tirait en face de ce pont, sur un autre pont, celui des Invalides, deux courants de promeneurs, marchant en sens contraire, s'y rencontrèrent et s'y heurtèrent ; par suite se produisit un écrasement qui rappelle celui dont furent attristées les fêtes du mariage de Marie-Antoinette. On parle de morts nombreux ; tout le monde court à la Morgue où ils ont été transportés.

17. — Une dizaine de morts, une quarantaine de blessés, voilà le bilan de la triste soirée du 15 Août.

18. — Une douce pluie de rubans, de rosettes, s'est abattue sur le palais. Elle est quelque peu tombée du côté de la bibliothèque des avocats. Se sont réveillés avec une plaque de commandeur : Busson-Billault et Nogent-Saint-Laurens ; avec une rosette : Gressier, et avec un simple ruban rouge : Plocque, ancien bâtonnier et Lacan qui va l'être, s'il met un peu plus de vin rouge dans son verre.

Sauf Desmarest, notre bâtonnier actuel, et Hebert, ancien ministre, aucun membre du conseil de l'ordre n'est décoré. Plocque et Lacan vont se trouver en bien mauvaise compagnie avec tous ces confrères qui ne sont pas décorés : Marie, Berryer, Jules Favre, Dufaure, Grévy, Allou, Rousse, Lachaud, Sénard.

22. — Un récent décret décide que le jardin du Luxembourg ne sera amputé que de la partie située au nord de la rue de l'Épée, prolongée jusqu'à la rue de l'Ouest. Une moitié de la Pépinière nous restera. Si nous ne nous étions pas tant remués dans le quartier avec Adolphe Joanne, comme chef de file, elle nous était enlevée toute entière.

23. — Calmels, Cléry, Gambetta et moi avons fait, aujourd'hui, condamner à des dommages-intérêts M. Sax, qui, après avoir opéré des saisies chez nos clients, les avait assignés en contrefaçon d'anches pour saxophone. Nous avons tous dit en chœur : « Mais les anches sont du domaine public ; elles ont été employées dès le xviie siècle par l'Allemand qui inventa la clarinette. Les anches saisies peuvent aussi bien servir aux clarinettes qu'aux saxophones. »

Cléry, avec sa mine futée de gamin parisien, s'avance vers le tribunal et dit malicieusement : « Si vous le désirez, messieurs, mon client, qui est clarinettiste, vous jouera avec les anches saisies un air sur sa clarinette. » « M. Sax a une singulière manie, dit à son tour Gambetta de sa voix tonitruante comme un saxo-tromba, il s'imagine que tous les instruments de Paris sont des serfs taillables par lui et corvéables à merci. »

Quant à moi, j'ai exposé au tribunal que mon client, M. H..., fabricant d'instruments de musique, avait, sans aucun esprit de lucre, acheté et envoyé des anches à des chefs de musique de régiments ; qu'il croyait ces achats aussi permis que les achats de chapeaux faits complaisamment par sa femme pour les femmes de ces messieurs. Enfin nous avons réussi et sommes fort satisfaits.

19 *Septembre*. — Hier, m'arriva une singulière aventure à la chambre des vacations ; mon client S....., sujet autrichien et tailleur, avait fait des fournitures de vêtements à un sieur W..., sujet prussien, qui, pour ne pas les payer, prenait les prétextes les plus spécieux. Du reste S..... et W... étaient, depuis Sadowa, très animés l'un contre l'autre. J'espérais bien gagner, car mon Autrichien, cette fois, en qualité de tailleur, avait pour lui les aiguilles. Après avoir entendu les observations de mon confrère Lejoindre pour son Prussien, et les miennes pour mon Autrichien, le tribunal ne se trouvant pas suffisamment éclairé par notre éloquence respective (comme c'était flatteur pour nous !) ordonna la comparution des parties. Les deux combattants furent interrogés et, somme toute, S..... gagna son procès. A peine le jugement était-il prononcé que l'Autrichien, déshabitué de la victoire, fut saisi d'une telle joie qu'il tomba presqu'inanimé dans mes bras. Je ne m'attendais pas à lui prêter pareille assistance. Les magistrats me passèrent bien vite les flacons de vinaigre qu'ils ont toujours devant eux pour conjurer les mauvais airs de l'audience. J'en inondai consciencieusement mon client qui bientôt revint à la vie.

2 *Octobre*. — On commence à démolir le numéro 3 de la rue Saint-Honoré. Ce numéro 3 faisait autrefois partie de la vieille rue de la Ferronnerie, et c'est là que, le 14 mai 1610, le carrosse d'Henri IV s'arrêta par suite d'un embarras de voiture, ce qui permit à

Ravaillac d'assassiner le bon roi. Sur la façade se trouvent un buste du Béarnais et une grande plaque de marbre qui rappelle le crime de Ravaillac. L'entrepreneur de démolition a mis au-dessous du buste un écriteau avec ces mots : *Buste à vendre.* Les employés Haussmann, en vendant les matériaux de la maison à démolir, n'ont pas eu la pensée, bien simple cependant, de réserver à la Ville le buste et la plaque de marbre, de telle sorte que ce sont matériaux de démolition ! Tas de maçons !

4. — M. Haussmann, prévenu, s'est empressé d'acheter la plaque de marbre et le buste de Henri IV pour les collections de la Ville.

5. — M. Duruy cherche à faire rendre, au tombeau de Richelieu, la tête du grand ministre avec sa barbe en pointe (?) Cette tête est entre les mains d'un homme des plus honorables, héritier d'un individu qui, dans un but pieux, s'en est emparé lors de la violation du tombeau en 1793. Le quartier est très satisfait et espère une belle cérémonie à l'église de la Sorbonne, où se trouve ce tombeau.

18. — Sous les regards d'une multitude de badauds (*inter quos ego*), un curieux travail de fouilles s'exécute en ce moment dans la cour du Louvre ; on cherche à se rendre compte du plan de l'ancien Louvre. Les bases des tours apparaissent les unes à côté des autres. On remarque surtout les substructions d'une grosse tour centrale ou donjon, et celles de la tour de la librairie où Charles V rangeait ses livres. Les fondations de cette dernière se trouvent en partie sous le pavillon de l'Horloge.

29. — Hier lundi, à l'Odéon, première de la *Conjuration d'Amboise.* Succès inouï. Les vers sont, paraît-il,

splendides et Berton joue d'une façon merveilleuse avec Jane Essler, Agar, etc. L'auteur, M. Louis Bouilhet, un Rouennais, entre de plein pied dans la renommée [1].

30. — Paysage d'automne. — Fragments d'un délicieux article sur la Pépinière, que Théodore de Banville a écrit récemment dans l'*Illustration* :

« ... Asile de la jeunesse, de l'enfance, de la rêverie, de la poésie, du génie, je te salue ! Ici que de fois j'ai rencontré Michelet méditant, Victor Hugo composant à voix basse quelques-uns de ses vers impérissables qui à jamais voltigeront sur les bouches des hommes. Voici mon ami, mon meilleur ami, le grand, énorme et colossal rosier, placé sur le bord du jardin des roses, gros comme un arbre, et, dans la saison des roses, couvert de plus de roses blanches ou roses que le ciel n'a d'étoiles; il étend au loin, vigoureusement, orgueilleusement, son immense et lourde chevelure qui fait sur la terre une ombre noire et dans cette ombre noire se traînent d'inextricables buissons de rosiers rampants.... Quel enchantement, ce décor si pompeux et si varié ! A ma gauche, voici les cerisiers, les pommiers, les arbres fruitiers, merveilleusement taillés en corbeilles, dans lesquelles viennent dormir la nuit les Flores et les Pomones et, à ma droite, voici les vignes ! des vignes en plein Paris ! Oui comme sur un coteau doré de la Bourgogne, voici les ceps verdoyants et rouges qui, hier encore, ployaient sous les lourdes grappes.

« J'ai passé devant le vieux bassin comblé où, sous le grand acacia-parasol, grelottent des rosiers du Bengale.... En arrivant à la porte qui donne sur la rue de l'Ouest j'ai été comme aveuglé par un arbre dont les feuilles toutes mortes, mais restées à leur place, semblent brûlées d'or et de feu...

« Dans la rue de l'Ouest, des ouvriers armés de pics et de pioches passaient en chantant ; « bons ouvriers, passez sans le voir, devant le Luxembourg, asile des oiseaux et des poètes, et gardez vos pioches pour les vieilles maisons noires.... »

1ᵉʳ *Novembre*. — Les Dominicains se font construire

---

[1] A Rouen, dans la décoration d'une fontaine, adossée à la bibliothèque municipale, les Rouennais ont, comme principal motif, fait figurer un superbe buste de Louis Bouilhet, leur regretté compatriote.

un couvent dans la rue Jean de Beauvais, non loin de la rue Saint-Jacques ; ils se rappellent leur ancien couvent de la rue Saint-Jacques (*sanctus Jacobus*), ce qui leur avait fait donner le surnom de Jacobins. Ils font restaurer, d'une façon charmante, une jolie chapelle gothique enclavée dans leurs constructions. C'est la chapelle de l'ancien collège de Dormans-Beauvais, fondé en 1370 par Jean de Dormans, cardinal, évêque de Beauvais.

30. — Il vient de mourir une pauvre vieille, la mère Baptême, folle tout-à-fait inoffensive, qui vivait depuis bien longtemps au quartier Latin. Elle avait toujours, d'une main, un parapluie ouvert et, de l'autre, un seau d'eau dont elle aspergeait et *baptisait* les étudiants qui la tourmentaient en la tirant par les jupes. Il en est encore une autre, aussi inoffensive, qui a toujours un perroquet sur le poing gauche. Chagrin d'amour, paraît-il, pour les deux : *Amour, amour, quand tu nous tiens, on peut bien dire : adieu... cervelle.*

3 *Décembre.* — Le père Hyacinthe prêche encore l'Avent cette année à Notre-Dame ; hier, foule autour de sa chaire. Son costume de carme l'étoffe très bien et de la façon la plus avantageuse.

C'est toujours le lion du jour.

10 — Comme d'habitude, Amélie et moi, sommes allés à la messe de neuf heures à la Sorbonne ; nous avons vu qu'on y avait nettoyé le merveilleux tombeau de Richelieu, parce que samedi prochain on y apportera la tête du cardinal.

12. — Dans notre petite paroisse épiscopale de la Sorbonne, on parle beaucoup de la cérémonie qui aura lieu samedi. On ouvrira le caveau situé au-dessous du tombeau. Quand, en 1793, le corps du cardinal fut

extrait du caveau, la tête roula aux pieds d'un petit boutiquier qui profita de l'inattention des profanateurs pour s'emparer de cette précieuse relique. Mais une fois rentré chez lui, la peur le prit ; il chercha à cacher son heureux larcin ; n'ayant malheureusement à sa disposition qu'une très petite cachette, il scia en deux la tête, qui ressemblait à une bille d'acajou, et conserva le côté du visage. Par suite de successions diverses, ce *facies* est venu aux mains de M. X..., ancien député, qui l'offrit à l'Empereur. Celui ci songea immédiatement à le restituer à la Sorbonne.

15. — Aujourd'hui, à la Sorbonne, cérémonie de la réinhumation de la tête de Richelieu. La rue de la Sorbonne était en fête. Je n'ai pas eu l'honneur d'être invité ; je me suis donc contenté de voir entrer tous les grands, tous les gras, tous les gros personnages. Je les voyais très bien parce qu'ils descendaient de voiture devant les marches de l'église, c'est ainsi que j'ai vu le duc de Richelieu, ancien pair de France, son fils et son neveu.

L'archevêque de Paris, Mgr Darboy, et Mgr de Sura, doyen de la Faculté de théologie, sont venus recevoir, devant le grand portail, M. Duruy, ministre de l'instruction publique, qui leur a remis la tête, contenue dans une boîte de citronnier.

1867

8 Janvier. — Dans la nuit glaciale du 5 au 6 janvier, foule énorme sur la place du Château-d'Eau, transformée en champ de glissades. Tout-à coup et inopinément, à propos d'une patrouille qui vint à passer, les curieux, qui regardaient glisser se mirent à crier : *Vive Garibaldi ! A bas la mobile ! A bas la garde nationale mobile !* Puis, en chantant la *Marseillaise*, ils brisèrent à coups de glaçons les vitres de la fenêtre d'un poste de police. Les sergents de ville accoururent et opérèrent des arrestations, malgré de violentes résistances.

9. — Avant-hier, la sixième chambre, présidée par le terrible Delesvaux, qu'on dit être un ancien commissaire de police, a sévèrement condamné quelques étudiants et ouvriers pour avoir organisé une société secrète. Le but de cette société était de faire triompher, par l'action, les idées démocratiques et sociales ! Parmi les condamnés se trouve un avocat stagiaire, nommé Protot, qui n'a pas daigné paraître devant le tribunal, mais dont néanmoins la prose assez drôlette a fortement égayé l'assistance.

L'avocat impérial a lu en effet certains passages, empruntés au compte rendu du fameux congrès d'étudiants tenu à Liège, compte rendu rédigé par l'organisateur même du congrès.

Or voici le passage relatif aux idées de Protot sur l'Ecole de droit de Paris :

« J'ai passé six, peut-être même sept années à l'Ecole de droit de Paris ; les cours y sont si ennuyeux et les doctrines si détestables qu'il me semble que j'y ai passé un quart de siècle...

« La première année de nos études comprend les deux premiers livres des *Institutes de Justinien*. Le commentaire de ce code du Bas-Empire devient, dans la bouche de nos professeurs, une glorification du vieux droit de la première Rome, monument de la tyrannie des grands et de la servitude du peuple.

« On nous enseigne encore, en fait de mariage, les doctrines exécrables qui nous viennent de la tradition romaine : le despotisme de l'homme, l'outrage à la femme, à cette créature que nous aimons tous, que nous respectons et que nous voudrions voir l'égale de l'homme en droit et dignité...

« Jamais une idée juste et féconde n'anime ces professeurs accroupis comme des squelettes dans leurs chaires. Vous croiriez voir de vieux morts d'avant 89, expliquant les vieilles coutumes. Le souffle de la Révolution n'a jamais passé sur ces têtes séniles... »

Machelard, professeur de droit romain, doit être vraiment satisfait d'être comparé à un squelette, lui dont l'opulente personne remplit si amplement sa chaire.

12. — M{{lle}} Georges vient de mourir, à 77 ans. Pendant plus de dix ans elle fit la gloire de l'Odéon [1], avant de faire pendant dix autres années la fortune de la Porte-Saint-Martin où elle jouait les principaux rôles dans les pièces de Victor Hugo.

Se rappelant celui de ses triomphes qui lui avait le plus ému le cœur, elle demanda à être ensevelie dans son grand manteau de Rodogune.

---

[1] Un superbe portrait de M{{lle}} Georges se trouve au foyer de l'Odéon.

Encore toute petite fille, elle avait débuté sur le théâtre de la ville d'Amiens où habitaient ses parents.

14. — Janvier est rude aux têtes chenues, même à celles qu'abritent les lauriers ; Mlle Georges mourait avant-hier à 77 ans et Ingres, hier, à 87.

17. — Les obsèques d'Ingres ont eu lieu hier à Saint-Thomas-d'Aquin. Sur son cercueil, ses élèves déposèrent une couronne d'or. M. Jules Richard, dans le journal l'*Epoque*, raconte que s'il n'avait pas été aussi bon, le grand artiste serait peut-être encore en vie. Et voici comment. Pendant la nuit, son foyer était allumé ; car en janvier il fait froid, quai Voltaire numéro 11, en plein nord. Un tison roula jusqu'à l'entrée de la cheminée et fuma. Au lieu de réveiller son domestique, pour faire repousser le tison, le noble vieillard, se levant, le repoussa lui-même dans le foyer. Il eut froid et se recoucha pour ne plus se relever. Cet acte de bonté lui sera sans doute compté par Dieu, plus, peut-être, que son *Saint-Symphorien*, plus que son *Vœu de Louis XII¹*, ses deux chefs-d'œuvre religieux.

— Dans tous les journaux vient de paraître une lettre, signée par les élèves de Sainte-Barbe, candidats aux écoles du gouvernement. Ils y expriment leur indignation pour le renvoi d'un jeune barbiste, fils adoptif de la marquise d'Orvault. Récemment, cette grande dame, mais partie de bien bas, faillit être assassinée par son frère, le cocher Nicolas Schumacher. Pour ce crime Nicolas a été récemment condamné à vingt ans de travaux forcés. Cette affaire a fait beaucoup de tapage aussi bien qu'une affaire connexe : une demande en pension alimentaire formée contre la marquise par son père, le vieux Schumacher, cocher comme son fils Dans ces débats retentissants il avait été fort question de l'enfant de Mme d'Orvault et cette dernière, sur l'invitation du directeur, M. Dubief, avait retiré son fils de Sainte-Barbe. C'est alors que les grands, irrités, écrivirent aux journaux pour protester contre le procédé de M. Dubief, procédé, disaient-ils, indigne de l'esprit libéral de Sainte-Barbe.

Le directeur, fort ému et hésitant à sévir, demanda aux grands, après avoir soumis ses raisons, d'écrire une seconde lettre aux journaux pour adoucir leur protestation, mais ils ne le voulurent pas. Dès lors M. Dubief se vit forcé de licencier l'école préparatoire.

18. — M. Dubief a dit aux parents des jeunes gens renvoyés : « Je vais réorganiser l'école et n'y admettrai que les travailleurs. »

C'est une manière comme une autre de se débarrasser des cancres. Cette équipée des Barbistes et leur licenciement n'a pas été sans grandement émouvoir le quartier.

20. — Un accident, semblable à celui de 1862, a manqué d'arriver sur les lacs incomplètement gelés du bois de Boulogne. Huit personnes, disparues subitement, ne furent sauvées que grâce à d'admirables dévouements. M. Amédée Fèvre s'est tout particulièrement distingué en plongeant sous la glace. C'est le digne fils d'un homme qui bien souvent, lui aussi, s'est dévoué pour ses semblables : notre voisin, M. Fèvre, chef des gardes du tribunal de commerce.

21. — Le corps de M. Cousin, mort récemment à Cannes, est déposé dans la chapelle de la Sorbonne. M. Cousin est mort soudainement en réclamant l'assistance de M. l'abbé Blampignon qui, quoique prévenu immédiatement, ne put arriver à temps. L'abbé Blampignon, philosophe comme M. Cousin, est l'auteur d'une remarquable étude sur Malebranche.

22. — Les Barbistes de l'école préparatoire sont presque tous rentrés. Ce sont certainement de braves jeunes gens, pleins de cœur, mais ça ne les regardait pas. L'enfant de la marquise d'Orvault ne faisait point partie de l'école préparatoire. Il était avec les petits et les petits ne sont guère généreux. Ils l'auraient certainement taquiné et houspillé à propos de certains détails pénibles des procès auxquels sa mère était mêlée bien malgré elle, il est vrai ; et vraiment, dans l'intérêt même du jeune garçon, il valait mieux prier la mère de le retirer; ce qu'elle s'empressa du reste de faire, sans le prendre au tragique, comme les grands camarades.

23. — *L'Opinion nationale* dément le bruit persistant de l'entrée en religion de Mlle Thuillier, la charmante Caroline du *Marquis de Villemer*. Mme George Sand a écrit à ce journal, et au nom même de Mlle Thuillier, pour protester contre ce bruit inexact ; s'il a couru, ce bruit, c'est que Mlle Thuillier passe pour avoir des idées religieuses ; ce qui est vrai, puisqu'elle vient de prendre un directeur : George Sand.

27. — Hier matin, ma rue de la Sorbonne était pleine de mouvement. Elle fut de bonne heure envahie par les plus illustres représentants des lettres, des sciences, des arts qui venaient rendre hommage à la mémoire de M. Cousin. Les employés des pompes funèbres prirent le cercueil à la chapelle de la Sorbonne et le transportèrent à Saint-Etienne-du-Mont où se fit le service funèbre. Une foule considérable suivit jusqu'au Père-Lachaise la dépouille du grand philosophe.

1er *Février*. — Mon cousin germain, Prosper Duremer, capitaine au 3e régiment d'infanterie de marine à Saïgon, dont les correspondances intéressaient si vivement ses amis de Paris, est venu lamentablement mourir à l'hôpital des marins de Toulon d'une cachexie paludéenne, soit de dépérissement, de consomption et d'épuisement. C'était pourtant un vigoureux garçon ; il supporta assez bien, pendant neuf ans, le climat de Cayenne, mais ne put résister à celui de notre nouvelle colonie, fatales dépouilles opimes conquises sur le roi d'Annam, Tu Duc.

Epris de l'art oriental, Prosper en avait envoyé à Paris de curieux spécimens qui, réunis aux belles choses laissées par l'oncle et la tante John Talma, se trouvent maintenant rassemblées dans un appartement récemment loué par la mère inconsolable, pour mieux faire valoir les souvenirs de son fils. Elle a disposé en croix l'épée de ce cher fils, entourée de crêpe et celle de son beau frère, John Talma, ornée de ses décorations. Le portrait (très rare) du tragédien, gravé par Deveria, émerge du milieu des trois superbes portraits de ses trois neveux : John, le capitaine de frégate ; Amédée, le docteur en médecine ; Auguste, le peintre du prince Eugène. Les murs sont tapissés d'une infinité d'objets artistiques : lettres encadrées, gouaches, pastels, peintures, gravures données, la plupart par les nombreux artistes, amis de la famille Talma pendant la première République et le premier Empire.

Leurs teintes effacées se marient néanmoins fort harmonieusement avec celles des curiosités, arrivées en droite ligne des pays orientaux ; car ces curiosités ne sont pas objets aux couleurs criardes, sorties des bazars, mais pièces antiques soigneusement choisies : telle, notamment, cette statue de Bouddha, aux ors éteints, qui, droit sur ses jambes, contrairement à sa posture ordinaire, semble me suivre partout de ses yeux mélancoliques d'où sort une étrange prunelle noire, bordée de nacre blanche.

2. — En procédant à des fouilles dans les terrains de la Pépinière, les ouvriers ont mis à découvert

un grand amas d'ossements humains. Ce sont tout d'abord ceux des anciens Chartreux, enterrés dans un large cimetière autour duquel rayonnait le grand cloître du couvent; puis ceux d'une foule d'illustres personnages enfouis dans l'église même de ces Chartreux [1].

Les crânes de certains squelettes, ayant une conformation fort remarquable, furent remis à un professeur du muséum (très probablement M. de Quatrefages). pour en faire un objet d'études scientifiques. Le reste des ossements fut transporté aux catacombes.

6. — Aujourd'hui, la sixième chambre, présidée par M. Delesvaux, a condamné, à un mois de prison, deux individus qui, dans la nuit du 5 au 6 janvier, la fameuse nuit des glissades du Château d'eau, s'étaient énergiquement battus avec les sergents de ville en criant. A bas la mobile !

— Depuis plusieurs années une anglaise, rousse, Emma Chruch, se faisant nommer Cora Pearl (*perle* en Français), fait tourner les têtes de nos jeunes hommes, qu'elle détrousse en un tour de main. Un de mes amis, fort riche, beau garçon, intelligent, s'est laissé tondre comme les autres et en bien peu de temps, car les faveurs de cette courtisane sont hors de prix [2]. Certaines personnes, s'étonnant d'un pareil succès, faisaient remarquer que Cora était loin d'être

---

[1] Notamment : Guillaume de Sens et Adam de Cambray, premiers présidents du parlement de Paris ; Michel de Cernay, évêque d'Auxerre et confesseur de Charles VI ; Philippe d'Harcourt, premier chambellan du même roi. Ces hauts et doctes personnages ne se doutaient pas qu'un jour leurs fortes têtes seraient examinées, palpées comme de simples têtes de cynocéphales, de gorilles, etc., etc.

[2] Ce qui faisait dire à un poète du temps :

... Et la riche Angleterre
Plus d'une fois dans l'eau jettera son filet
Avant d'y retrouver une *perle* aussi *chère*.

une merveille de beauté et que plus de cent Parisiennes parmi les femmes à la mode, en vogue, étaient beaucoup plus jolies. Mais certaines autres répondaient mystérieusement : « C'est vrai, mais le corps de cette Anglaise rappelle celui de la Phryné antique. » Heureusement pour la morale, Cora s'est sentie piquée de la tarentule du théâtre. Elle s'est laissée engager pour jouer le rôle de Cupidon dans *Orphée aux Enfers*, qu'on reprend aux Bouffes. A la première représentation, les Bouffes sont pris d'assaut ; chacun veut contempler l'ouvrage des Dieux, la nouvelle Phryné.

Cupidon paraît. Oh! cruelle désillusion! Quoi, ce corps sans harmonie, aux membres assez mal agencés, c'est Cora ! [1] L'accueil est glacial, suivi bientôt d'un éclat de rire général. Emma Chruch a ouvert la bouche pour dire de son plus pur accent londonien :

> Je suis *Kioupidon*

Mais les rires ne durent qu'un instant. Dans cette salle où se trouvent sans doute des pères, des épouses dont Cora a ruiné les fils, les maris, l'hostilité se fait jour et l'Anglaise fatale est obligée de quitter bien vite la scène sans pouvoir même chanter son premier couplet :

> Je suis Cupidon, mon amour
> A fait l'école buissonnière.
> Je reviens, au lever du jour
> D'un petit voyage à Cythère [2].

---

[1] Ce fut l'avis de presque tous les spectateurs des Bouffes, mais cependant quelques uns trouvèrent que la sirène avait un corps d'une ligne et d'un dessin irréprochables. V. Pierre de Lano dans son *Étude sur les femmes du second Empire*.

[2] Le public ne voulut point reconnaître en elle l'Amour. Elle n'était pas non plus Vénus, mais Arachné tendant sa toile dans Paris pour prendre et happer les fils de famille. Un huissier, revenant un jour de la saisir, me disait dans la salle des Pas-Perdus : « Rien de plus curieux que son hôtel. Il y a partout des jeux, des billards anglais où s'amusent de petits jeunes gens... » de petits jeunes gens, proie future ! Elle était très maligne. Elle

4 Mars. — On m'a signalé un livre de poésie, édité par Lemerre, livre d'un jeune poète du quartier, Paul Verlaine, qui tombe à bras raccourcis sur nous autres bourgeois ; il prétend que nous avons des pantoufles brodées et parées de toutes les fleurs de la nature. Il nous confond avec les garçons bouchers, charcutiers, épiciers à qui leurs bonnes amies offrent, pour leurs étrennes, des pantoufles multicolores brodées par elles. Ce n'est pas tout, l'impertinent poète prétend encore que nous n'avons aucune poésie dans l'âme ; que nous ne songeons qu'à marier nos filles avec des jeunes gens cossus et ventrus, et que nous dédaignons les poètes comme gendres.

Je ne lui en veux pas à ce méchant fils d'Apollon, et ses boutades ne m'empêchent pas d'admirer une pièce délicieuse intitulée : *Nocturne parisien* ; c'est une tirade sur certain quai mystérieux qui disparaît le soir sous une ombre double : celle de la nuit et celle de Notre-Dame la géante :

« ... Oui, mais quand vient le soir, raréfiant enfin
Les passants, alourdis de sommeil ou de faim,
Et que le couchant met au ciel des taches rouges,
Qu'il fait bon aux rêveurs, descendus de leurs bouges,
Et s'accoudant au pont de la Cité, devant
Notre Dame, songer cœur et cheveux au vent ! »

. . . .

« Tout bruit s'apaise autour ; à peine un vague son
Dit que la Ville est là, qui chante sa chanson,
Qui lèche ses tyrans et qui mord ses victimes ;
Et c'est l'aube des vols, des amours et des crimes.... »

. . . .

avait, par exemple, dans ses procès multiples contre les fournisseurs, qui la volaient outrageusement, trouvé le moyen d'accaparer comme défenseur mon vieil ami N..., le plus vertueux des avocats du Palais. Sa dernière victime fut le fils de Mme Duval, la fondatrice des Bouillons Duval. Il se suicida à ses pieds sans parvenir, il est vrai, à se tuer. Dès lors, elle disparut de la circulation. Elle mourut encore jeune, mais décrépite.

12. — Des bruits fort étranges courent sur la santé du Prince impérial. Il se serait blessé au genou ou à la hanche. Les malintentionnés le disent scrofuleux ; mais c'est au contraire un jeune garçon très sain. Il a bien pu se blesser, comme se blessent chaque jour tant de gamins turbulents.

18. — L'Impératrice a fait de grandes libéralités pour l'anniversaire de la naissance du Prince impérial. L'inquiétude de la mère perce dans l'abondance des aumônes. Le *Moniteur*, enfin, avoue que l'enfant a une contusion à la jambe.

19. — Nélaton vient d'être appelé aux Tuileries.

27. — Nélaton a réussi pour le Prince impérial comme pour Garibaldi ; le jeune malade est sauvé. Sa blessure mettait sa vie en danger ; c'était plus grave qu'on ne voulait bien le dire.

28. — Le père Gratry, oratorien, reçu à l'Académie-Française, vient d'y prononcer un beau discours de réception. Il succède à M. de Barante et occupe le fauteuil possédé jadis par Massillon qui, lui-même était oratorien. C'est un délicat écrivain ; il a publié deux ouvrages très importants : l'un, *De la connaissance de Dieu*, l'autre, *De la connaissance de l'âme.*
Professeur à la Faculté de théologie, il ne brille point par l'imagination, mais par le raisonnement. Il semble toujours sanglé dans son costume de polytechnicien, comme Renan dans sa robe de séminariste ; il est difficile d'échapper à ses origines.

1er *Avril.* — Ouverture officielle de l'exposition du Champ-de-Mars. Pour permettre au public de s'y rendre plus facilement, on a construit six petits bateaux à vapeur. Depuis quelques jours ils sont amarrés devant le Louvre. Du pont des Arts on peut les contempler tout à loisir.

5. — Protot, avocat stagiaire, a formé opposition à un jugement du 7 janvier 1867 qui l'a condamné à quinze mois de prison pour affiliation à une société secrète. Il ne s'est pas présenté à l'audience et le jugement a été confirmé.

6. — Aux vitrines des papetiers on regarde une curieuse photographie, celle d'Alexandre Dumas en compagnie de miss Menken, l'écuyère américaine, qui, dans les *Pirates de la Savane*, à la Gaîté, apparaît attachée, presque nue, sur le dos d'un cheval emporté. Parmi les curieux arrêtés devant cette photographie, les uns ne font que rire, mais d'autres, en bien plus grand nombre, blâment très vertement Alexandre Dumas et disent : « C'est un scandale dont l'inconscient vieillard n'aura certes pas à se louer. »

7. — De la fenêtre de mon cabinet, donnant sur la rue des Ecoles, j'apercevais, hier, tous les jeunes gens du quartier se dirigeant, très animés, vers la place de l'Ecole de médecine. Ce n'est pas la politique qui les animait ainsi, mais la rage d'être indignement exploités par les logeurs qui augmentent de jour en jour le prix de leurs chambres meublées. Les jeunes gens entrèrent à l'Ecole de médecine ; le grand amphithéâtre leur avait été ouvert. Etudiants en droit aussi bien qu'étudiants en médecine s'y engouffrèrent ; car ils sont aussi bien écorchés les uns que les autres. Sur les quatre heures ils sortirent et apprirent à la foule, assemblée sur la place de l'Ecole, qu'ils s'étaient engagés à quitter le quartier Latin si les logeurs ne voulaient pas reprendre leurs prix d'avant l'Exposition : « Nous irons, disent-ils, plutôt camper au Luxembourg. »

17. — Le Corps législatif vient de grandement s'honorer, en votant une pension de 25,000 francs à M. de Lamartine qui, complètement tombé dans la misère, nous accable de prospectus pour nous faire acheter les œuvres littéraires qu'il élabore successivement.

La ville de Paris lui a déjà donné l'usufruit d'un joli pavillon près de la Muette, au bois de Boulogne.

— Alexandre Dumas n'avait nullement autorisé son exhibition en compagnie de la sémillante écuyère miss Menken. Il a, en référé, obtenu le droit de faire enlever, de la devanture des papetiers, les photographies qui ont tant scandalisé tout Paris. C'est une vilaine farce jouée au vieux mousquetaire pour lui apprendre qu'il est d'âge à prendre sa retraite.

18. — Les démolitions de la Cité ont laissé vide un immense terrain, destiné au futur Hôtel-Dieu, dont la construction soulève maintes discussions. Les uns disent : « Le projet est bon ; l'Hôtel-Dieu doit rester au centre de Paris, au milieu des populations, qui, dans les cas pressés, sont ainsi plus vite secourues. » « Oh ! c'est stupide, répondent les autres ; un petit bâtiment de secours suffirait pour les cas urgents, mais aller bâtir un hôpital en pleine ville, y installer un foyer d'infection, quelle aberration ! De plus l'hôpital, planté entre les deux bras de la Seine, va avoir les pieds dans l'eau. » Les premiers ne sont pas réduits au silence et s'écrient : « Mais tant mieux s'il est entre les deux bras de la Seine, les deux cours d'eau entraîneront bien plus facilement les miasmes. » Lesquels croire ? On a les oreilles rebattues de toutes ces discussions. Faute de pouvoir s'occuper de politique, ce qui n'est pas un bien grand mal, on se rejette sur l'hygiène.

24. — Ludovic Halévy et Henri Meilhac, anciens camarades de Louis-le-Grand, ont composé une amusante bouffonnerie à laquelle Offenbach adopta une très jolie musique : la *Grande duchesse de Gérolstein*. Cette opérette fait courir tout Paris. Ma femme et moi sommes allés la voir ; mais franchement j'aime mieux une bonne pièce du Théâtre-Français. Hortense Schneider joue très drôlement le rôle de la grande duchesse qui, pour défendre son duché, en choisit le plus beau garçon. Elle lui donne le sabre de son père en chantant un air guerrier cocasse que tout Paris fredonne en ce moment.

Si Eugène Sue revenait au monde, quelle rage contre les deux polissons qui ont osé ridiculiser ce noble duché de Gérolstein, sorti tout entier de son cerveau dans les *Mystères de Paris!*

1er *Mai*. — Véritable ouverture de l'Exposition universelle, car le 1er avril, presque rien n'était prêt. Aux visiteurs décontenancés l'écho semblait dire : *Poisson d'avril, poisson d'avril!*

28. — Le prince royal de Prusse et sa femme, fille de la reine d'Angleterre, ont visité aujourd'hui le palais de justice. Je n'ai pu les voir, mais je les ai vus il y a quelques jours à l'Exposition, au moment où ils entraient seuls comme deux bons bourgeois. C'est un assez beau couple. Le prince royal porte toute sa barbe, il a l'air d'avoir 35 ans ; la princesse royale me parait un peu ressembler à sa mère ; c'est le même genre, pas bien jolie, mais fraîche et agréable.

30. — Jour de l'Ascension. Mon père, âgé de 62 ans, se sent très mal à l'aise sur le boulevard Saint-Michel; reconduit au numéro 2 de la rue de la Sorbonne par deux étudiants en médecine, il les remercie et veut absolument monter seul mes trois étages. Arrivé dans mon salon il tombe en syncope. Il s'est, malgré toutes nos représentations, trop fatigué à l'Exposition, qu'il connaît dans ses plus petits coins, dans ses plus petits détails.

Il n'est pas le seul à se ressentir des fatigues de l'Exposition, surtout qu'il est fort difficile de trouver des voitures pour en revenir. Quant aux bateaux, ils sont toujours pris d'assaut.

31. — L'inauguration du couvent de nos nouveaux voisins, les Dominicains de la rue Jean de Beauvais, eut lieu le 9 mai dernier. Ce jour-là, suivant une vieille coutume, les dames peuvent visiter l'intérieur du couvent, les réfectoires, les cellules. J'y allai en compagnie de ma femme et le père Bourard, avec beaucoup d'amabilité, nous fit tout visiter. C'est un homme de beaucoup d'entrain, fort gai et fort aimable [1].

1er *Juin*. — Arrivée à Paris du czar Alexandre II.

4. — Visite du czar Alexandre II au palais de justice. A ce moment j'étais dans le vestibule, en haut des degrés du grand escalier. Laissant sa voiture au bas de cet escalier, le Czar arrive avec ses deux fils, deux beaux jeunes gens, surtout l'aîné. Quelques avocats crient : « Vive la Pologne ! » Thévenard, substitut, qui était auprès de moi, beaucoup d'avocats et moi protestons énergiquement contre une pareille impolitesse ; le Czar, du reste, ne s'émeut pas ; il dit seulement : « Que me veulent ces popes ?[2] » Il se dirige vers la Sainte-Chapelle où il reste un instant, et revient vers sa voiture par la cour de la Sainte-

---

[1] Assassiné, avenue des Gobelins, en mai 1871.

[2] Je n'ai pas moi-même entendu cette phrase originale du Czar, mais elle m'a été rapportée, quelques minutes après, par un de mes confrères.

Chapelle. J'avais descendu le grand escalier et me trouvais devant cette voiture au moment où le Czar y remontait. Je vois, précisément à ce même instant, mon confrère Salvetat se découvrir très respectueusement devant lui et crier encore : « Vive la Pologne ! » On m'a dit que sa mère était polonaise ; c'est une excuse ; beaucoup de mes amis et moi sommes littéralement navrés. Le général Lebœuf accompagnait l'Empereur. Aussitôt que les cris de : *Vive la Pologne !* eurent été été proférés, il leva les bras, disant : « Oh ! messieurs, oh ! messieurs ! »

5. — La *Gazette des tribunaux* et le *Droit* n'ont pas dit un mot de l'incident du palais de justice afin de ne pas lui donner trop d'importance ; malheureusement le *Siècle* en a parlé : il raconte que d'énergiques cris de : « Vive la Pologne ! » ont été poussés par plusieurs avocats en robe, que l'Empereur a changé de direction et est allé à la Sainte-Chapelle. Il est certain que ces cris inconvenants ont décidé le Czar à ne pas visiter le palais. Cet article du *Siècle* est regrettable ; il a été inspiré probablement par Floquet, l'un de ses rédacteurs, l'un de ceux qui, paraît-il, ont crié « Vive la Pologne ! » Naturellement beaucoup d'agitation dans notre salle des Pas-Perdus.

6. — La *Gazette des tribunaux* blâme vivement l'article du *Siècle* et dit : « le *Siècle* aurait pu ajouter que ce cri de : *Vive la Pologne !* poussé par quatre avocats seulement, avait été immédiatement couvert par les énergiques protestations de ceux qui les entouraient. »

— Ce soir le bruit court que l'empereur Alexandre et l'empereur Napoléon ont manqué d'être tués d'un coup de pistolet. Revenant en voiture d'une revue, qui a eu lieu à Longchamps, ils passaient devant la grande cascade quand un coup de pistolet partit. Un écuyer, en faisant pirouetter son cheval, préserva les deux empereurs ; le cheval a reçu la charge dans la tête. Consternation générale.

7. — L'homme qui a tiré sur la voiture de l'empereur de Russie est un jeune Polonais nommé Berezowski. Il a la main broyée, car le canon du pistolet a crevé, alors qu'il voulait tirer un second coup.

8. — L'assassin est à la Conciergerie ; on lui a enlevé le pouce gauche, fracassé par la décharge. A l'église russe, un *Te Deum* a été chanté, hier, pour remercier Dieu d'avoir sauvé la vie du Czar. A côté du Czar se tenaient l'Empereur et l'Impératrice.

10. — Hier, grand bal aux Tuileries en l'honneur des souverains présents à Paris. Le jardin privé était éclairé d'une façon merveilleuse ; je l'ai bien aperçu du dehors. La foule poussait des cris d'admiration ; quant aux quinconces du jardin public, ils étaient illuminés de temps à autre par des projections électriques qui leur donnaient un aspect plein de prestige.

— Les journaux gouvernementaux partent en guerre contre l'Ordre des avocats, à cause de la manifestation de trois ou quatre d'entre eux en faveur de la Pologne. L'Ordre tout entier ne peut pâtir de la faute de quelques-uns. On aurait déjà oublié cette manifestation, ou plutôt cette impolitesse de quelques exaltés, si l'attentat de Berezowski n'avait pas eu lieu. Malheureusement ce déplorable événement a excité contre nous beaucoup de personnes ordinairement indifférentes à notre égard et excité l'ire de certaines autres qui ne manquent pas une occasion de nous dénigrer. Elles ont la prétention d'établir une corrélation entre l'attentat et l'insulte antérieure, qui aurait, pour ainsi dire, encouragé l'assassin à commettre son forfait. M. Rouher même a dit : *les insulteurs préparent les assassins.* Le raisonnement me semble tout à fait spécieux.

12. — Le *Pays* est tombé à bras raccourcis sur Floquet ; celui-ci a envoyé ses témoins à M. de Latouche, secrétaire de la rédaction du journal. Ils se sont battus hier, et Floquet a reçu deux bons coups d'épée dans la main ; j'en aurais mieux aimé un seul, mais sur le bout de la langue. Oh! tout petit, tout petit.

2 Juillet. — Hier, distribution des récompenses aux lauréats de l'Exposition. Le Sultan y assistait ; l'Impératrice s'était faite toute belle. Pour la circonstance, elle avait arboré un délicieux collier d'où s'échappaient de grosses pendeloques de diamants qui lui ruisselaient tout autour du cou et devaient terriblement la chatouiller [1].

On était assez préoccupé de l'effet que produirait une cantate, œuvre de Rossini. Retiré à Passy dans un doux repos, il avait bien voulu composer cette cantate quoiqu'il eut depuis longtemps renoncé à la composition ; quand il eut fini son œuvre il s'en montra satisfait, et dit (c'est un homme très sérieux qui m'a rapporté ce détail) : « J'espère que vous serez content

---

[1] Je m'étonnais que l'Impératrice n'eut pas mis l'admirable collier de perles fines, que Pa-li-ka o lui avait rapporté de Chine. Mais la comtesse Tascher de la Pagerie dans le troisième volume de son livre : *Mon séjour aux Tuileries,* page 94, déclare que les prétendues perles fines étaient des graines de buis. « L'on parle, écrit-elle, d'un collier de perles fines, valant un million, que le général a rapporté de Chine et offert à l'Impératrice. Or les perles fines se trouvent être de simples graines de buis. Il y a autant de vérité dans les immenses richesses qu'il aurait enlevées au palais d'Été... »

du singe de Pésaro. J'ai mis de tout dans cet hymne, des cloches, du canon, oui, du canon, excusez du peu. » Malgré cela on était inquiet, car Rossini est dans sa soixante-seizième année. Eh bien ! cet hymne a réussi admirablement ; les appréhensions disparurent dès les premières notes et quand le grand final fut exécuté, lorsque les cloches sonnèrent et que le canon gronda, le public électrisé se leva en applaudissant d'une façon furibonde.

3. — Il devait y avoir une grande revue aujourd'hui en l'honneur du Sultan. Elle est remise à un autre jour, car la nouvelle de la mort de Maximilien, fusillé par les Mexicains, vient d'arriver. Paris est plongé dans la stupeur et maudit cette fatale guerre du Mexique. Quoique le Sultan soit encore à Paris, nous retirons bien vite, pour exprimer notre désolation, le drapeau que nous avons mis à nos fenêtres afin de faire honneur aux souverains.

9. — La revue remise a eu lieu aujourd'hui 9. Le Sultan montait un merveilleux pur-sang arabe, dont la robe blanchâtre reluisait, pour ainsi dire, à chacun de ses mouvements ; c'est sur ce cheval qu'Abd-ul-Aziz traverse les rues de Constantinople pour aller à la mosquée.

13. — Le Sultan vient de donner son cheval à l'Empereur, qui s'en est montré ravi.

— Le barreau a offert un banquet à Jules Favre à l'occasion de son élection à l'Académie française.

15. — Ponsard est mort, avant-hier 13 juillet, après trois ans d'horribles souffrances. Personne ne donna plus de lustre et de gloire à l'Odéon. Sa première pièce : *Lucrèce*, y fut jouée aux applaudissements de tous les amis de la belle littérature ; vint ensuite *Agnès*

de Méranie, dont nous récitions des tirades dans nos récréations de Louis-le-Grand en 1846, puis enfin : *L'honneur et l'argent.*

Même jour, 15 *juillet.* — Le palais était plein de monde : on jugeait à la Cour d'assises le Polonais qui a tiré sur le Czar. L'assassin, ouvrier mécanicien, est un jeune homme de 20 ans, au teint brun et aux yeux bleus. En 1863, à peine âgé de 16 ans, il combattait dans les troupes de l'insurrection ; il a dit au jury : « J'ai voulu tuer le Czar pour le punir du mal effroyable qu'il a fait à la Pologne ; mais cependant je regrette d'avoir voulu le frapper sur la terre de France, nation amie de la Pologne. » Emmanuel Arago, la plus belle basse-taille du palais, plaida très chaleureusement. Le jury, ayant accordé des circonstances atténuantes, Berezowski ne pouvait dès lors être condamné qu'aux travaux forcés à perpétuité.

Que va-t-on dire en Russie?

Mais qu'aurait-on dit en Pologne si Berezowski avait été condamné à mort? C'est, somme toute, un enfant ; il est déjà bien puni, puisqu'il est estropié et puis, devant le jury, sans doute a surgi la vision sanglante de tout un peuple martyrisé pour sa foi !

16. — Emile Ollivier ayant, dans une séance du Corps législatif, appelé Rouher : vice-empereur, Sa Majesté, jugeant l'injure bien grosse, a envoyé à son ministre, pour le consoler, une plaque de grand-officier, ornée de diamants, un joujou de 60,000 fr.

27. — La contrainte par corps étant abolie, les portes de la prison pour dettes, rue de Clichy, ont été, avant-hier, ouvertes à minuit et demie. Quelle échappée de joyeux pinsons ! Les détenus, valise en mains, attendaient dans la cour l'heure bénie.

Les parents et amis des détenus attendaient de leur

côté dans la rue de Clichy, avec des bouteilles de bon vin, pour boire à la santé des députés et des sénateurs qui ont supprimé la contrainte par corps. J'ai eu comme client un des pensionnaires de ladite prison, le comte de...., portant un nom historique : il ne s'y ennuyait pas du tout. Ayant des créanciers qui l'avaient plus ou moins trompé, il se faisait un plaisir de se faire nourrir par eux. Peut être aurait-il pu arriver à les payer ; mais il aimait mieux les faire enrager. Il avait bonne compagnie, bonne chambre, bon soleil ; son humeur casanière trouvait son profit dans cette existence ; il y refit sa santé.

— Dans la salle des Pas-Perdus un de mes confrères, très entendu en affaires, me dit : « Sans doute, dans cette abolition de la contrainte, l'humanité trouvera son compte, mais soyez persuadé que le petit commerce n'y trouvera pas le sien. Plus de garantie pour les prêteurs d'argent, partant plus de prêts aux jeunes commis intelligents, désireux de s'établir. A partir de ce jour le petit commerce ira toujours en périclitant. » Dieu fasse qu'il n'en soit pas ainsi.

28. — Rien de plus curieux, en ce moment d'Exposition, que les rues de Paris. La langue française est celle qui s'y parle le moins. Les costumes y sont aussi variés que les charabias ; une foule de musiciens étrangers, en costumes bizarres, de tirailleurs des Vosges en vêtements blancs, de petits Italiens en loques, grouille sur les boulevards. On est bousculé à tout venant ; à tout venant aussi on est assourdi par les chansons des gamins ultra-montains :

> Viva la Francia
> Viva l'Italia
> Viva Garibaldi
> Viva.... macaroni

C'est moi qui complète le couplet et c'est mal, car ces pauvres enfants n'en ont pas tous les jours et c'est leur pain à ces petits êtres aussi beaux, aussi admirablement beaux que... sales et puants.

16 *Août.* — Paris a été envahi par les provinciaux et les étrangers à l'occasion de la fête de l'Empereur. Dans certains endroits on ne pouvait marcher. La façade de l'Opéra a été dégagée ; je la trouve fort réussie. Elle est de ton un peu cru, mais elle sera plus douce à l'œil, dans quelque temps, c'est-à-dire quand la poussière en aura assombri les pierres.

Le soir, le dôme de la nouvelle église, non encore terminée, de Saint-Augustin a été illuminé de façon à en faire valoir les gracieuses courbes. Ce dôme splendide écrase l'humble église, prosternée à ses pieds.

26. — Avant-hier, mort du fameux chirurgien Velpeau. Fils d'un maréchal ferrant de village, il soignait les chevaux sous la direction de son père ; par occasion il soignait les gens et y réussissait. Un voisin, quoique pas très riche lui-même, lui donna les facilités de se faire recevoir d'abord officier de santé à Tours, puis docteur à Paris.

Pendant le cours de ses études, il vivait de rien, si tant est que l'on puisse vivre de rien, ne mangeant pas son soûl tous les jours et logeant dans un taudis de l'hôtel des Abeilles. C'était un bonheur pour lui de rappeler ses difficiles commencements, et un jour, à son cours de clinique chirurgicale il s'écria (c'est un étudiant en médecine qui me l'a raconté), il s'écria donc : « Qu'est-ce qui a connu l'hôtel des Abeilles ? » Cette exclamation fut suivie de la description humoristique et romantique de l'hôtel susdit, situé dans une rue borgne de Paris. J'eus l'occasion, un jour, d'accompagner une personne qui alla le consulter chez lui. Je fus épouvanté de sa maigreur ; son estomac, si longtemps malmené, devait le faire souffrir. Mais quels yeux! vifs, perçants, pénétrants, investigatifs, des yeux d'aigle !

Ma mère avait une jeune bonne qui souffrait du genou et boitait. Pendant un séjour à Paris elle l'envoya deux ou trois fois à la Charité, où M. Velpeau donnait ses consultations gratuites. Il ne la vit donc qu'au milieu d'une grande affluence de consultants. Cinq à six ans après, cette jeune fille, souffrant de nouveau du genou, alla reconsulter M. Velpeau. Elle se trouvait encore au milieu d'une aussi grande affluence de visiteurs et de visiteuses. M. Velpeau l'aperçut et lui cria, en lui faisant un signe amical : « Et le *genou?* »

9 *Septembre*. — M. Auguste Filon, tout jeune professeur de rhétorique en province, ancien élève de l'Ecole normale, vient (probablement sur la recommandation de M. Duruy, qui le connait depuis son enfance) d'être nommé précepteur du Prince impérial[1]. Signe des temps : le choix porte sur un ancien élève de l'Ecole normale ; il eût porté autrefois sur un évêque.

10. — Le sol au devant du portail de Saint-Etienne-du-Mont a été creusé, hier, à une grande profondeur pour y construire un égout ; des quantités énormes d'ossements ont apparu aux yeux des passants surpris

---

[1] C'était le frère d'une dame fort distinguée, toujours très entourée et adulée au Luxembourg, Mme Foucaux, femme du professeur de sanscrit au collège de France. Par amour conjugal elle apprit le sanscrit et fit paraître, sous le pseudonyme de Mary Summer, *les Contes et légendes de l'Inde ancienne*, ouvrage couronné par l'Académie française.

Quant à Auguste Filon, il suivit son élève en exil après la guerre de 1870.

et épouvantés. Là se trouvait l'ancien cimetière de l'église. Le charnier se trouvait relégué au chevet. Il existe encore.

14. — M. Nicolas, simple juge au tribunal de la Seine depuis 1861, a été nommé conseiller à la cour impériale de Paris. C'est un littérateur chrétien du plus grand mérite, que tout le monde estime et comme homme et comme écrivain. Il a publié d'excellents ouvrages, notamment des *Etudes philosophiques sur le christianisme*. On prétend que l'Impératrice, après avoir lu ces *Etudes*, fut frappée de leur grande valeur et demanda quelle situation M. Nicolas occupait dans la magistrature ; on lui répondit : celle de simple juge au tribunal de la Seine. Elle trouva sa fonction inférieure à sa valeur intellectuelle et le fit nommer conseiller à la cour d'appel de Paris. Voilà du moins ce que l'on m'a raconté. Il faut évidemment que quelqu'un ait demandé de l'avancement pour M. Nicolas, car sa modestie l'eût empêché de faire la moindre démarche, afin d'arriver plus vite à la cour.

22. — Le sol du pays latin est fertile en surprises. Récemment on trouvait des fours à potiers, hier c'étaient de vieux ossements, aujourd'hui ce sont des monnaies. Des ouvriers, s'occupant de raccorder l'égout du lycée Napoléon avec celui de la rue Clovis, mirent à jour un véritable trésor : plus de sept cents pièces romaines en or, de quoi rendre fou un numismate. Ces pièces, bien conservées, sont à l'effigie de presque tous les empereurs romains jusqu'à Caracalla. Les médailles de Trajan sont les plus nombreuses ; l'une d'elles le représente, sur son char de triomphe, en costume de roi des Parthes.

30. — Ma chère femme, et toutes les Parisiennes en

général, ont en ce moment une conversation qui manque absolument de gaité. Comme les cimetières manquent de place et qu'on ne peut les agrandir, M. Haussmann veut acheter, ou peut-être même a déjà acheté, de grands terrains à Méry-sur-Oise. Il désire y créer un magnifique cimetière où tous les Parisiens et toutes les Parisiennes seront à l'aise, alors même que celles-ci voudraient se faire ensevelir dans leurs crinolines. Des trains amèneraient les cercueils jusqu'à Méry. Mais c'est loin ! C'est bien loin ! Comment se rendre souvent à une si grande distance sur la tombe des chers défunts; grande préoccupation pour les Parisiennes, qui ont le culte des morts. Elles en veulent à M. Haussmann de son idée. La question du Luxembourg l'a déjà démonétisé, le grrand préfet ; la question Méry-sur-Oise va donner le coup de grâce à sa popularité. Cependant comme il faut bien aviser, les morts étant encore plus gênants que les vivants, certaines gens proposent d'enterrer tout autour des fortifications. L'idée est originale [1].

25 *Octobre*. — L'empereur d'Autriche, venu à Paris pour voir l'Exposition, a visité ce matin le musée de Cluny. Je l'ai parfaitement vu du haut de nos fenêtres de la rue de la Sorbonne.

J'ai vu ainsi tous les souverains de l'Europe venus à l'Exposition. Chose bizarre ! nous avons eu la visite de l'empereur d'Autriche, que nous avons battu, et nous n'avons pas eu celle de Victor-Emmanuel, pour les beaux yeux duquel nous l'avons battu.

---

[1] La question des cimetières a préoccupé beaucoup Parisiens et Parisiennes dans les derniers temps de l'Empire. Les terrains de Méry furent achetés par M. Haussmann avant même qu'on s'en doutât. Je ne sais comment il s'y prit. Mais le transport des morts dans un endroit si éloigné répugnait tellement à la population de Paris que sous la République on créa beaucoup plus près, à Bagneux et à Pantin, deux énormes nécropoles.

28. — Hier dimanche, dernier jour de l'Exposition, les moindres recoins en ont été envahis par une immense marée humaine.

3 *Novembre*. — Hier, au cimetière Montmartre, grande manifestation autour des tombes de Godefroy Cavaignac et de Manin, ancien président, ou plutôt ancien directeur de la république de Venise. Le commissaire de police du quartier, après avoir fait faire les trois sommations légales, fut obligé d'opérer de nombreuses arrestations pour refus de circulation.

11. — Des poursuites, pour attroupement, avaient été commencées contre certaines personnes, arrêtées le 2 novembre au cimetière Montmartre; mais on les abandonne parce que les trois sommations n'ont pas été, aux termes de la loi, précédées d'un roulement de tambour.

24. — A la sixième chambre, le président Delesvaux vient d'être impoli envers notre confrère Jules Favre, qui, se présentant pour une partie civile, l'avait plusieurs fois prié de poser une question au prévenu. Le président s'y refusa carrément. Jules Favre dit : « J'en tombe d'étonnement. » Delesvaux reprit : « Ne tombez pas, M° Favre, mais plaidez. » Jules Favre eût assez de présence d'esprit pour ne pas relever cette plaisanterie insipide.

25. — M. de Marnas, procureur général à la cour de Paris, ayant été nommé sénateur, on se figurait que le premier avocat général, Oscar de Vallée, orateur et écrivain fort remarquable, serait choisi pour le remplacer. Pas du tout, le garde des sceaux, M. Baroche, a nommé M. Grandperret. M. de Vallée fut d'autant plus mortifié que, comme premier avocat,

général, il avait pour mission d'installer le nouveau procureur général.

C'est aujourd'hui, 25 novembre, que l'installation a lieu. Tout le monde accourt à la séance, car on est curieux d'entendre le discours de réception.

M. de Vallée commence par un magnifique éloge de M. de Marnas, puis se tournant vers Monsieur le procureur général, il lui dit : « Quant à vous, Monsieur le procureur général, vous arrivez du parquet de la cour d'Orléans après une *rapide* et brillante carrière. Cette élévation, dont plus que personne, *je le crois*, vous sentez la grandeur, est due à la confiance personnelle de Monsieur le ministre de la justice.

« *Elle suppose, je me trompe, elle prouve que vous avez un rare talent. Ce talent vous aurez à l'appliquer ici dans les conditions les plus diverses....* »

Stupéfaction dans l'auditoire.

Le procureur général répond tout simplement :

« Mon dévouement n'a pas cherché témérairement une périlleuse lumière ; je sais ce que je dois au chef illustre de la magistrature et je ferai mes efforts pour dégager la responsabilité que mon élévation fait peser sur lui. »

1ᵉʳ *Décembre*. — M. Oscar de Vallée quitte le palais ; il est nommé conseiller d'Etat [1].

---

[1] La nomination de M. Oscar de Vallée avait été la réalisation d'une promesse formelle de Napoléon III. Dans une audience qu'il avait demandée au souverain avant l'installation de M. Grandperret, et qui lui avait été gracieusement accordée, M. de Vallée avait exprimé à l'Empereur combien il lui serait pénible de prendre la parole dans une solennité qui consacrait la ruine de toutes ses espérances, et il lui avait demandé de vouloir bien l'en dispenser en l'appelant à d'autres fonctions. « Toutes mes sympathies, lui avait dit l'Empereur, vous sont acquises et c'est vous qui seriez aujourd'hui procureur général si je n'avais écouté que moi-même. *Mais, quoi qu'on en dise, je ne*

9. — Le célèbre physiologiste et anatomiste, Flourens, professeur au Collège de France, qui prétendait, qu'en s'y prenant bien on pourrait assez facilement arriver à 100 ans, vient de mourir à... 73 ans !

— Hier dimanche, sur le boulevard Saint-Michel, quelques étudiants se montrèrent montés sur des vélocipèdes. Ils se rendaient aux Champs-Elysées afin de partir pour Versailles avec les autres vélocipédistes de Paris. Ils se trouvaient près de cent au rendez-vous. Que va dire le grand roi sur son cheval de bronze en voyant arriver cette cavalerie d'un nouveau genre !

22. — Delesvaux a réparé assez bien son incartade vis à-vis de Jules Favre. Dans je ne sais quelle affaire, un avocat ayant parlé des entrainements de la défense, Delesvaux a saisi la balle au bond : « *Vous avez raison, Maître,* lui dit le rusé compère, *chacun a ses entrainements. Le barreau, qui a les siens, doit comprendre ceux de la magistrature.* »

23. — Samedi, Cluny, théâtre de notre quartier, a remporté un grand succès avec *les Sceptiques*, de Mallefille, pièce que les Français n'avaient voulu recevoir qu'à correction. Larochelle, très intelligent directeur, a fait de son humble boîte un charmant théâtre de genre. Les Français doivent rager de ce succès, ça les

suis pas toujours le maître et je dois compter avec mes ministres. Monsieur le garde des sceaux tenait beaucoup à la nomination de M. Grandperret et il m'a fallu céder. Je vous demande comme un service personnel de recevoir le nouveau procureur général, mais en même temps je vous laisse toute liberté sur la manière dont vous le recevrez. Je n'ai pas à contrôler vos paroles. Je vous promets d'ailleurs que je songerai très prochainement à vous... » (*Le premier avocat général Oscar de Vallée*, par Eugène Asse, ancien avocat à la cour d'appel de Paris, ancien sécretaire de la conférence des avocats. Paris 1896; ouvrage non mis dans le commerce).

apprendra à faire les dédaigneux. C'est d'autant plus ridicule qu'ils ont déjà une pièce charmante de Mallefille : *Le cœur et la dot.*

24. — Notre confrère Schneitzhœffer vient de mourir.

C'est aujourd'hui mercredi, et samedi il était encore à notre parlotte, où comme d'habitude il brilla par son esprit. Il disait aux confrères qui trouvaient son nom malaisé à prononcer : « Prononcez Jean-Baptiste. » Mais nous aimions mieux prononcer : *Chien de cerf.* Son père, très remarquable musicien de l'orchestre de l'Opéra, était grand ami de Rossini. Chien de cerf avait, encadrée dans son salon, une lettre très amicale de Rossini à son père. Il me la montra avec émotion.

25. — Hier, la sixième chambre, présidée par Delesvaux, a condamné à un an de prison M. Accolas, répétiteur de droit, très connu dans le quartier Latin, et à quinze mois M. Alfred Naquet, professeur agrégé à la Faculté de médecine, et ce pour avoir fait partie d'une société secrète, ayant pour but de renverser le gouvernement impérial. Jules Favre a défendu Accolas et Crémieux M. Alfred Naquet, comme lui israélite ; n'est-ce pas extraordinaire de voir Naquet, dans une si belle situation, s'exposer à perdre son brillant avenir pour satisfaire sa rancune contre l'Empire ? Depuis le coup d'Etat, le ressentiment est demeuré implacable dans une certaine fraction de la classe bourgeoise. Quant aux ouvriers de Paris, ils se sont toujours montrés assez indifférents à propos de ce coup d'Etat. Ils gagnent de l'argent, vivent largement, boivent leur petit noir tous les jours, se nourrissent aussi bien que les cochers de fiacre. Cela leur suffit.

1868

4 Janvier. — La Seine est prise, même dans le grand bras ; beaucoup de personnes la traversent en face du Louvre. Des marchands s'asseyent sur des pliants tout au milieu du fleuve glacé et vendent à boire. Depuis 1840 le fleuve n'avait point aussi fortement gelé. A son coucher, un splendide soleil d'hiver colore en rouge toutes ces glaces et toutes ces neiges solidifiées.

5. — Aujourd'hui, on défend de passer sur la Seine parce que la glace s'est rompue sous le poids d'un groupe d'imprudents, qu'heureusement on put sauver. Mais tous ont ils été vraiment repêchés ? C'est ce que l'on se demande.

6. — Neuf degrés au-dessous de zéro ; foule autour du thermomètre de l'ingénieur Chevalier, sur le Pont-Neuf. Les haleines vont le faire remonter.

17. — Lors de la débâcle de la Seine, des cadavres ont surgi du milieu des glaçons, violemment séparés : cadavres d'imprudents qui ont voulu traverser le fleuve sur la glace et ont disparu tout à coup dans des trous invisibles.

Nuit du 21 au 22. — Horrible nuit, pleine de cris,

d'agitation et d'effroi. L'immense dépôt d'omnibus et de fourrages, rue d'Ulm, a subitement flambé. Au bruit des nombreuses pompes amenées au triple galop, se mêlait celui des galopades et hennissements de trois cents chevaux qui, échappés des écuries, couraient affolés dans les rues.

Nuit du 25 au 26. — Tout n'avait pas été détruit au dépôt des omnibus, mais un nouvel incendie, éclatant cette nuit, a tout anéanti. Il n'en pouvait être autrement, car le réservoir du Panthéon était complètement épuisé.

On put encore préserver les chevaux qui, comme avant hier, couraient dans les rues, surtout dans la rue Saint-Jacques, à deux pas de chez moi Après avoir bien galopé, effrayés et haletants de terreur, ils revenaient instinctivement vers leurs écuries en traversant la place du Panthéon ; là les palefreniers se jetaient sur eux, les saisissaient et les attachaient à la grille circulaire de l'église.

Pompiers, soldats, habitants du quartier accouraient en foule sur le lieu du sinistre. Les élèves de l'Ecole normale se distinguèrent entre tous. Ils combattaient, pour ainsi dire, *pro domo sua*, l'Ecole étant située à quelques mètres du fatal dépôt. On commence à croire que ce double incendie est dû à la malveillance.

31. — Les incendies du dépôt des omnibus sont certainement dûs à la malveillance. Dans la nuit du 25 au 26 janvier, lorsque les premières flammes sortaient d'un grenier à fourrage, on vit un homme traverser le toit de ce grenier. Sa silhouette, démésurément grande, se dessina en noir sur une muraille qu'éclairaient ces premières flammes ; on courut pour arrêter le misérable, mais il disparut du côté de la rue Gay-Lussac.

13 *Février*. — Hier, mourut, dans son hôtel de la rue d'Assas, le grand physicien Léon Foucault, qui, grâce à un pendule suspendu au point central de la coupole du Panthéon, avait, en 1851, à la grande admiration de tout le quartier Latin, rendu, pour ainsi dire, apparente la rotation de la terre. Il n'avait que 49 ans, mais depuis un an il était paralysé ; l'esprit avait usé le corps. L'homme ne peut impunément employer son esprit à la solution des grands problèmes physiques de l'univers. Dans cette lutte avec l'Inconnu, il est bien vite terrassé, mais sa grande consolation pour lui, en se sentant tomber, c'est de songer qu'il a pu arracher à cet Inconnu quelques-uns de ses secrets.

L'hôtel de la rue d'Assas où, en 1860, je l'ai vu plein de santé, plein de vie et aussi plein d'aménité, quand j'allai lui demander d'intervenir en faveur d'un condamné à mort, doit être vénéré comme un sanctuaire [1].

M. Léon Foucault eut le grand bonheur de travailler purement pour la science, car il avait de la fortune. Sa mère était propriétaire d'un grand cabinet de lecture très prospère, qu'elle faisait tenir par une vieille fille très dévouée et très ferrée sur ses auteurs... juridiques.

18. — Pendant la nuit beaucoup de grabuge. Depuis quelque temps messieurs les étudiants sont très excités parce que cet infâme gouvernement ne veut pas laisser jouer *Ruy-Blas* à l'Odéon. Pour l'y contraindre, nos jeunes gens font du tapage ; ce n'est guère le bon

---

[1] Mon vœu, paraît-il, était bien indiscret. Cet hôtel a été, en 1890, démoli et remplacé par une énorme maison de rapport, au coin des rues d'Assas et Vaugirard. Heureusement le constructeur a eu le bon esprit de faire figurer sur la façade de la rue de Vaugirard le grand pendule de Foucault.

moyen. Cette nuit donc, au sortir de l'Odéon, où s'était joué le *Kean*, d'Alexandre Dumas, ils ont crié à qui mieux mieux : « Vive Victor Hugo ! Vive Ruy-Blas ! » puis ils se sont mis en colonne et se sont dirigés vers le Pont-Neuf. Ils voulaient traverser le fleuve et faire du chahut sur la rive droite, l'heureuse rive où l'on peut dormir tranquille, mais une escouade de sergents de ville les arrêta et leur fit rebrousser chemin. La colonne suivit les quais, remonta le boulevard Saint-Michel, prit la rue Racine toujours en criant : « Vive Ruy-Blas ! » et se retrouva devant l'Odéon. Là, collisions consciencieuses entre les manifestants et les agents de police ; ceux-ci fourrèrent quatre des plus animés au poste, mais après avoir reçu quelques bons horions.

Le Gouvernement ne veut pas laisser jouer *Ruy-Blas* parce qu'il craint des manifestations à certaines tirades, notamment celle-ci :

Bon appétit, messieurs !
O ministres intègres !
Conseillers vertueux ! voilà votre façon
De servir, serviteurs qui pillez la maison !

8 *Mars*. — Ce matin un ouragan effrayant s'est déchaîné sur Paris et particulièrement sur notre quartier. La place de l'Odéon était couverte de tuyaux en tôle que le vent avait arrachés aux cheminées. Dans le jardin du Luxembourg douze arbres sont lamentablement couchés par terre.

13. — Je vois dans le *Petit Journal* l'annonce suivante : *M. Raoul Pugno, jeune lauréat du Conservatoire, donnera, samedi 14 mars, à 8 heures du soir, son grand concert annuel dans le salon Érard, rue du Mail, 13, avec le concours d'artistes distingués. Billets à l'avance chez le bénéficiaire, 8, rue Monsieur-le-Prince.* C'est un devoir d'aller à ce concert, car Raoul Pugno est un enfant du quartier, et l'enfant chéri. On recourt sou-

vent à son obligeance lors des distributions de récompenses aux ouvriers de la société de secours mutuels de Saint-Séverin. A l'une d'elles il joua sur un petit orgue d'une façon si suave et avec tant de grâce (car il est bien bel enfant) que Monsieur le curé de Saint-Séverin, M. Haniele, tout enthousiasmé, s'écria : « Ne dirait-on pas un séraphin descendu du ciel. »

Son père est établi marchand de musique audit numéro 8 de la rue Monsieur-le-Prince.

27. — Notre jeune professeur d'Écriture sainte à la Sorbonne, Henri Vollot, est mort hier à l'âge de 30 ans ; ses auditeurs admiraient son talent d'exposition. C'était l'élève bien aimé de M. Le Hir, le savant professeur du séminaire de Saint-Sulpice, mort, lui aussi, tout récemment, mais dans la plénitude de l'âge.

Je considérais Henri Vollot, comme le petit frère de l'abbé Péreyve. Tous deux ne nous ont montré leurs talents que pour les faire regretter. Mon bon ami et confrère Octave Falateuf va être au désespoir ; c'était son beau-frère. Henri Vollot a laissé, parait-il, des écrits fort remarquables.

3 *Avril*. — J'ouvre mon *Petit Journal* pour savoir ce qui motivait, hier soir, une aussi grande affluence dans notre rue de la Sorbonne. Il y avait, dans le grand amphithéâtre de la Sorbonne, séance annuelle de la crèche Saint-Geneviève. M. Marbeau présidait ; c'est lui le fondateur de l'admirable institution des crèches. Mlle Marie Roze, la grande cantatrice, a, suivant les conseils de Sardou, quêté en costume de Sainte-Mousseline. Elle n'en a eu que plus de succès et... la quête aussi.

6. — Les employés des bateaux-omnibus se sont mis en grève parce que, dit la *Gazette des tribunaux*, la

Compagnie veut les diminuer et ne veut plus leur donner ce qu'ils gagnaient pendant l'Exposition. La Seine paraît triste sans toutes ces *mouches* qui la sillonnaient.

7. — La grève est heureusement terminée ; les *petites mouches*, comme on les appelle à l'instar des *mouches* de Lyon, égayent de nouveau la rivière.

11. — *L'Evénement* apprend *orbi* et *urbi* qu'hier, vendredi-saint, Sainte-Beuve a réuni, dans un dîner, plusieurs de ses amis, notamment Edmond About. Il ajoute que le choix du jour indique suffisamment que le dîner a été un dîner de libres-penseurs.

— Amélie et moi sommes allés, l'été dernier au concert des Ambassadeurs où nous avons entendu Thérésa dans une chanson ahurissante : *la Vénus aux carottes*. L'auteur de la musique, Paul Blaquière vient de mourir tout jeune, 30 ans environ. S'il n'a pas beaucoup vécu il a beaucoup fait chanter. Tout Paris a fredonné l'air charmant du *Chapeau de la Marguerite* et celui si gai de la *Femme à barbe*.

13. — Les agapes de Sainte Beuve ont eu lieu chez Magny, rue Mazet, au coin de la rue Dauphine. On prétend que le prince Napoléon était parmi les convives. Ils ont dû boire sec, car Magny passe pour avoir la meilleure cave de Paris.

4 *Mai*. — Veuillot, que tout le monde redoute à cause de son esprit mordant et bien souvent méchant, vient, à diverses reprises dans l'*Univers*, de tomber à bras raccourcis sur Sainte-Beuve qu'il appelle : *la vivandière de la libre-pensée*. Il lui reproche surtout d'avoir voulu que son exploit culinaire fût raconté par le menu, dans les journaux. Les feuilles amies de Sainte-Beuve sont parties en guerre contre Veuillot. Le *Figaro* s'est distingué dans la lutte et a traité Louis Veuillot

d'inquisiteur, et ce dernier de rétorquer : « Mais ce n'est pas moi qui ai révélé le dîner de Sainte-Beuve. Il a été recueilli, publié par des fureteurs de profession nullement ennemis de ce philosophe et de ses sauces. » C'est, du reste, dans toutes les conversations un feu roulant de plaisanteries à propos des prétendus cervelas à l'ail mangés par les invités de Sainte-Beuve. On s'apitoie, en riant, sur ces pauvres convives, privés de de la suave morue à la béchamelle qu'ils auraient, probablement, mangée chez eux comme les neuf dixièmes des Parisiens.

8. — Le Prince impérial vient de faire sa première communion dans la chapelle des Tuileries. L'abbé Deguerry, curé de la Madeleine, l'y avait préparé, mais c'est l'archevêque de Paris qui lui donna la communion. Faure chanta un cantique dont les paroles avaient été composées par l'archevêque. Le livre de première communion a été écrit à la main et fourmille d'enluminures. C'est, paraît-il, la mode, à la Cour comme à la Ville, de mettre, dans les mains des premiers communiants, de quoi les distraire et les empêcher de penser à ce qu'ils font.

9. — Une messe d'actions de grâces a été dite à la chapelle des Tuileries pour la première communion du Prince impérial. Son camarade Conneau, fils de notre ancien député de Péronne, aujourd'hui sénateur, y a fait sa première communion. Pourquoi pas hier, à côté du Prince impérial ? Le docteur Conneau ne s'est il pas montré le plus dévoué des amis pour le prince Louis-Napoléon, alors qu'il n'était qu'un simple prétendant déconfit ?

23. — Extrait du *Bulletin de la Cour impériale* à propos d'un livre que je viens de faire paraître [1] :

---

[1] Note conservée pour mes enfants et petits-enfants.

Dictionnaire de droit pratique à l'usage des ouvriers, par M. Dabot, avocat à la Cour impériale de Paris. (Paris, Joseph Albanel, éditeur, 15, rue de Tournon).

« M. Dabot est connu pour le zèle avec lequel il travaille au développement de l'instruction des ouvriers. Souvent il s'est fait entendre dans les sociétés de secours mutuels, et, sans jamais bercer les ouvriers de décevantes illusions ou d'espérances téméraires, il s'est fait accepter par eux comme un prudent et amical conseiller. Après avoir longtemps prodigué ses conseils sur tous les points qui intéressent les ouvriers dans la vie pratique, il a eu la pensée de rassembler cette doctrine élémentaire sous une forme simple, claire et concise. Son petit *Dictionnaire* sera le guide, etc. »

24. — A Saint-Séverin, dans la chapelle de la Vierge; sur une grande plaque de marbre, récemment posée, je vois gravés ces mots mystérieux :

*Transivi per ignem
et eduxisti me in refrigerium
tibi vota reddam.*

C'est probablement le témoignage de reconnaissance, rendu par une âme, que les passions entraînaient à sa perte, mais que le secours de la mère du Christ a sauvée.

Transivi per ignem

Oui, dit cette âme repentante, j'ai suivi le chemin brûlant de la volupté et désespérais de ne pouvoir m'en écarter.

Et eduxisti me in refrigerium

Mais toi, Vierge mère, tu m'as conduit dans le lieu du repos et du rafraîchissement.

Tibi vota reddam

Je t'en rendrai grâce à jamais....

Pas d'étude plus curieuse à faire que celle des ex-voto qui tapissent les chapelles, consacrées à la Vierge dans la Grande ville, notamment et particulièrement celle de Saint-Séverin où les générations viennent successivement se prosterner depuis le xiv° siècle. Le cœur humain y laisse échapper ses secrets.

Ses quelques joies, ses douleurs nombreuses, ses perpétuelles luttes contre lui-même y sont toutes rétracées et l'on serait épouvanté de la quantité de pleurs que peuvent contenir les yeux de l'homme, si dans ces endroits vénérables on ne sentait point couler intarissable la source des consolations [1].

— Une récente discussion au Sénat a vivement agité les étudiants en médecine. Elle eut lieu à propos d'une pétition dans laquelle de très nombreux pères de famille réclamaient la liberté de l'enseignement supérieur, parce que l'enseignement de l'Ecole de médecine

---

[1] Cette vieille note insérée par moi, il y a trente ans, dans l'annexe littéraire et philosophique de la *Semaine religieuse*, de Paris, est à rapprocher d'un article publié récemment dans l'*Echo de Paris* par J.-K. Huysmans, l'auteur si original de la *Cathédrale*.
En voici un extrait :

« ...Maintenant Notre-Dame a repris l'entière possession de Saint-Séverin. Si les foules ne s'y portent pas, de même qu'à Notre-Dame-des-Victoires, Elle a néanmoins, en dehors des fidèles du quartier, ses visiteurs. Pour ceux qui, tels que moi, reçurent le baptême dans la chapelle de ses fonts et y revinrent, après bien des années, pour y chercher une aide dans la plus douloureuse des crises, Elle est unique. Là, dans le petit coin si intime de son chevet, près de cet arbre dont le tronc tourne en spirale sur lui-même, éclate lorsqu'il touche la voûte et retombe en une pluie de branches, Elle se révèle très pacifiante et très douce.

« Les étudiants l'invoquent pour le succès de leurs examens ; mais je crois que sa présence se fait surtout sentir aux pécheurs dont l'âme est à vif. Elle panse et lénifie, tout en souriant, les plaies. Elle est la madone qui cicatrise, Celle qui désaltère.

« J.-K. Huysmans. »

(*Echo de Paris*, 27 juillet 1898. Extrait de l'article : « Le quartier de Saint-Séverin »).

était matérialiste. Il passe du moins pour tel. Quelques thèses matérialistes ont été, paraît-il, reçues par la Faculté ; l'une d'elles, celle de M. Grenier, intitulée : *Etude médico-physiologique du libre arbitre humain*, a même fait beaucoup de bruit. La pétition avait certainement sa raison d'être ; mais il fut prouvé que tous les professeurs étaient loin d'être matérialistes et que ceux d'entre eux, qui ne croient pas à l'âme, parce qu'ils ne la rencontrent pas sous l'acier de leur scalpel ou les lentilles de leur microscope, sont bien loin d'être en majorité. Il fut également prouvé au Sénat que la thèse de médecine légale, présentée par M. Grenier, n'avait pas trouvé grâce devant le ministre de l'instruction publique, M. Duruy, et que ce ce dernier avait mis son veto à la délivrance du diplôme. En conséquence la pétition ne fut pas renvoyée au Gouvernement pour qu'il avisât, et l'ordre du jour fut prononcé par le Sénat.

26. — Un incident, qui survint pendant la discussion de la pétition au Sénat, décupla l'excitation des étudiants. M. Machelard, frère du professeur à l'Ecole de droit, médecin du bureau de bienfaisance, passa un mot à un orateur pour dire qu'il avait entendu un professeur, M. Sée, prononcer à son cours certaines paroles impliquant la négation de l'âme. Communication de ce mot fut donnée au Sénat, mais les sénateurs s'aperçurent bien vite que la phrase rapportée comportait plutôt le mot : *art* que le mot : *âme*. M. Machelard reconnut s'être trompé et s'excusa en disant que son oreille l'avait mal servi. Le lendemain, quand M. Sée monta en chaire pour faire son cours, les étudiants lui firent une ovation. Malheureusement, après avoir achevé son cours, il se rendit à l'école pratique ; quatre cents étudiants l'y suivirent et se massèrent derrière les grilles ; là ils crièrent : « A bas

les mouchards ! A bas les sergents de ville ! » Ceux-ci étaient furieux et une rixe sanglante allait avoir lieu, quand le doyen de la Faculté, M. Wurtz, arriva et réussit à calmer étudiants et agents.

— Le soir, l'émotion semble renaître. Les cafés regorgent de jeunes gens animés au plus haut degré.

27. — Voici pourquoi les étudiants étaient si animés hier soir dans les cafés : c'est que dans la journée il s'était passé quelque chose d'assez grave, du côté de la rue de Vaugirard, entre les sergents de ville du sixième arrondissement et les étudiants. M. Vulpian (je crois) n'ayant pu faire son cours, et les étudiants, ayant devant eux une heure de libre, songèrent à l'employer en s'amusant. Ils allèrent donc manifester rue Servandoni, numéro 20, devant les fenêtres du vieux docteur Machelard, afin de lui faire leurs compliments de condoléance sur la perte de son ouïe. Le docteur n'eut garde de paraître au balcon et les jeunes gens se retiraient tranquillement quand l'un d'eux (probablement un meneur, et il y en a beaucoup au quartier Latin), eut la malencontreuse ou perverse idée de vociférer : « *Au Sénat!* » La bande moutonnière se mit en branle ; mais les agents du sixième, épouvantés de cette poussée en avant contre l'Arche sainte, s'y opposèrent de la façon la plus énergique. Naturellement, comme ils n'étaient que six, ils furent débordés et reçurent quantité de coups. L'un d'eux même resta sur le carreau avec la pommette fracassée par un coup de canne plombée. On l'emporta à la Pitié. Un étudiant, qui se faisait remarquer par une grande exaltation, fut appréhendé et emmené au poste ; mais là il tomba dans une crise nerveuse tellement effrayante qu'on fut également obligé de l'emmener à la Pitié.

31. — La *Gazette des tribunaux* dit que l'étudiant,

transporté à l'hôpital, en est sorti bien portant, mais que le malheureux sergent de ville est très malade ; c'est un coup de poing en fer qui lui a brisé l'os de la pommette.

— Il y a quelques jours je suis allé au Salon. Le tableau de Gérôme m'a profondément ému. On voit le maréchal Ney, étendu mort sur le sol. Le peloton d'exécution s'en va, et le commandant de ce peloton se retourne comme s'il allait voir se relever ce grand mort. A côté, un vieux mur de clôture, sur lequel sont griffonnés les mots : *Vive l'Empereur !*

Autre tableau, celui-là très amusant, de Worms : *Garat chantant la romance à la mode dans un salon au temps du Directoire.* Les Merveilleuses, vêtues d'une façon excentrique, lui envoient des baisers, celles du moins que n'absorbe pas leur conversation avec les Incroyables ; celles-là en effet ne font nulle attention à Garat ni à sa superbe culotte nankin, à pont.

J'admire enfin un tableau de Breton : *Femmes récoltant des pommes de terre dans les plaines de l'Artois au soleil couchant.* Je crois voir les plaines de ma Picardie.

1er *Juin.* — Le *Moniteur* contient la nomination de Monsieur l'abbé Deguerry, curé de la Madeleine, au grade de commandeur de la Légion d'honneur, vraisemblablement pour le récompenser d'avoir eu l'honneur de préparer Eugène Louis Napoléon à sa première communion[1].

2. — On fait courir le bruit de la mort d'un personnage de grande importance : *Néro*, le chien de l'Empereur[2]. Les dignitaires de la cuisine ont probable-

---

[1] Cet honneur devait lui coûter cher en un jour de malheur !

[2] Carpeaux a représenté le prince impérial, debout, une main appuyée sur *Néro*.

ment commis de nouveau la faute de le trop bien nourrir. L'année dernière l'intéressant et sympathique animal était tombé très sérieusement malade d'une maladie indéfinissable. L'Empereur, qui tenait à son chien, demanda, dit-on, au vétérinaire de la Couronne, ce que Néro pouvait bien avoir. « Sire, lui répondit celui-ci, votre chien est trop bien soigné et mange de trop bonnes choses ; il est de plus trop tenu. Laissez-le donc sortir le matin, laissez lui mettre le museau dans les monceaux d'ordures et manger ce qui lui plaira ; vous verrez que la santé lui reviendra. » En conséquence, le chien sortit tous les matins avec un valet de pied, et monseigneur Néro mangea tant de trognons de choux, croqua tant d'os de basse viande, mit le nez et le museau sur tant et dans tant de choses innommables, qu'il revint à la santé [1].

La Cour a peut-être fini par trouver inconvenante cette conduite d'un chien élevé sur les marches du trône. Néro a dû retourner à sa servitude et il a dû en mourir.

Le récit des exploits de Néro fait la joie des petits enfants. Chacun les raconte à sa guise et les varie à l'infini ; on en pourra faire bientôt un poème en douze chants.

5. — Une loi récente a supprimé l'autorisation préalable des journaux. Henri Rochefort, l'ex-rédacteur du *Figaro*, a profité de l'aubaine pour faire paraître la *Lanterne*, journal-brochure, recouvert de papier rouge sang de bœuf, dans lequel il arrange l'Empire de la

---

[1] A Saint-Cloud on laissa également Néro s'encanailler. On le rencontrait chaque matin, fraternisant avec les toutous, qui pénétraient subrepticement dans la cour du palais, et farfouillant avec eux dans les détritus des cuisines.
(*Le Second Empire à Saint-Cloud*, par le commandant Schneider, ancien régisseur du palais, page 77.

belle façon, et l'accommode à la sauce piquante, le tout moyennant 0,40 centimes. Le premier numéro a été enlevé en un instant, quoique tiré à un nombre considérable d'exemplaires.

27. — La semaine dernière, j'eus le plaisir d'assister à une conférence faite, à l'asile de Vincennes, par un de mes camarades, M. de Lapommeraye, chef de service des pétitions au Sénat. Il expliqua avec beaucoup de talent, aux ouvriers convalescents, le rouage de la nouvelle loi sur la caisse d'assurances. Les auditeurs paraissaient touchés de l'ingénieuse et persistante charité, que déploient actuellement des personnages de haute valeur et de haute situation, en faveur de leurs compatriotes malheureux.

Cet asile a été créé par l'Empereur, grâce aux ressources produites par la vente des biens, confisqués, avec tant de désinvolture et de sans-gêne, sur la famille d'Orléans. Il a été fondé en faveur des ouvriers convalescents (surtout ceux des hospices), trop faibles encore pour se livrer à leurs travaux et par suite très portés à s'ennuyer. Afin de combattre cet ennui, l'Impératrice a imaginé des conférences qui doivent avoir lieu trois fois par semaine. Elles sont très courues et j'ai bien eu de la peine à trouver une place dans l'immense salle de récréation [1].

2 *Juillet*. — Au palais, la question de la moustache

---

[1] L'Impératrice recrutait elle-même ses orateurs et mon confrère, M⁰ Mathieu, ne put lui refuser de faire une conférence. J'étais un jour près de lui à la bibliothèque. Cantonné au milieu d'une multitude de livres, il fabriquait péniblement sa conférence et me disait : « Mais ce n'est pas commode de faire ces conférences ; c'est un genre bâtard ; ce n'est ni une plaidoirie, ni un sermon, ni un cours. » Lapommeraye réussit à nous faire un entretien charmant qui n'était ni une plaidoirie, ni un sermon, ni un cours, mais qui était purement et simplement... une conférence.

est à l'ordre du jour. D'après l'usage elle est défendue aux avocats. Mais un rédacteur du *Figaro* vient d'écrire un rude article en faveur du port de la moustache, parce que beaucoup d'avocats sont officiers de la garde mobile, nouvellement créée. Tous les jeunes avocats, ravis, arborèrent dès lors leurs moustaches et bataillèrent en son honneur devant toutes les juridictions. C'était aujourd'hui le tour de la sixième chambre, présidée par le père Lancelin.

Mᵉ Ferran, stagiaire, armé d'une formidable moustache, s'assied au banc de la défense. Au moment où l'on appelle une affaire correctionnelle, papa Lancelin l'aperçoit. « Mᵉ Ferran est-ce que vous allez plaider ? »

« — Mais oui, Monsieur le président. »

« — Comment ! avec ce buisson touffu qui orne votre lèvre supérieure ? »

« — Oui, Monsieur le président. »

« — Mais vous savez bien qu'il n'est pas dans les usages du barreau de porter cet ornement qui, du reste je le reconnais, vous sied très bien. »

« — Monsieur le président j'ai plaidé aux assises à l'ombre de ma moustache. »

« — Oh ! elle n'était probablement pas aussi touffue qu'aujourd'hui ? »

« — Pardonnez-moi, Monsieur le président, elle était beaucoup plus forte ; j'en ai coupé un peu pour paraître devant vous ; je n'ai pas voulu l'enlever toute entière parce que dans la garde mobile je puis être obligé de la porter. »

« — Eh bien ! soit ! conservez-là, votre moustache ; mais voilà qui renverse mes idées. Vous m'assurez bien que vous l'avez portée à la cour ? »

Et voilà comme quoi Ferran put plaider en moustaches ; quelle révolution !

9 Août. — Samedi 6 août, la police a fait main basse

sur le onzième numéro de la *Lanterne*, probablement pleine, comme d'habitude, d'outrages à l'Empereur et à l'Impératrice. Beaucoup d'exemplaires, échappés à la saisie, étaient lus avec avidité dans les rues. Les commissaires de police et les sergents de ville s'approchaient, paraît-il, en tapinois des lecteurs et la leur arrachaient des mains. C'est très possible, mais je suis persuadé que beaucoup de ces lecteurs devaient, par taquinerie, la lire avec ostentation, en faisant miroiter aux yeux des agents de police la mirifique couverture rouge, rouge à faire entrer en fureur un taureau.

10. — A la Sorbonne, distribution des prix du concours général. Les gamins s'arrêtent en admiration devant les deux beaux gardes municipaux, à cheval, devant ma maison, à l'intersection de la rue de la Sorbonne et de la rue des Ecoles. Les mamans accourent dans leurs belles toilettes pour couronner leurs fils, les fils sortis de leurs entrailles !

Mes camarades du 21e bataillon de la garde nationale font la police aux abords de la Sorbonne. Son Excellence M. Duruy, ministre de l'instruction publique, apparaît ; les tambours du 21e battent avec rage et cela bien en mesure. Vivent nos tapins !

Le petit prince arrive aussi avec son gouverneur, le général Frossard, et son précepteur, M. Filon. Il est en veston de velours noir, culotte courte et bas rouges. C'est la grande mode.

Même avant la fin de la distribution nous sommes, dans le quartier, bien vite au courant d'un incident de la cérémonie.

Godefroy Cavaignac, élève de cinquième, le fils du général, avait un premier prix de vers latins ou de version grecque. A l'appel de son nom, il ne voulut point monter sur l'estrade pour recevoir son prix des mains du prince impérial ; de là grand tumulte. C'était,

— 257 —

à la rigueur, son droit, car son père fut arrêté au Deux-Décembre. Il eut peut-être mieux valu cependant ne pas aller à la distribution.

Le jeune Cavaignac, ou plutôt sa mère devait bien savoir que le prince impérial viendrait, comme l'année précédente, donner les prix [1].

L'Impératrice a été fort affectée de l'incident du grand concours [2].

14. — La garde nationale, que commandait le général Mellinet, a été passée en revue par l'Empereur, accompagné de son héritier. La garde impériale nous faisait face.

Même jour, 14 *Août*. — Delesvaux président de la sixième chambre, a condamné, hier, Rochefort à un an de prison et 10,000 francs d'amende pour offenses à l'Empereur.

M. Delesvaux est le grand pourvoyeur de Sainte-

---

[1] A ce sujet voir dans les « papiers de l'Empereur, » trouvés aux Tuileries le 4 septembre 1870 (premier volume, p. 123), une lettre curieuse de M. Duruy au général Frossard :

« Mon général,

« Mon fils me confirme que ces chuts indécents, dont nous avons été blessés, partaient d'un groupe d'élèves du lycée Bonaparte, ce nid involontaire d'Orléanistes (Jules Simon y a aussi ses enfants). Il me semble qu'après ce scandale je dois ne proposer aucune croix à l'Empereur pour cette maison où les professeurs devraient s'appliquer à prendre plus d'influence sur l'esprit de leurs élèves.... »

[2] Voir *Confessions*, d'Arsène Houssaye, tome IV, page 173 :

« Godefroy Cavaignac avait un prix de vers latins. Il ne voulut pas recevoir la couronne des mains du fils de celui qui avait proscrit son père. La jeunesse des écoles fit une ovation à Godefroy Cavaignac. Cette nouvelle vint jeter un voile sur la gaieté d'un dîner impérial à Fontainebleau. Tout le monde y riait aux joies de la vie. L'impératrice surtout comprit que son fils porterait fatalement la peine du Deux-Décembre. Au lieu de pleurer, elle éclata de rire, de cet éclat de rire lamentable qui brise le cœur. »

Pélagie. Pour ne pas faire de jaloux il a condamné la plupart des rédacteurs et gérants de nos journaux indépendants [1].

18. — Le douzième numéro de la *Lanterne* a été mis en vente samedi 15 août ; il a été saisi comme le onzième parce qu'il parle, a-t-on dit, de l'incident du jeune Cavaignac et blâme l'Empereur d'avoir envoyé le prince présider la distribution du grand concours. Il est certain que l'Empereur, ou plutôt M. Duruy, le ministre de l'instruction publique, a eu tort d'exposer l'enfant aux avanies qu'il eut à supporter [2].

19. — Les journalistes ne peuvent se résigner à laisser tranquille notre garde nationale. Les uns ont raconté que, lors de la revue, certains bataillons,

---

[1] Au 4 septembre 1870, M. Delesvaux mourut de mort subite. Malgré les inexprimables émotions du moment, sa mort ne passa point cependant inaperçue ; les uns crurent qu'il avait été assassiné, les autres qu'il s'était suicidé en voyant arrivés ou près d'arriver au pinacle tous ceux qu'il avait condamnés. Les avocats qui, comme moi, plaidèrent souvent devant lui dans les causes civiles les plus calmes, à la première, à la deuxième, à la quatrième chambre, dont il fut successivement président fort intelligent, pensèrent qu'il avait bien pu tout simplement être emporté par une attaque d'apoplexie. Son teint était, en effet, excessivement rouge et, suivant l'expression populaire, il avait toujours le sang à la tête. L'apparition de la République, qui, pour lui ne pouvait être que menaçante, suffisait amplement à lui procurer une très opportune apoplexie. Quand il siégeait au civil ce n'était plus le même homme, il était souvent fort aimable et même gracieux. Quant à moi, j'eus plusieurs fois l'occasion de m'en louer.

[2] « ... Quelle idée barricadente (sic) avez-vous eue d'envoyer l'enfant de votre France (pas la mienne) se faire indirectement siffler par les lycéens. Le *Moniteur* publie donc une fausse nouvelle quand il soutient que vous êtes pleins d'intelligence. Mais vous devez savoir qu'on n'étrangle pas impunément autant d'étudiants et que vous êtes particulièrement impopulaire à la jeunesse. »
Rochefort fut encore condamné, pour ce douzième numéro, à treize mois de prison et 10,000 francs d'amende. Mais il avait déjà passé la frontière dès la première condamnation.

portant l'amour de l'Empire jusqu'à la frénésie, ont fraternisé avec des agents de police, des sergents de ville, ô honte ! D'autres, au contraire, ont soutenu que beaucoup de bataillons s'étaient montrés hostiles à la dynastie en ne criant point : « Vive l'Empereur ! Vive le prince impérial ! »

Les journalistes, comme d'habitude, ne savent ce qu'ils disent. Ils ont pris, pour des sergents de ville, de grands collégiens que les papas avaient emmenés, avec eux dans les rangs, pour mieux leur montrer l'Empereur et son rejeton à dada sur leurs beaux chevaux [1].

D'autre part, le *Journal de Paris*, qui avait parlé de la prétendue bouderie des bataillons, a reçu un communiqué à titre de protestation contre ses affirmations. Le communiqué prétend même qu'un bataillon de gens tout à fait comme il faut, celui de Saint-Sulpice, le 20°, le voisin de notre beau 21°, s'est distingué d'une façon toute particulière en criant plus fort que les autres : *Vive l'Empereur !* que même il avait des feuillages et des fleurs plein le canon de ses fusils. Dont acte.

29. — Hier, 28 août, Rochefort a fait appel du jugement qui l'avait condamné à un an de prison et 10,000 francs d'amende. Il ne s'est pas plus présenté devant la cour que devant le tribunal. Le jugement a été confirmé.

30. — On a arrêté une femme qui colportait, dans les parages du Luxembourg, de petits bijoux affectant la forme d'une lanterne et marqués des lettres : H. R.

1er *Septembre.* — Par suite du roulement (je crois)

---

[1] Pendant le siège de Paris, le fils d'un de nos camarades, enfant de 15 ans, se mettait dans nos rangs avec un petit fusil, chef-d'œuvre d'armurerie... sans compter les gamins du quartier qui nous suivaient aux remparts pour nous voir monter la garde.

Delesvaux quitte la sixième chambre pour passer à la première chambre civile du tribunal. Joie générale des journalistes d'opposition.

30. — Notre petit théâtre de Cluny tient, je crois, un succès aussi grand que celui des *Sceptiques*. Victor Cadol vient d'y faire jouer une pièce intitulée : *les Inutiles*. Le directeur, Larochelle, a encore eu la main heureuse. Du reste la main est toujours heureuse quand le flair est bon.

6 *Octobre*. — L'ex-reine Isabelle vient de quitter le château de Pau où elle s'était réfugiée et d'arriver à Paris avec son mari et ses enfants. Elle a, dit-on, perdu sa couronne pour n'avoir pas voulu renvoyer de la cour un homme excessivement impopulaire, Marfori, son intendant.

7. — Cluny est toujours rempli de monde avec les *Inutiles*. On répète la pièce dans deux théâtres de Bruxelles.

3 *Novembre*. — L'Empereur est en butte à une opposition terrible, dont la violence grandit de jour en jour. L'attaque est personnelle, car c'est le coup d'Etat de Décembre, qui est toujours en jeu, toujours et sans cesse rappelé. Hier, manifestation en ce sens au cimetière Montmartre sur la tombe de Baudin, ce représentant du peuple qui fut tué sur une barricade, le 3 décembre 1851 ; jamais, jusqu'aujourd'hui, on n'avait songé à honorer cette tombe, que les manifestants eurent même beaucoup de peine à trouver [1].

---

[1] « Je ne retracerai pas ici le tableau des scènes qui se passèrent, le 2 novembre 1868, au cimetière Montmartre, sur la tombe retrouvée de Baudin. Malgré les discours et la mise en scène, cette visite solennelle à une tombe, délaissée depuis dix-sept ans, fut un pur enfantillage. Ce qui lui donna un caractère tout particulier de gravité, ce fut la souscription ouverte par les

13. — Le parquet a fait un procès à des directeurs de journaux qui ont ouvert une souscription afin d'élever un monument à Baudin. Il a trouvé, dans ce fait, un délit d'excitation à la haine et au mépris du Gouvernement. L'affaire est venue aujourd'hui à l'audience. Foule énorme aussi bien au dedans qu'au dehors de la salle ; elle remplit les vestibules et le grand escalier, qui conduit à la cour de la Sainte-Chapelle ; cette cour elle-même est envahie. Crémieux plaide pour l'un des prévenus ; il dit tout ce qu'il a sur le cœur à propos du coup d'Etat. Suivant son habitude, il parle beaucoup de lui et rappelle qu'au Deux-Décembre il a été enfermé au palais de justice, son palais, à lui avocat. Les débats sont renvoyés à demain.

14. — Aujourd'hui, le président, M. Vivien, n'a pu arrêter dans sa plaidoirie furibonde Gambetta, l'avocat de Delescluze, rédacteur en chef du *Réveil*. Les oreilles ont dû tinter, à l'Empereur, toute cette après-midi, car Gambetta l'a pris perpétuellement à partie. Tous les prévenus ont été condamnés, Delescluze plus que les autres : six mois de prison.

15. — On ne parle que de Gambetta, au palais grande surprise. Beaucoup de ses confrères ne le connaissent pas, car il est encore avocat stagiaire ; je le connais cependant, car j'ai plaidé contre lui une petite affaire civile à la cinquième chambre et avec lui une affaire de

journaux pour l'érection d'un monument commémoratif. Il ne s'agissait plus d'un simple acte d'opposition, c'était une véritable insurrection morale qu'on cherchait à organiser contre l'Empire. L'entrainement fut rapide. Entamée par les journaux radicaux, la souscription fut bien vite poursuivie par les journaux qui affectaient un libéralisme modéré.... »
(*Histoire de douze ans*, 1857-1869. Notes et souvenirs par Alfred Darimon, ancien député de la Seine, page 335).

contrefaçon. Un jour en outre je lui rendis un dossier, ce dont il me fut très reconnaissant, car je pouvais à la rigueur, le conserver. Je sens encore l'étreinte énergique et chaleureuse de sa poignée de main méridionale. Je m'explique très bien son succès, car il a un superbe timbre de voix. Le père Vivien a dû être affolé en entendant les sons puissants de cette voix qui remplissait la sixième chambre de ses ondes sonores. Cependant, si la sixième chambre eut encore été présidée par M. Delesvaux (qui en fut le président du 1er novembre 1866 au 31 octobre dernier), je ne sais pas trop ce qui serait arrivé ; non certes, Gambetta n'en eut pas eu si facilement raison. Il lui eut été, je crois, impossible de prononcer sa virulente plaidoirie contre le coup d'État. Delesvaux la lui aurait renfoncée dans la gorge, grâce à des insolences inouïes dont il a le secret et avec lesquelles il sait désarmer les plus vieux routiers. Jules Favre en a fait l'expérience. Au pis aller il n'aurait pas craint de briser et la voix et les reins du jeune avocat, en lui enlevant la parole, en prononçant contre lui la peine de la suspension, en le faisant empoigner même et expulser par les gendarmes de service à l'audience.

20. — Le tribunal de la Seine, sixième chambre, a condamné à un mois de prison l'étudiant qui, le 27 mai dernier, s'est colleté avec les sergents de ville, quand ceux-ci voulaient l'empêcher d'aller avec ses camarades manifester devant le Sénat.

21. — Hier, Rossini a été enterré au Père-Lachaise, c'est-à-dire dans un cimetière de ce Paris qui a consacré sa gloire.

30. — J'apprends au palais la mort de Berryer.

— Grand foule dans ma rue de la Sorbonne, car

c'est aujourd'hui la cérémonie d'ouverture des cours à la Faculté de théologie. L'archevêque présidait. Le frère du père Hyacinthe, l'abbé Loyson, nommé professeur de morale évangélique, a prononcé le discours d'ouverture. L'archevêque lui a dit gracieusement : « la gloire de votre frère vous honore, sans vous effacer. »

1ᵉʳ *Décembre.* — Lundi dernier est mort d'apoplexie foudroyante, au Cormier, près de Bougival, un homme de grande valeur qui, l'année dernière, pendant près de trois mois, a fait de l'humble salle de Cluny le théâtre le plus couru de tout Paris ; je veux parler de Félicien Mallefille, l'auteur des *Sceptiques.*

Il était toujours enfermé dans son Cormier et venait rarement à Paris. Cependant, lors des répétitions des *Sceptiques,* notre quartier put voir plusieurs fois sa belle tête que singularisaient des yeux étrangement voilés, un nez énergique, une grosse moustache et une impériale poudrée à frimas.

4. — Hier, jour anniversaire de la mort de Baudin, le cimetière Montmartre fut fermé pour empêcher les manifestations sur sa tombe. Le boulevard de Clichy était plein de monde parce qu'on s'attendait à quelques bousculades, à quelques batailles plus ou moins sanglantes entre les manifestants et la police ; mais rien, absolument rien n'eut lieu. La foule se retira aussi désappointée que le fut Jonas de ne pas assister à la ruine de Ninive.

12. — Nomination de mon cher confrère et compatriote Gressier, député de la Somme, au ministère des travaux publics.

31. — En passant je vois beaucoup de monde, rue de l'Echelle, devant l'hôtel où demeurent la reine

d'Espagne, son mari, don François d'Assises, son fils et sa fille. On attendait la sortie de l'Empereur, de l'Impératrice et du Prince impérial qui étaient venus rendre, à la famille royale d'Espagne, une visite de fin d'année.

1869

1ᵉʳ Janvier. — Comme étrennes, le Gouvernement nous offre un nouveau journal : le *Moniteur officiel* qui remplace le *Moniteur universel*, c'est-à-dire le vieux journal de la Révolution, de l'Empire, de la Restauration, de la Monarchie de Juillet, de la seconde République et même jusqu'aujourd'hui du second Empire. M. Paul Dalloz continue la publication de son *Moniteur*. Les deux journaux se trouvent chez les marchands de journaux à côté l'un de l'autre, je n'ose dire fraternellement, car c'est à la suite de discussions que M. Rouher a concédé le journal gouvernemental à une autre entreprise [1].

2. — Messieurs nos tambours de la garde nationale n'ont pas dû être satisfaits hier ; ils n'ont pas seuls été admis à donner l'aubade annuelle dans la cour des Tuileries. A leurs *fla* et à leurs *ra*, la garde mobile a mêlé les siens.

3. — Thermomètre descendu à 13 degrés au-dessous

---

[1] M. Paul Dalloz plaida contre le Gouvernement pour l'empêcher de donner à son journal le nom de *Moniteur* et il gagna son procès. M. Rouher donna alors au nouveau journal le nom d'*Officiel*.

de zéro. La Seine est prise ; des gamins la traversent.

6. — On ouvre une souscription, au palais, pour élever un monument à Berryer dans la salle des Pas-Perdus.

9. — La mère de M. Haussmann vient de mourir. Les commerçants craignent que le grand bal de l'Hôtel de Ville ne soit décommandé.

11. — Grand bruit dans la paroisse ; à la messe de sept heures à Saint-Séverin, au moment où le prêtre levait le calice, un individu se jeta sur lui et le lui arracha des mains. On eut toutes les peines du monde à se rendre maître du forcené. Le bedeau a reçu dans la poitrine une bourrade terrible.

13. — Hier, obsèques de Mme Haussmann mère ; derrière le corbillard M. Haussmann père, le préfet et ses deux gendres.

— Autre deuil. Mon confrère, M. Désiré Dalloz, est mort hier à 74 ans. C'est lui qui a fondé le *Recueil de jurisprudence Dalloz*. Il y travaillait nuit et jour. Si son corps n'avait pas été aussi robuste il n'aurait pu résister à cette rage inconsidérée de travail. Saluons respectueusement cette mort. C'est le père de Paul Dalloz, du *Moniteur*.

14. — Le grand bal de l'Hôtel de Ville n'est pas décommandé malgré le deuil de M. Haussmann. Sa femme recevra en blanc ; de cette façon les intérêts du commerce seront sauvegardés.

15. — La reine d'Espagne est venue, lors de la neuvaine de sainte Geneviève, faire une visite au tombeau de la sainte. M. le curé vint lui présenter ses hommages et la reine lui remit cinq cents francs pour les pauvres de la paroisse.

20. — Hier, grand bal à l'Hôtel de Ville. Les choses se passèrent comme on l'avait supposé. Mme Haussmann était en blanc auprès de son mari qui est un homme superbe [1]. Elle recevait avec beaucoup de dignité et d'affabilité.

Amélie et moi avons rencontré beaucoup de personnes de connaissance et avons dansé dans la grande galerie des fêtes. Le bal était sans doute animé, mais avec une certaine réserve très digne et très convenable. On sentait que les invités savaient grand gré au préfet et à Mme Haussmann de n'avoir pas, malgré leur deuil, décommandé leur bal, qui a été splendide [2].

22. — Aujourd'hui, le tribunal de police correctionnelle, sixième chambre, a condamné à six mois de prison, pour outrage à la morale publique et religieuse un orateur habituel des réunions publiques, Raoul Rigault, qui, le 17 novembre dernier, à la réunion du Pré-aux-Clercs, rue du Bac, (où je vais souvent m'esbaudir), attaqua le mariage auquel il préfère de beaucoup *l'union libre*. A ces réunions du Pré-aux-Clercs, assistent de peu farouches femelles qui trouvent cette théorie fort bonne. Et même *l'union libre* est pour les

---

[1] On peut considérer comme une simple boutade ce que dans son « Journal » le maréchal marquis de Castellane dit de M. Haussmann à propos d'un bal antérieur à celui dont je parle ici. « J'ai été au bal de l'Hôtel de Ville, qui a été magnifique.. le préfet Haussmann veut être poli, mais il est des convenances qu'il ignore ; c'est un grand gaillard, espèce de tambour-major ; on lui accorde de la capacité. »

[2] Aux pages 162 et suivantes du tome 2 de ses « Mémoires, » M. Haussman parle des fonds qui lui étaient affectés comme préfet de la Seine, pour les dépenses de ses réceptions officielles. Il explique qu'ils étaient complètement insuffisants et que pour donner à ses bals la magnificence qu'exigeait la dignité de la Ville, il dut obérer son patrimoine.
(*Mémoires du baron Haussmann*. Paris, 1890-93).

habitués et habituées du Pré-aux-Clercs le *mariage d'honneur* par excellence.

C'est une idée bien mauvaise d'avoir permis la résurrection de ces réunions qui sont de vrais clubs ; mais du moment qu'on en adopte le principe, pourquoi reculer devant les conséquences ? On permet à tous les fous et folles de Paris, à tous les possesseurs de cerveaux brûlés de dire ce qu'ils ont dans le corps, mais... pas au-delà cependant d'une certaine limite. Est-ce que ça leur est possible ? Le commissaire de police, juge de cette limite, me semble insuffisant ; il n'a pas été éduqué pour cela. Les révolutionnaires crient au *traquenard*, et disent : « Vous nous poussez à parler pour mieux nous pincer. » C'est un peu vrai.

29. — On vient d'enlever un agaçant rideau de planches qui, depuis longtemps cachait le fronton d'un des nouveaux pavillons du Louvre, juste en face le pont du Carrousel. Aux yeux des Parisiens, les uns ébahis, les autres consternés ou simplement contristés comme moi, l'Empereur apparaît chevauchant sur un noble coursier, sceptre en main, lauriers autour de la tête, vêtements antiques sur le torse et le haut des jambes. Cette exhibition de Napoléon III en empereur romain est déplorable. On va certainement se gausser de lui [1].

31. — Amélie et moi avons, il y a quelques jours,

---

[1] On n'y manqua pas. Rochefort dit dans sa *Lanterne* : « La statue équestre de Napoléon III, représenté en César (rions en pendant que nous y sommes) et dont j'ai parlé dans mon dernier numéro, est l'œuvre de M. Barye. On sait que M. Barye est le plus célèbre de nos sculpteurs d'*animaux*. »
Beaucoup de moqueurs disaient : « Ce n'est pas une apothéose à la romaine, mais une apothéose de cirque olympique. » Les gens bien intentionnés plaignaient l'Empereur et regrettaient de le voir si mal servi par son sculpteur.

assisté à un délicieux spectacle. Un poète, François Coppée, a, le 14 de ce mois, fait représenter à l'Odéon une piécette adorable intitulée : *le Passant.*

Une grande courtisane de Florence, Sylvia, s'éprend du jeune Zanetto, troubadour ambulant. Zanetto, de son côté, s'amourache également de Sylvia. Mais aimant sincèrement pour la première fois, Sylvia repousse l'amour de Zanetto ; elle ne veut pas qu'il s'attache à elle parce que son amour est fatalement mortel.

Sylvia, c'est la belle Agar et Zanetto, Mlle Sarah Bernhardt. Zanetto chante une sérénade pleine de vers charmants, tels ceux-ci, par exemple, que tout le monde sait par cœur et répète en ce moment ;

> Mignonne, voici l'avril ;
> Le soleil revient d'exil.
> Tous les nids sont en querelles ;
> L'air est pur, le ciel léger,
> Et partout on voit neiger
> Des plumes de tourterelles.

10 *Février.* — *Mercredi des cendres.* — Le Carnaval est fini ; tant mieux ; nous avons tous besoin de nous reposer ; Paris ne s'est jamais tant fatigué à s'amuser. Depuis huit jours, d'après les calculs de certains journaux, ont été donnés environ seize cents bals tant publics que privés.

12. — Le conseil de l'Ordre des avocats a décidé que notre confrère Grassier, récemment nommé ministre de l'intérieur, serait maintenu sur le tableau de l'Ordre.

Il a remplacé au ministère M. Pinard, qui vient de se faire inscrire comme avocat et qui même, m'a-t-on dit, a déjà plaidé.

13. — Depuis quelque temps les vélocipédistes essaient leurs machines tout autour du Luxembourg

et c'est précisément dans le jardin du Luxembourg, qu'en 1818 les vélocipédistes firent, pour la première fois, rouler leurs vélocipèdes, alors dans leur état tout à fait primitif. C'est ce que nous révèle une vieille estampe, trouvée par Nadar, et publiée par *l'Illustration*; tout le monde la regarde avec curiosité à l'étalage des marchands de journaux. La forme du vélocipède était, en 1818, identiquement la même que celle d'aujourd'hui ; l'impulsion ne lui était donnée que par de vigoureux mouvements de pied appliqués sur le sol même ; c'est ce que montre nettement l'estampe.

23. — Mort de notre curé de Saint-Séverin, M. Hanicle... sans un sou ; il donnait tout aux pauvres si nombreux qui habitent les horribles ruelles du quartier Saint-Jacques.

26. — La cour a confirmé un jugement de condamnation à trois ans de prison, prononcé contre le professeur Abel Peyrouton, pour avoir, le 15 décembre dernier, dans le salon du Pré-aux-Clercs, contesté aux bourgeois le droit de laisser du bien à leurs rejetons.

3 *Mars*. — Lamartine est mort avant-hier. Dans l'*Univers* de ce jour Louis Veuillot a dit de lui : « M. de Lamartine depuis un an n'était plus de ce monde. La mort n'a fait que fermer son cercueil ; il lui fallait du temps pour emporter une si grande poussière. »

6. — Obsèques de M. Troplong, président du Sénat, premier président de la cour de cassation. Avant qu'on ne le mit en bière, tous les magistrats de cette cour avaient défilé devant son cadavre, ce qui ne les avait pas amusés, surtout les plus vieux.

13. — La mort est infatigable. Hier, obsèques de Berlioz, le grand musicien, à l'église de la Trinité.

La musique de notre garde nationale accompagna le corps jusqu'au cimetière.

15. — L'ex-reine d'Espagne Isabelle a acheté le bel hôtel du comte russe Basilewski, situé tout près de l'arc de triomphe de l'Etoile. Des grilles superbes relient quatre pilastres sur lesquels sont placés quatre magnifiques groupes représentant les quatre parties du monde [1].

16. — Sur les quatre heures, la maison que j'habite rue de la Sorbonne, numéro 2, fut ébranlée par une formidable détonation dont le bruit semblait venir du haut de cette rue. Je descendis précipitamment de chez moi et remontai très ému ma rue, dont le sol était recouvert d'une matière jaune semblable à du soufre. Une odeur âcre me prit à la gorge. Arrivé à la place de la Sorbonne, je vis un spectacle lamentable. Elle était jonchée de débris; car une explosion terrible avait défoncé et lancé de tous côtés, par petits morceaux, la devanture des magasins de Fontaine, marchand de produits chimiques, place Sorbonne, numéro 2. On parlait de nombreuses victimes parmi lesquelles serait le propre fils de M. Fontaine, charmant jeune homme de 20 ans. Des passants ont été lancés contre la façade de l'hôtel du Périgord, situé en face.

M. Fontaine avait, paraît-il, une certaine poudre à expédier à Toulon pour charger des torpilles marines; en la manipulant le commis expéditeur a dû en déterminer l'explosion.

18. — Le caissier de la maison Fontaine, M. Bachimont, s'est sauvé à temps, quoique clopin clopant, car il est boiteux. Sa mère, qui était sur le pas de la porte

---

[1] Cet hôtel est appelé aujourd'hui le palais de Castille.

en train de causer avec la concierge, s'est sentie transportée avec ladite concierge sur les marches de l'église de la Sorbonne; elle est dans un état pitoyable. Comme son logement est sens dessus dessous et qu'elle est du pays de mon beau-père, celui-ci l'a recueillie chez lui et l'entoure de soins.

On remarque un énorme trou à l'endroit où la poudre a été maniée ; le sol s'est effondré dans les caves.

Le gros pilier, ou jambe étrière qui soutient la maison, est tout disloqué, car les grosses pierres de taille dont il est composé se sont écartées les unes des autres.

Au café d'Harcourt, coin du boulevard Saint-Michel, toutes les glaces se sont brisées sur les têtes des consommateurs et *consommatrices*.

19. — Installation de M. Gilardin, qui vient de Lyon, comme premier président de la cour d'appel, en remplacement de M. Devienne, qui passe premier président à la cour de cassation. A l'audience solennelle d'installation on se pressait, on s'étouffait ; Monsieur le nouveau premier nous a fait un petit discours *bonhomme* qui nous a plu.

20. — Il y a quinze jours, à l'hôtel des commissaires-priseurs, eut lieu avec le plus grand succès la vente des objets ayant appartenu à Berryer. Les livres surtout atteignirent un haut prix, notamment une *Introduction à la vie dévote* de saint François de Sales. Berryer l'avait beaucoup lue, beaucoup méditée et couverte d'annotations. Les ouvriers imprimeurs de Paris, défendus par Berryer (je ne sais dans quelle circonstance), lui avaient offert un exemplaire des *Oraisons funèbres* de Bossuet, exemplaire unique. Il fut vendu 5,000 francs ! On peut s'étonner de la vente de ces précieuses dépouilles, mais Berryer n'a pas laissé

grande fortune. Dans la situation élevée, où il se trouvait, ses dépenses de représentation étaient nécessairement onéreuses et dans sa profession d'avocat il était d'un désintéressement peu commun.

31. — Dimanche des Rameaux. Obsèques, à Saint-Étienne-du-Mont, du fils de M. Fontaine, de trois de ses employés et d'une jeune fille qui se trouvait dans une chambre avec un interne des hôpitaux. Celui-ci est à l'agonie.

6 *Avril.* — On vient d'exécuter un travail bien utile pour la circulation dans Paris. La place du Carrousel ne communiquait avec le quai du Louvre que par des guichets étranglés, où journellement les humbles piétons étaient écrasés, guichets du reste semblables à ceux qui existent encore du côté de la rue de Rivoli ; eh bien ! on a ouvert cinq baies magnifiques : trois pour les voitures et deux pour les piétons. C'est non seulement très utile, mais encore très beau parce que la place du Carrousel, aperçue à travers ces baies, apparaît dans toute sa magnificence ; celle du milieu est ornée, de chaque côté, d'une énorme et majestueuse statue ; d'un côté : la *Paix* avec ses fruits, ses gerbes de blé ; de l'autre : la *Guerre* avec sa triste moisson de lauriers.

Comme couronnement de cette immense porte à cinq guichets se voit le fameux fronton de marbre blanc, sur lequel se détache la statue de l'Empereur, en César romain, avec moustaches cirées. Je ne puis m'y habituer ; ne devait-il pas suffire à Napoléon III de paraître, *en protecteur des arts*, sur le fronton d'un des pavillons intérieurs du Louvre où Simart l'a sculpté d'une si magistrale façon.

14. — Tous les décombres des magasins Fontaine, où a eu lieu la catastrophe du 17 mars, ont été trans

portés sur la berge du quai Montebello. On y a découvert, hier, une portion de corps humain.

16. — Depuis quelque temps les étudiants se livrent au jeu d'une façon effrénée. Les parents, avisés, se sont plaints à la police. Celle-ci a fait hier irruption dans trois tripots ; on a trouvé quatre-vingt-onze joueurs, étudiants et grecs, rue Monsieur-le-Prince, et soixante et onze rue de Vaugirard. Des jeunes gens ont perdu jusqu'à 4,000 francs ; malheureux jeunes gens, et aussi malheureux parents !

18. — Séance solennelle, dans l'église de Saint-Etienne-du-Mont, de notre société de secours mutuels du quartier de la Sorbonne ; l'église regorge de monde. M. Bonnier, professeur à l'Ecole de droit, préside la séance comme à l'ordinaire. Monsieur le curé est directeur spirituel. M. Drouyn de Lhuys prononce une petite allocution très goûtée : il dit entre autres choses : « Ce que j'admire surtout ici c'est la paisible coexistence des pouvoirs spirituel et civil. »

20. Pour célébrer les 61 ans de l'Empereur, hier, grand dîner de famille chez la princesse Mathilde. Napoléon III est né aux Tuileries le 20 avril 1808.

23. — Encore une victime de la catastrophe de la place de la Sorbonne ! Au moment où elle eut lieu, un étudiant en médecine et Mlle Mimi Pinson se trouvaient dans une chambre de la maison Fontaine, à l'entresol, c'est-à-dire aux premières loges ; l'explosion se produisit. Epouvantés, ils se jetèrent par la fenêtre. La jeune fille, cruellement blessée en tombant, mourut le lendemain ; quant à l'étudiant il ne se fit, en sautant, qu'un mal insignifiant ; mais il avait respiré de trop près les gaz délétères qui s'échappaient des magasins Fontaine ; sa gorge fut gravement attaquée et un mois

après il mourait, malgré les soins dévoués de ses professeurs et de ses camarades. Je ressentis quelqu'atteinte de ces gaz affreux quand je remontais en courant la rue de la Sorbonne, quelques minutes après avoir entendu la détonation.

24. — Condamnation, à la sixième chambre, du fils aîné de feu M. Flourens, l'ancien professeur du collège de France, et ce pour offense à l'Empereur dans une réunion publique. Garçon indiscipliné, il n'a pas peur des commissaires de police et leur tient tête. Mais avec ce système il ramassera des condamnations tant et plus. Il a roulé partout en Europe, apparaissant là où un soulèvement se préparait ; c'est ainsi que récemment il était en Crète se battant contre les Turcs. Cœur d'or, tête de feu.

25. — Nous venons, dans le quartier, de signer une pétition pour l'éloignement des établissements dangereux ; depuis la catastrophe au picrate nous ne vivons plus. A chaque pas dans nos rues se trouvent des établissements aussi scientifiques que périlleux et dangereux.

12 *Mai*. — Mon confrère Lecoq de Boisbaudran, secrétaire de Jules Favre, a disparu depuis le 6 septembre 1868, pendant un voyage en Suisse. Est-il tombé dans un précipice ? A-t-il été assassiné ? On ne sait que penser.

L'un de ses amis, G. Coulon (je crois), est parti en Suisse, pour aller à sa recherche, mais il n'a pu rien découvrir. Le père et la mère y sont allés à leur tour. Ils restèrent longtemps à Varallo et firent de nombreuses investigations. Leur désolation faisait mal à voir ; mais rien, rien ne put venir à leur connaissance. Dans un journal de Varallo, le *Monte Rosa*, du 1er mai dernier, il est écrit qu'on vient de découvrir près d'une forêt un cadavre paraissant être celui de M. Lecoq, car à côté se sont trouvés plusieurs objets lui ayant appartenu.

Le *Droit* vient de reproduire, sans commentaires, l'article du *Monte Rosa*.

Quelque temps avant sa mort j'étais allé chez lui, rue du Pont-de-Lodi, voir des curiosités et surtout les tableaux de son père, peintre très distingué. Il était protestant et je ne sais à quelle occasion, il me parla, tout le premier, du Christ. J'espère qu'au moment de sa mort lamentable sa pensée s'est élevée vers lui.

———

La suite dans les GRIFFONNAGES QUOTIDIENS *d'un bourgeois du quartier Latin, publiés en 1895, et contenant sur le* DÉCLIN DE L'EMPIRE ET LES DEUX SIÈGES DE PARIS *non pas des notes-souvenirs comme celles que j'édite aujourd'hui, mais des notes prises au jour le jour.*

REMARQUES ET OBSERVATIONS

SUR LES NOTES DU PRÉSENT VOLUME

Observation sur ma note du 30 *Janvier* 1855 :

Dans ses *Confessions*, Arsène Houssaye écrit ce qui suit au sujet du suicide de Gérard de Nerval :

« Tout Paris était ému par cette mort mystérieuse. Ce fut le Théâtre-Français qui paya les funérailles de Gérard. Ces funérailles furent dignes du théâtre et du poète. Notre-Dame de Paris fut pleine de monde. Plus de trois cents amis suivirent le cercueil au Père-Lachaise... et comment l'Eglise s'ouvrait-elle pour les funérailles d'un suicidé ? J'étais allé la veille trouver l'archevêque de Paris (Mgr Sibour) qui y mit une parfaite bonne grâce. Il ne me demanda qu'une lettre du docteur Blanche « pour couvrir l'Eglise. » Cette lettre, la voici : « Monseigneur, Gérard de Nerval s'est pendu parce qu'il a vu sa folie face à face. Signé : Blanche. »

(*Confessions-souvenirs* d'un demi-siècle, par Arsène Houssaye, tome IV, page 308).

Observation sur ma note du 10 *Février* 1856 :

Cette note est trop écourtée, j'aurais dû expliquer pourquoi le tribunal s'était montré aussi sévère. Le voici :

Les agitations étaient perpétuelles au pays latin,

tantôt pour une raison, tantôt pour une autre. En ce moment celle mise en avant était la prétendue doctrine philosophique que M. Nisard aurait exposée à la Sorbonne, soit dans un cours soit lors de la soutenance d'une thèse de doctorat ès-lettres. On prétendait que M. Nisard avait admis la théorie de deux morales : l'une, stricte à l'usage des particuliers, l'autre, plus facile, à l'usage des chefs d'Etat. Etait-il possible de croire que M. Nisard eût eu l'audace de soutenir en public une doctrine aussi machiavélique ? Et néanmoins, peut-être parce que M. Nisard était plus inoffensif que beaucoup d'autres professeurs, il fut en butte aux plus désagréables persécutions non seulement à son cours, mais encore devant sa demeure où les étudiants allèrent le relancer. Ce ne fut pas tout. M. Nisard ne fut pas le seul à être, je n'ose pas dire insulté, mais tout au moins gravement houspillé. L'Impératrice eut aussi sa part des gracieusetés de la jeunesse remuante et gouailleuse de la rive gauche. Autant qu'il m'en souvienne, l'Impératrice était venue, quelque temps auparavant, assister à je ne sais trop quelle pièce à l'Odéon. Elle arriva seule, l'Empereur ne devant la rejoindre que plus tard. Les étudiants se mirent alors à chanter le *Sire de Framboisy*, chanson en grande vogue. Ils accentuaient vigoureusement certain passage ainsi conçu :

Corbleu, Madame, que faites-vous ici (*bis*).

Le scandale fut grand, et causa de l'émotion dans tout Paris. Cette réception impolie faite à l'Impéretrice et les persécutions dirigées contre l'infortuné M. Nisard exaspérèrent le gouvernement, si bien qu'en haut lieu s'agita la question de savoir s'il ne serait pas convenable, pour la tranquillité de Paris, de transporter les écoles en province, comme cela a lieu du reste en Angleterre. Dans son numéro du 12 février 1856, le

Siècle, justement effrayé, fit un article bien stylé, pour montrer combien il était nécessaire de laisser les écoles dans ce Paris, peuplé d'hommes remarquables, bondé d'œuvres d'art, de bibliothèques, de toutes ces choses enfin qui fécondent l'esprit humain. Il gagna son procès et la montagne Sainte-Geneviève resta le pays latin.

Observation sur ma note du 4 Mai 1857 :

Si l'église était remplie lors des obsèques d'Alfred de Musset, ce n'était guère que de curieux qui se retirèrent sans doute après la cérémonie, car les fidèles à la mémoire du poète parurent bien peu nombreux à Arsène Houssaye qui le constate avec amertume dans ses *Confessions*, t. IV, p. 354.

Dans le premier volume, p. 363, de leur *Journal*, les frères de Goncourt disent qu'il y avait quarante personnes derrière le char funèbre d'Alfred de Musset. Tous les jours le même spectacle lamentable se produit dans les églises de Paris. Cent personnes se pressent au service funèbre du défunt et serrent plus ou moins affectueusement les mains des parents. Puis chacun va à ses affaires ou à ses plaisirs. Vingt personnes à peine suivent le corbillard.

Observation sur ma note du 3 Août 1861 :

La rue des Noyers, quoiqu'en contre-bas du boulevard Saint-Germain, a été récemment réunie à ce boulevard, sur lequel la maison d'Alfred de Musset porte le numéro 57.

Observation sur ma note du 14 Septembre 1863 :

En parlant dans cette note de la nomination de M. de Persigny comme duc, j'ajoute qu'il avait été nommé comte par l'Empereur lors de son mariage avec la fille unique du prince de la Moskowa.

Or, je rencontre dans les *Mémoires* du comte de Vieil-Castel cette notice : « Vendredi 18 septembre 1863. — J'ai, je crois, oublié de mentionner que Persigny vient d'être créé duc pour son dévouement et les services qu'il a rendus. Un de mes amis me disait hier : *Persigny a été créé duc pour le soustraire au parquet qui voulait le poursuivre comme portant indûment le titre de comte.* »

Malgré le contenu de cette notice il est très vraisemblable que M. de Persigny a été vraiment créé comte au moment de son mariage ; cela lui était si facile d'obtenir ce titre de l'Empereur !

M. de Vieil-Castel a ramassé un racontar absurde. Je me demande quel magistrat du parquet aurait eu assez d'audace pour poursuivre M. de Persigny, très vieil ami du souverain.

Observation sur ma note du 3 Mars 1864 :

La rapprocher de celle du *Journal des Goncourt* : — 12 mars 1864. — « Nous portons notre volume à Mᵐᵉ Sand. Elle est plus animée, plus vivante, plus causante qu'à notre première visite. Le succès du *Marquis de Villemer* aurait-il fait circuler son sang plus activement? Elle parle avec une certaine chaleur des six cents cartes d'étudiants, reçues le lendemain de la première représentation. »

Observation sur ma note du 10 Mai 1864 :

Le *Petit Moniteur* ne fut pas créé sous ce titre, mais sous celui de *Moniteur du soir*. C'est bien plus tard qu'il prit ce titre que du reste le public lui avait déjà donné.

Observation sur ma note du 24 Septembre 1864 :

C'est en effet dans : *l'affaire de la rue de Lourcine* que sont racontées les mirifiques aventures de deux anciens camarades qui, après trente ans, se retrouvèrent assis côte à côte, au fameux dîner annuel de l'institution Labadens. Depuis ce temps le mot Labadens signifie : ami de collège, de pension.

Observation sur ma note du 14 Janvier 1865.

J'ai oublié deux mots dans la dernière phrase : il faut lire : *In matrimonio, initium sapientiæ ; timor... socrûs.*

J'aurais dû ajouter en outre dans ma note que la funeste détermination de M. Tandon excita dans tout le quartier la plus vive douleur. L'affection de ses proches, de ses amis, de ses voisins même lui survécut dans la mort. Quoiqu'il se fût abandonné, en ne réagissant pas assez énergiquement contre le chagrin, l'opinion publique cependant ne l'abandonna pas.

Observation sur ma note du 27 Mars 1865 :

M Arsène Houssaye, au quatrième volume de ses *Confessions*, fait une curieuse étude relative au talent de M. Rouher. Quoique pas méchant d'ordinaire il écrit :

« ... M. Rouher défendit de toute son éloquence les œuvres de Napoléon III, *moins l'histoire de César.* » Son appréciation n'est pas plus équitable que la mienne. L'œuvre de l'Empereur est non pas seulement d'un certain mérite, mais d'un mérite certain. Si elle était sans valeur on n'eut pas songé à dire que M. Duruy y avait travaillé. Il est évident que le premier volume, paru en 1865, laisse à désirer. L'*Histoire de César* commence par un trop long aperçu sur l'histoire romaine, en 215 pages ! Enfin l'écrivain veut bien songer à César et fait rapidement sa biographie en 236 pages jusqu'à son entrée dans les Gaules. Un portrait de César, assez insignifiant, quoique gravé d'après une peinture ou un dessin d'Ingres, quatre cartes très ordinaires forment une décoration fort modeste de ce volume. En prenant du papier moins épais, en employant des caractères moins énormes, le livre aurait pu être vendu cinq francs, et aurait été accessible à plus de bourses, c'est-à-dire à plus de lecteurs, plus d'appréciateurs, ce qui eut mieux répondu aux intentions du souverain. L'Empereur, en effet, écrit surtout pour prouver qu'il est des hommes providentiels et peint son héros de façon à ce que derrière ses traits on aperçoive ceux du César, sorti de la Révolution française et... quelque peu aussi les siens propres.

Le second volume, signé par l'Empereur, *Aux Tuileries le* 20 *Mars* 1866, a, ce me semble, une bien plus grande valeur. La biographie se continue, dans un style clair et ferme pendant 515 pages, agrémentées de trente superbes cartes, parmi lesquelles se remarquent tout particulièrement *l'oppidum de Gergovie, le plan d'Alesia* et *la vue du mont Auxois*. Le récit va jusqu'à la guerre civile.

Aucun autre volume n'a paru. Vers 1868, l'Empereur commença à souffrir, puis vinrent d'autres préoccupations terribles qui lui firent perdre de vue César et sa fortune.

Observation sur ma note du 14 *Mai* 1865 :

Aujourd'hui, dans ce port du Louvre (ou plutôt de Saint-Nicolas), on voit souvent des steamers anglais ou français. C'est presque Paris port de mer.

Observation sur mes notes des 11 *et* 12 *Décembre* 1865 :

Quelques mots pour mieux préciser les faits :

Lors de la première représentation d'*Henriette Maréchal*, c'est-à-dire le 5 décembre, les étudiants n'avaient pu pénétrer dans le parterre des Français. La porte leur en fut sottement fermée. Ils faisaient queue cependant depuis cinq heures, l'estomac creux et les pieds dans la boue. Ils furent obligés de grimper au paradis qu'ils remplirent, car ils étaient trois cents. De ces hauteurs célestes ils firent tomber leurs foudres en sifflant jusqu'à ce que le souffle leur manquât. La représentation du 11 fut tout aussi orageuse, peut-être plus. Car une grande partie de la pièce fut jouée comme une pantomime. *Henriette Maréchal* ne vécut plus que deux soirées. Les étudiants étaient définitivement vainqueurs et ces désolés frères de Goncourt disaient douloureusement : « Les voilà maîtres des Français, comme ils étaient déjà maîtres de l'Odéon. » Cinq étudiants ne voulurent point qu'on crût de leur part à une cabale, motivée par les relations des auteurs avec la princesse Mathilde. Ils écrivirent donc au *Figaro programme* pour dire que leurs sifflets *n'avaient eu pour but que de protester contre les aphorismes prétentieux des auteurs, leurs visions hystériques et des rhapsodies telles que Bobino ne voudrait pas les coudre à ses grelots* (sic), *qu'en un mot leurs sifflets étaient purement littéraires.* — « Ah ! répondit un des Goncourt, avec infiniment de malice, j'allais presque le croire, quand, à la dernière phrase de la lettre, j'ai trouvé une superbe faute d'orthographe, une de ces fautes d'orthographe qui demandent cinq personnes pour la commettre. »

Comme on le voit, rien n'ulcéra plus le cœur des Goncourt que l'attitude du quartier Latin à leur égard. Ils avaient compté sur les jeunes pour approuver leurs audaces et c'étaient précisément les jeunes gens qui leur échappaient.

Observation sur ma note du 22 Janvier 1866 :

Les étudiants poussèrent leur ardeurs plus loin que je ne l'avais pensé. Ils allèrent en effet jusqu'à la chapelle expiatoire de Louis XVI et firent devant elle une manifestation révolutionnaire.

A ce propos Félix Pyat écrivit une brochure où se trouve cette phrase typique : « L'insulte au tyran mort est une menace au tyran vivant ! »

Observation sur ma note du 9 Mai 1866 :

Je crains de m'être trompé en disant que M. Michon était *ancien* chirurgien de Louis-le-Grand. Il devait encore l'être au moment de sa mort. Mais il ne demeurait plus à Louis-le-Grand. Ses obsèques eurent lieu à l'église des Missions étrangères.

Observation sur ma note du 10 Juin 1867 :

Je dis que le raisonnement de M. Rouher : *les insulteurs préparent les assassins* me semble tout à fait spécieux. A ce compte il faudrait dire que les ministres de l'Empereur, eux aussi, quelque peu *insulteurs* du Czar, ont grandement préparé... les *assassins*. Napoléon III, désirant la guerre contre la Russie, pour l'émancipation de la Pologne, ses hommes d'Etat ont tout fait pour exciter les colères de la jeunesse du quartier Latin contre le Czar.

En 1863, M. Duruy, ministre de l'instruction publique, donna au grand concours, pour sujet de la composition d'histoire en rhétorique : *le partage de la Pologne*, et M. Drouyn de Lhuys, ministre des affaires étrangères, réclama, pour la composition de vers latins, un sujet encore plus ardent, plus actuel : *l'insurrection de la Pologne en* 1863 [1].

De pareils sujets n'étaient point, je suppose, donnés pour convier les grands jeunes gens des lycées à couvrir le Czar de fleurs et de lauriers !

---

[1] *Mémoires* du comte de Vieil-Castel — 20 juillet 1863. — Note que l'on vient de me signaler.

Parmi les étudiants qui ont crié : *Vive la Pologne!* en 1867, à l'entrée du Czar au musée de Cluny, se trouvaient, très probablement, des rhétoriciens du concours général en 1863.

L'année précédente, en 1866, au Salon de peinture, une immense toile, de Tony Robert-Fleury, représentant plus ou moins exactement : *un massacre à Varsovie*, attirait tous les regards et excitait la colère des ardents jeunes hommes de France contre l'empereur de toutes les Russies. M. Rouher, ministre d'État, très puissant alors, songea-t-il à s'opposer à l'exposition de ce tableau? N'était-ce pas cependant la plus cruelle des insultes adressées au Czar?

Observation sur ma note du 27 *Mars* 1868 :

Le jeune professeur de Sorbonne, M. Vollot, n'est pas encore oublié aujourd'hui. L'abbé Tapie, directeur du petit séminaire de Paris, vient, très récemment de faire imprimer, chez de Soye et fils, 18, rue des Fossés-Saint-Jacques, un livre, plein de charme intitulé : *Lettres et notes sur l'abbé Vollot*, ancien élève de Saint-Sulpice et de l'Université du Tubingue, professeur en Sorbonne.

Je relève dans ce livre une note en renvoi qui m'a frappé, car elle contient une manière de voir qui se rapproche de la mienne :

« Ceux qui ont connu l'abbé Vollot ne peuvent s'empêcher, en parlant de lui, de penser à l'abbé Pereyve, enlevé lorsqu'il commençait à donner sa mesure, et à Mgr d'Hulst, qui est mort avant d'avoir pu donner toute la sienne. L'abbé Vollot connaissait l'abbé Pereyve et lui rend hommage, dans ses lettres, en apprenant sa mort. Il était l'ami de Mgr d'Hulst et en correspondance avec lui.... »

INDEX DES PRINCIPAUX FAITS

CONTENUS DANS L'OUVRAGE

1854

	Pages.
Juin. — Guerre avec la Russie	1
Choléra	1
Juillet. — Démolition du portail de l'église Saint-Benoît au quartier Latin	2
Septembre. — Victoire de l'Alma	2
Fausse nouvelle de la prise de Sébastopol.	2
Octobre. — Obsèques de Saint-Arnaud	3

1855

Janvier. — Revue de la garde impériale à son départ de Crimée	4
Restauration de la tour St-Jacques-la Boucherie	4
Démolition de la prison de l'Abbaye	5
Mort de Gérard de Nerval	5
Février. — Retour de Crimée du prince Napoléon	6
Réception de Berryer à l'Académie	7
Mars. — Mort de l'empereur Nicolas	7
Avril. — Voyage de l'Empereur à Londres	7
Attentat de Pianori	8
Mai. — Exposition	8
Août. — Voyage de la reine Victoria à Paris	10
Septembre. — Attentat d'un clerc d'huissier	10
Te Deum à Notre-Dame pour la prise de Sébastopol	11
Octobre. — Grossesse de l'Impératrice	12

Novembre. — Mort du sculpteur Rude 12
Mort de Paillet à la barre 12
Défilé, devant la colonne Vendôme, des troupes de Crimée 13

1856

Janvier. — Troubles au cours de M. Nisard 14
Février. — Obsèques de la sœur Rosalie 14
Congrès pour la paix 15
Mars. — Naissance du prince impérial 16
Avril. — Taxe sur les chiens 16
Quêtes pour les inondés du Midi 17
Juin. — Baptême du prince impérial 18
Juillet. — Don d'une cloche de Sébastopol à Notre-Dame de Paris 19
Août. — Feu d'artifice tiré sur la plate-forme de l'Arc de triomphe 19
Septembre. — Pose des statues dans la galerie des rois à Notre-Dame 20
Octobre. — Cuisine au gaz 20
Novembre. — Ouverture de la conférence des stagiaires sous la présidence de Me Liouville . . . 21
Décembre. — Le prince impérial enfant de troupe . . . 21
M. Benoit-Champy, président du tribunal civil de la Seine 22

1857

Janvier. — Assassinat de Monseigneur Sibour 24
Purification de Saint-Etienne-du-Mont . . 24
Février. — Exécution de l'assassin 25
Mars. — Le père Ventura prédicateur du Carême aux Tuileries 25
Tables tournantes 26
Visite de Mgr Morlot à Saint-Etienne-du-Mont . 26
Mai. — Visite du grand-duc Constantin au palais de justice 27
Obsèques d'Alfred de Musset 27
Mort du sculpteur Simart 28
Juin. — Acquisition du tombeau de l'Empereur a Sainte-Hélène 28
Portrait de la comtesse de Castiglione 29
Mort de Lassus, restaurateur de la Sainte-Chapelle 29

Juillet. — Hâtives funérailles de Béranger 30
Août. — Condamnation de trois Italiens 30
Septembre. — Condamnation de Mazzini et de Ledru-Rollin. 31
Novembre. — Mort de Cavaignac. 32
  Retour de M. Dupin à la cour de cassation. 32
  Inauguration de Sainte-Clotilde 32
Décembre. — Nomination de Me Chaix comme procureur
  général à la cour d'appel. 33

1858

Janvier. — Explosion du calorifère de Saint-Sulpice . . 34
  Attentat d'Orsini. 35
Février. — Son procès 36
Mars. — Obsèques du père de Ravignan 36
  Loi de sûreté générale 36
  Exécution d'Orsini 37
  Perpétuelles insubordinations des Parisiens . . 37
  Médaille du Père-Lachaise 38
Avril. — Inauguration du boulevard Sébastopol rive droite 38
  Pérégrinations de la fontaine du Palmier. . . 39
  Statue de Lesueur dans la Pépinière du Luxem-
  bourg. 39
Mai. — Nomination de cinq républicains à la Chambre . 39
  Représentations de Mme Ristori. 40
Juin. — Condamnation de Proudhon à trois ans de prison. 40
  Incendie du Grand Condé 41
Août. — Visite de la reine Victoria à Cherbourg. . . 42
  Voyage de l'Empereur et de l'Impératrice en
  Bretagne 43
Octobre. — Comète 43
Novembre. — Tombe du père de Ravignan 44
  Nouveau jardin réservé de l'Empereur . . 44
  Mariage du maréchal de Pélissier 45
  Condamnation de M. de Montalembert . . 45
Décembre. — Procès des Homœopathes et des Allopathes. 45
  La biographie de Béranger 46
  Restauration de Notre-Dame 47

1859

Janvier. — Craintes de guerre 48
Février. — Arrivée de la princesse Clotilde 48
Mars. — Revue de l'Empereur et du petit prince en cos-
  tume de grenadier. 49

19.

Avril. — Les rats du Marché-des-Innocents 50
Départ de la garde impériale pour l'Italie. . . 50
Mai. — Départ de l'Empereur 51
Juin. — Te Deum à Notre-Dame pour la victoire de Magenta 53
Juillet. — Solférino 53
Rentrée de l'Empereur à Saint-Cloud 54
Accident du chanteur Roger 54
Août. — Rentrée de l'armée d'Italie 56
Septembre. — Vol d'un enfant aux Tuileries 57
Octobre. — Démolition de la rue de la Harpe 59
Décembre. — M. de Metternich ambassadeur à Paris . . 60
Représentation au bénéfice de Roger . . . 60
Peine de la suspension prononcée contre Emile Ollivier 61

1860

Janvier. — Annexion de la banlieue 62
Brouillards extraordinaires 62
Février. — Flèche de Notre-Dame 64
Visite aux catacombes 64
Apparition des Thermes de Julien 65
Confirmation de la condamnation d'Emile Ollivier. 65
Mars. — Me Bethmont frappé d'apoplexie en plaidant . . 65
Avril. — Mort et obsèques de Bethmont 66
Mort de Mme de Chalot, veuve de Talma, le tragédien 66
Conférences d'Emile Deschanel 67
Mai. — Prodigieux exercices de Léotard sur le trapèze . 68
Les sphinx de Sébastopol 68
Mort de M. Parissot, fondateur de la Belle Jardinière 69
Mariage de Mlle Mirès. 70
Fête de l'annexion. 70
Anniversaire de la bataille de Solférino 71
Juillet. — Funérailles du prince Jérôme 71
Mme Saqui au palais de justice. 72
Août. — Fontaine Saint-Michel 72
Quêtes pour les chrétiens de Syrie 73
Le bon larron à Notre-Dame. 74
Septembre. — Mort de M. Ladrouille, premier aumônier du Val-de-Grâce. 74
Service funèbre pour le marquis de Pimodan. 75

Octobre. — Mémoires de Léotard 76
La chapelle des Saints-Anges à Saint-Sulpice. 76
Novembre. — Les bustes de la petite salle des Pas-Perdus
au palais de justice 77
Décembre. — Assassinat de M. Poinsot 77
Nouvelle de la prise de Pékin 79
Quatrième centenaire de Sainte-Barbe . . . 79
Recherches de Jud, le prétendu assassin de
M. Poinsot. 80
Etrennes du prince impérial 80

1861

Janvier. — Pluies continuelles 82
Le père Lacordaire à l'Académie française . . 83
Le père Félix à Saint-Roch 83
Revue de *Gare l'eau* à Bobino 84
Mort de Henry Murger 84
Février. — Mort de M. François-Talma 85
Cadeaux chinois à l'Empereur 86
L'Empereur comparé à Ponce-Pilate 87
Avril. — Achèvement du tombeau de Napoléon Ier . . . 88
Le champ de navets. 88
Querelle du duc d'Aumale et du prince Napoléon. 89
Découverte, à Saint-Etienne, du portrait de
M. Vincent (Saint Vincent-de-Paul) 89
Mai. — Suppression des passeports 89
Juin. — L'ami des corbeaux du Louvre 90
Juillet. — Nouvelle comète. 91
Août. — Ouverture du boulevard Saint-Germain depuis le
quai Saint-Bernard jusqu'à la rue Hautefeuille. 92
Revue en l'honneur du roi de Suède 92
Inauguration du boulevard Malesherbes. . . . 93
Septembre. — Inauguration d'une église russe. 93
Octobre. — Démolition du pavillon de Flore 93
Condamnation, par contumace, de l'assassin
du président Poinsot 94
Dissolution du conseil général de la société de
Saint-Vincent-de-Paul 94
Novembre. — Service funèbre du père Lacordaire. . . . 95
Peintures murales d'Hippolyte Flandrin à
Saint-Germain-des-Prés 95
Décembre. — Condamnation du marquis de Flers. . . . 95
La cinquantaine de Berryer 96

1862

Janvier. — *Gaëtana* à l'Odéon 97
Ouverture du cours de M. Renan au collège de France 98
Débuts de Mlle Agar à l'Odéon 99
Accident du bois de Boulogne 99
Arrestation d'un étudiant en médecine . . . 101
Tombeau de Murger 101
Mars. — Envoi à l'Ecole des beaux-Arts du groupe d'*Ugolin* par Carpeaux 101
Revue des enfants de troupe 102
Obsèques du compositeur Halévy 102
Avril. — Le lion du quartier latin 103
Le jardinier en chef du Luxembourg 103
Société du prince impérial 104
Mai. — Exposition de la collection Campana 104
Dégagement des Thermes de Julien 105
Juin. — Reprise du cours de Saint-Marc-Girardin . . . 106
Inhumation aux Invalides du corps de Joseph Bonaparte 106
M. Ingres nommé sénateur 106
Juillet. — Les gargotiers du quartier latin 107
Sortie des potaches à l'occasion d'un fils du prince Napoléon 108
Le boulevard du crime 108
Août. — Le chemin de fer de ceinture 109
M. Dufaure, bâtonnier 109
Le petit prince nommé caporal 109
Le médecin de l'Empereur à l'Ecole de médecine 109
Octobre. — Restauration de Pierrefonds 110
Voyage de Nélaton pour visiter Garibaldi . . 111
Novembre. — Les canards du théâtre lyrique 111
Troubles à l'école de médecine 112
Condamnation de deux étudiants 113
Réouverture de Notre-Dame réparée . . . 114
Mort du cardinal Morlot 115
Quête pour les ouvriers de la Seine-Inférieure. 115

1863

Janvier. — La ronde du pays de Caux 116
Obsèques du cardinal Morlot 117
Mgr Darboy archevêque de Paris 117
Obsèques d'Horace Vernet 118
Mort de Mme Cardinal 118

Février. — Vol au musée de Cluny 119
          Manifestation des étudiants à l'hôtel Lambert . . 119
          Danse d'abeilles 120
          Salammbô au bal 121
Mars. — Collectes au quartier latin pour la Pologne . . 121
Avril. — Asile de la princesse Mathilde 121
          Mort de Galopin-Bouquet, le bon greffier . . . 122
Mai. — Les vieux timbres 123
          Le Grand prix 123
          Portrait de l'Empereur 124
          Mlle Agar aux Français. Ses débuts et ses déboires. 124
Juin. — Nomination de neuf députés de l'opposition. . . 124
          Reconstruction du lycée Saint-Louis 125
          Procès de Mlle Nichette 125
          Retraite de M. Pereyve, profes. à l'Ecole de droit. 126
Juillet. — Illumination des théâtres pour l'entrée des
          Français à Mexico 126
          Mort de M. Sapey, avocat général et mort
          d'Emma Livry 127
Août. — Destruction de l'hôtel du baron Dubois 128
          Installation du musée Campana au Louvre . . . 128
          La fontaine de Médicis 128
Septembre. — Marche triomphale d'une voiture mécanique. 129
          M. de Persigny nommé duc 129
Octobre. — Ballon colossal de Nadar 130
          Mort de M. Dehaussy de Robécourt, conseiller
          honoraire à la cour de cassation 130
          Le général Mellinet, commandant la garde
          nationale 130
Novembre. — Discours de M. Dupré-Lassale, gendre de
          M. Glandaz 132
          Nouvelle statue de l'Empereur sur la colonne
          Vendôme 132
          La statue du prince Eugène 132
          Mort du doyen des avoués 133
Décembre. — Le nouvel archevêque à la chapelle de la
          Sorbonne 133
          Cherté extrême des loyers 133
          Restauration du portail de St Etienne-du-Mont 134
          Livre de M. Renan sur la *Vie de Jésus*. . . 134
          Vente de charité pour les Polonais 135

1864

Janvier. — Curieux effet de brouillard sur le boulevard
          Saint-Michel 136

Janvier. — Arrestation de quatre Italiens 136
Mort de Mengin, le marchand de crayons . . 137
Démission du doyen de l'Ecole de médecine . 138
Les nouveaux monuments de la place du Louvre. 139
Mort de Pradier le bâtonniste 139
Février. — Le bœuf gras et sa nounou. 140
Banquet officiel à M. de Lesseps 140
Condamnation des quatre Italiens par la cour
d'assises 141
Mars. — Les soirées scientifiques de la Sorbonne . . . 142
Première représentation du *Marquis de Villemer*. 142
M. Petipa, maître de danse 143
Edition populaire de la *Vie de Jésus* 143
Avril. — Allocution de Mgr Darboy à Notre-Dame . . . 144
Obsèques d'Hippolyte Flandrin 144
Mai. — Le lavage des ambassadeurs Annamites. . . . 145
Mort de Meyerbeer. 145
L'affaire du docteur la Pommerais 146
Le *Moniteur du soir* 146
Le montgolfière de Godard. 146
Le père Gratry à la Sorbonne. 147
Triomphe de *Fille de l'air* 147
Le Napoléon en redingote. 147
Visite au Salon. 148
Juin. — Exécution de la Pommerais . . , ... 148
Révocation de M. Renan 148
Le prince Citron 149
Abus de confiance à la police correctionnelle . . 149
Les *générations spontanées* dans le grand amphi-
théâtre de l'Ecole de médecine 150
Juillet. — Huile terrestre 150
Nouvelle préfecture de police 151
M. Delaunay, curé de Saint-Etienne-du-Mont . 152
Août. — Obsèques de M. Hachette . . ' 152
Arrivée du roi d'Espagne à Paris . ' 153
Septembre. — Le nom du boulevard du Palais donné à la
rue de la Barillerie. 154
Octobre. — Mort de M. de Larsille 155
Nouvelle prison de la garde nationale . . . 155
Novembre. — Classe de polytechniciens au lycée St-Louis. 156
Journal de la rive gauche 156
Viaduc d'Auteuil et nouveau dôme du Val-
de-Grâce 157
Décembre. — Condamnation de Floquet, Ferry et autres
pour association illicite 157

Décembre. — Nouveau tribunal de commerce 157
Mort de Mme François-Talma 158
Tentative d'assassinat sur le curé de Saint-Séverin 159
Les moustaches des stagiaires 159

1865

Janvier. — Le père Hyacinthe 161
Duel du nouveau duc de Montmorency . . . 162
Obsèques civiles de Proudhon 163
Février. — Démolition, rue Saint-Jacques, de la porte de l'ancien couvent des Jacobins. 164
Mars. — Enterrement de M. de Morny 165
Mise en vente du premier volume de la *Vie de César* par l'Empereur 166
Souvenirs du général Cornemuse 166
Condamnation de la folle qui a tiré sur le curé de Saint-Séverin 167
Avril. — Suppression du journal la *Rive gauche* 167
Le boulevard Saint-Michel. 167
Manifestation des étudiants à l'occasion de la mort de Lincoln 168
Mai. — Condamnation de Maurice Joly 169
Visite au Salon. 170
Juin. — L'abbé Pereyve contre M. Léon Lacordaire. . . 170
Décoration de Mlle Rosa Bonheur 171
Thérésa 172
Gladiateur 173
Grève de cochers 173
Mort de l'abbé Pereyve. 175
Visite à la *Velléda* de Maindron 175
Lycée du Prince Impérial 176
Juillet. — Les rats de l'Odéon 177
Septembre. — Les frères Davenport 177
Mort de Lamoricière. 178
Octobre. — Lycée Saint-Louis, ancien collège d'Harcourt. 178
Nouveau choléra 179
L'Empereur à l'Hôtel-Dieu 179
Novembre. — Les varioleux et les cholériques de Lariboisière 180
Mort de M. Dupin 181
Décembre. — Le berger de la Salette et Marcelin, directeur du journal la *Vie parisienne* 181
Promenade au Trocadéro 181

Décembre. — La tour de l'Horloge au palais de justice. . 185
Messieurs les étudiants et Pipe en bois . . 186
Congrès des étudiants européens à Liège. . 188
Troubles à l'Ecole de médecine 189
Troubles à l'Ecole de droit. 190
Installation du tribunal de commerce dans son palais. 191

1866

Janvier. — Cours de M. Guillaume Guizot au collège de France. 193
Banquet des étudiants révolutionnaires pour fêter la mort de Louis XVI 193
Février. — Mort de M. Labrouste, directeur de Ste-Barbe . 194
Mars. — Bobino 194
Dixième anniversaire de Bébé-Empereur . . . 195
Cris de : Vive la Pépinière 195
Les messes épiscopales à l'église de la Sorbonne 196
Mme Benoîton. 197
Avril. — Démolition de la maison de Marat, rue de l'Ecole de médecine. 198
Portrait de l'Empereur, par Flandrin, au tribunal de commerce 199
Mai. — Mort de M. Michon, chirurgien de Louis-le-Grand. 199
Cours de M. Vollot, professeur d'écriture sainte à la Sorbonne 200
Juin. — Discussion au Sénat des pétitions relatives à la Pépinière du Luxembourg. 200
Baptême d'une cloche de Sébastopol. 201
Juillet. — Choléra-peste à Amiens 201
Cession de la Vénétie. 202
Le fusil à aiguille 203
Terrible orage au quartier latin 204
Condamnation de la *Revue de l'instruction publique* 204
Août. — Me Allou bâtonnier. 205
Mort de Me Pijon en plaidant 205
Accident du pont de la Concorde 206
Procès Sax-Gambetta-Cléry 207
Octobre. — Démolition de la maison devant laquelle Henri IV fut assassiné 208
Novembre. — Construction d'un couvent de Dominicains rue Jean-de-Beauvais. 210
Décembre. — Réinhumation à la Sorbonne de la tête de Richelieu 212

1867

Janvier. — Troubles à propos de la mobile	213
Condamnation d'étudiants	213
Mort de Mlle Georges	215
Obsèques de M. Cousin	217
Février. — Fouilles dans la Pépinière du Luxembourg	218
Cora Pearl	219
Mars. — Paul Verlaine	220
Blessure du prince impérial	221
Nomination à l'Académie du père Gratry	222
Avril. — Ouverture de l'Exposition	222
Etudiants et logeurs	223
La Grande duchesse de Gerolstein	225
Mai. — Le prince royal de Prusse et sa femme	225
Inauguration du couvent de la rue Jean-de-Beauvais	226
Juin. — Visite du Czar au palais de justice	226
Attentat contre le Czar	227
Juillet. — Arrivée du Sultan	229
Mort de Maximilien	230
Jules Favre à l'Académie française	230
Mort de Ponsard	230
Condamnation de l'assassin du Czar	231
La plaque de grand-officier de M. Rouher	231
Abolition de la contrainte par corps	231
Août. — Mort de Velpeau	233
Septembre. — M. Filon	234
Trésor du lycée Napoléon	235
Le cimetière de Méry-sur-Oise	235
Octobre. — L'empereur d'Autriche au musée de Cluny	236
Novembre. — Manifestation sur les tombes de Manin et Cavaignac	237
Le président Delesvaux à la sixième Chambre	237
Décembre. — Courses de vélocipèdes	239
Les Sceptiques au théâtre de Cluny	239

1868

Janvier. — Les Parisiens traversent la Seine sur la glace	241
Incendies de la rue d'Ulm	241
Février. — Mort de Léon Foucault	243
Collision des étudiants et des sergents de ville devant l'Odéon	243
Mars. — Raoul Pugno	244
L'abbé Vollot	245

Avril. — Diner gras du Vendredi-Saint chez Magny . . . 246
Mai. — Première communion du prince impérial. . . . 247
 La chapelle de la Vierge à Saint-Séverin. . . . 248
 Discussion au Sénat sur l'enseignement de l'Ecole de médecine 249
 Bataille dans la rue de Vaugirard entre étudiants et sergents de ville. 251
Juin. — Mort de Néro, le chien de l'Empereur 252
 La *Lanterne* de Rochefort 253
 Conférences à l'asile de Vincennes. 254
Juillet. — Les moustaches au palais 254
Août. — Saisie de la *Lanterne* 255
 Godefroy Cavaignac à la distribution des prix du grand concours 256
 Condamnation de Rochefort 257
 Attitude de la garde nationale à la revue du 15 Août 258
Septembre. — Les *Inutiles* au théâtre de Cluny 260
Novembre. — Manifestation sur la tombe de Baudin. . . 260
 Procès Baudin. — Plaidoirie de Gambetta . 261
Décembre. — Fermeture du cimetière Montmartre . . . 263

1869

Janvier. — Remplacement du *Moniteur universel* par *l'Officiel* 265
 Souscription pour le monument Berryer. . . 266
 Visite de la reine d'Espagne au tombeau de sainte Geneviève 266
 Bal à l'hôtel de Ville malgré la mort de Mme Haussmann mère 267
 Résurrection des clubs 267
 L'Empereur en empereur romain 268
 Piécette du *Passant* à l'Odéon 268
Février. — Notre confrère Gressier au ministère. . . . 269
Mars. — Mort de Lamartine 270
 Explosion de picrate, place de la Sorbonne . . 271
 Installation de M. Gilardin, premier président de la cour d'appel. 272
 Vente de la bibliothèque de Berryer 272
Avril. — Ouverture des grands guichets du Carrousel . . 273
 Tripots d'étudiants 274
 Condamnation du fils de M. Flourens 275
Mai. — Découverte en Suisse des restes de l'avocat Lecoq de Boisbaudran 275

ERRATA

Pages.	Lignes.	au lieu de :	lisez :
4	19	Cœsar	Cæsar
6	28	si on ne l'empêchait pas	si on ne l'en l'empêchait pas
17	1	psycologue	psychologue
57	9	plaidoierie	plaidoirie
61	fin de p.	ces bouts rimés	ce jeu de mots
65	3 et 5	font apparaître	cachaient
91	19	commandant	commandeur
103	14	Jean Desbrosses	Jacques Debrosse
114	25	Viollet-Leduc.	Viollet-le-Duc
134	28	portail Renaissance	portail XVIIe siècle
143	23	Petitpa	Petipa
151	24	féraille	ferraille
156	16	Sully Prudhomme	Sully-Prudhomme
179	23	de sel Pennès	de sel trouvé par M. Pennès
203	20	Sierio	Scierie
229	1	faire suivre le mot singe du mot : (sic)	

TABLE DES MATIÈRES

Avant-propos

		Pages.
Années 1854	. . . .	1
— 1855	. . . .	4
— 1856	. . . .	14
— 1857	. . . .	24
— 1858	. . . .	34
— 1859	. . . .	48
— 1860	. . . .	62
— 1861	. . . .	82
— 1862	. . . .	97
— 1863	. . . .	116
— 1864	. . . .	136
— 1865	. . . .	161
— 1866	. . . .	193
— 1867	. . . .	213
— 1868	. . . .	239
— 1869	. . . .	265
Remarques et observations finales	. . . . . .	277
Index des principaux faits contenus dans l'ouvrage.		287
Errata		299

www.ingramcontent.com/pod-product-compliance
Lightning Source LLC
Chambersburg PA
CBHW071503160426
43196CB00010B/1403